古典文獻研究輯刊

三七編

潘美月・杜潔祥 主編

第 2 冊

四庫文獻要籍敘錄（下）

張曉芝 著

國家圖書館出版品預行編目資料

四庫文獻要籍敘錄（下）／張曉芝 著 -- 初版 -- 新北市：花
木蘭文化事業有限公司，2023〔民 112〕
目 8+202 面；19×26 公分
（古典文獻研究輯刊 三七編；第 2 冊）
ISBN 978-626-344-465-2（精裝）
1.CST：四庫全書 2.CST：四庫學 3.CST：文獻學
4.CST：研究考訂
011.08   112010501

ISBN-978-626-344-465-2

9 786263 444652

古典文獻研究輯刊
三七編 第 二 冊   ISBN：978-626-344-465-2

四庫文獻要籍敘錄（下）

作 者 張曉芝
主 編 潘美月、杜潔祥
總 編 輯 杜潔祥
副總編輯 楊嘉樂
編輯主任 許郁翎
編 輯 張雅淋、潘玟靜 美術編輯 陳逸婷
出 版 花木蘭文化事業有限公司
發 行 人 高小娟
聯絡地址 235 新北市中和區中安街七二號十三樓
電話：02-2923-1455／傳真：02-2923-1452
網 址 http://www.huamulan.tw 信箱 service@huamulans.com
印 刷 普羅文化出版廣告事業
初 版 2023 年 9 月
定 價 三七編 58 冊（精裝）新台幣 150,000 元

四庫文獻要籍敘錄(下)

張曉芝　著

目次

《四庫全書總目提要》唐詩集研究（日文版）

〔日〕近藤光男，東京研文出版社，1984年。

此書以《總目》唐人詩集為研究對象，這一選題在上世紀80年代的日本是極具學術眼光的。即便在國內，那時關於《總目》研究也極為少見，而對於唐人別集提要的研究也幾乎缺位。此書全日文書寫，國內入門學習者可學習選題之法，對於書中的觀點，則可作為參考。

《四庫提要》北宋五十家研究（日文版）

〔日〕筧文生，野村鮎子，汲古書院，2000年。

本書對《四庫全書總目提要》集部別集類北宋15家122種中的50家56種進行研究。數量上只涵蓋大約一半，但北宋的主要作家和作品幾乎包括在內。全書體例，首列書名，次作者簡介，又次別集提要，又次「訓讀」，又次「現代譯語」，又次「注釋」，最後「附記」。

書前有曾棗莊序，序稱：「把這樣一部《四庫提要》加以語譯、注釋，提供給日本讀者，我認為是十分必要的。立命館大學的筧文生教授及其高徒野村鮎子女士現在正在進行這一工作，撰寫《四庫提要北宋五十家研究》。《四庫提要》長達三百餘萬言，當然不可能一次全部譯注。他們從經、史、子、集四部中，首先選了集部；從歷代集部書中，首先選了北宋五十家……筧文生教授首先作《四庫提要北宋五十家研究》，是頗具眼光的。北宋有集傳世者逾百種，本書所選雖只有五十家，僅為存世北宋文集的將近一半，但北宋的主要作家都已入選，品種也頗齊全，有各方面的代表人物。以詩著稱者，有林逋的《和靖集》、梅堯臣的《宛陵集》；並照顧到了各種流派，如晚唐體選了寇準《寇忠愍公詩集》，西崑體選了楊億的《武夷新集》；古文家選了柳開的《河東集》、王禹偁的《小畜集》、穆修的《穆參軍集》、尹洙的《河南集》、蘇舜欽《蘇學士集》，而唐宋八大家中的宋六家（歐陽修《文忠集》、蘇洵《嘉祐集》、曾鞏《元豐類稿》、王安石《臨川集》、蘇軾《東坡集》、蘇轍《欒城集》）都入選了；理學家選了孫復《孫明復小集》、石介《徂徠集》、邵雍《擊壤集》、周敦頤《周元公集》；史學家選了司馬光的《傳家集》；書家選了蔡襄《蔡忠惠集》，畫家選了文同《丹淵集》等。」〔註68〕

〔註68〕〔日〕筧文生，野村鮎子：《〈四庫提要〉北宋五十家研究·序》（日文版），東京：汲古書院，2000年。

此書附錄了 2000 年以前宋代文史研究成果，可減去研究者翻檢之勞。此書對日本學界瞭解《四庫全書總目提要》有所助益。

《四庫提要》南宋五十家研究（日文版）

〔日〕覓文生，野村鮎子，汲古書院，2006 年。

此書與《〈四庫提要〉北宋五十家研究》體例一致，書前有覓文生、野村鮎子合撰序言，又有野村鮎子《〈四庫提要〉南宋文學評論》，對《四庫提要》南宋文人別集有相對深入的研究，特別關注南宋儒風、語錄為詩、語錄為文、元祐遺風、自闢一宗、清代詩壇對宋詩批評與《四庫提要》的關係以及清朝清議與南宋文學批評等學術角度，頗有學術性、思考性和創新性。此書是《四庫全書總目提要》中關於南宋詩人五十三家，別集五十七種的研究，是《〈四庫提要〉北宋五十家研究》的後編。

《四庫提要》宋代總集研究（日文版）

〔日〕覓文生，野村鮎子，汲古書院，2013 年。

此書與《〈四庫提要〉北宋五十家研究》《〈四庫提要〉南宋五十家研究》體例一致，書前有野村鮎子撰序說《〈四庫提要〉對宋代總集的評價》，對《四庫提要》宋代總集有較為深入的研究，觀此文可從漢學家角度瞭解他們對《四庫提要》宋代總集的看法。

四庫全書閩人著作提要

朱維幹纂輯，李瑞良增輯，福建人民出版社，2001 年。

《四庫全書閩人著作提要》收錄範圍包括歷代閩人的著作和閩人編纂的書籍。全書按《四庫總目》的體例，分經、史、子、集四部編排。閩人著作包括單篇作品，即使由非閩人彙編成書，也在收錄之列。如集部《江湖小集》，宋陳起編。陳起是錢塘人，但他編的這部《江湖小集》中收集了宋代文人六十二家的作品，其中有嚴粲、敖陶孫等閩籍文人的作品，所以也收錄在內。至於閩人編纂的書，可以集部《花庵詞選》為例。此書由宋黃昇編纂，收入唐宋詞人數十家，非閩人占大多數。但黃昇是福建建安（今福建建甌）人，他作為編選者，付出了編輯的勞動，而且裏面還收有他自己的詞三十八首，理應收錄。有些著作署名均非閩人，但成書的過程或流傳的版本涉及閩人，如經部《關氏易傳》、史部《元經》和子部《李公問對》，均與宋建陽阮逸有

關，故亦予收錄。此外，原書不署撰人名氏，但刊刻地點在福建，或前人「疑閩人所為」的，也予收錄。

書前有潘心城序，介紹朱維幹先生甚詳，可為一學者小史，略錄如下：「朱鐵蒼先生，前輩名學者也。道德文章，人所共仰。早年同情革命，不顧個人安危，多方掩護中共福建地下黨人之革命活動、并全力接濟烈士親屬，收養烈士遺孤。新中國成立後，先生不求酬報，事蹟鮮為人知。雖身處逆境，亦處之泰然。後經落實政策，於一九九一年逝世，得享期頤高壽。先生早歲勤奮好學，被選派出洋留學。一九二三年畢業於香港大學教育系，一生以育才為己任。先生學識淵博，著述宏富，對福建歷史文化研究尤深。其力作《福建史稿》被譽為福建史專著之第一部，以材料豐富、見解獨特著稱於世。先生繼承鄭樵、袁樞治學之道，平日勤於輯錄史料，經年不辭辛勞，躬耕不息，將《四庫全書總目》中之閩人著作提要一一鉤稽鈔錄，積稿盈尺。其執著精神與堅強毅力實非常人所能及，令人讚歎不已。先生哲嗣，原省人大常委朱旭同志秉承遺願，公餘致力於先生遺稿整理工作，並約請省出版社編審李瑞良同志加以增補，旁搜博採，分類編排，煌煌一巨帙矣。」〔註69〕

書前有朱維幹先生之子朱旭所撰「前言」，其云「先父維幹，號鐵蒼，筆名柏青。一八九三年出生於福建莆田縣黃石鎮金山村。一九九一年病逝於福州。生前是福建師範大學歷史系教授、研究生導師。曾兼任過福建省文史委員會委員、福建省地方志編委會顧問、福建省史學會顧問、福建省地名委員會顧問等職，是我省的一位年高德劭、學識淵博、多有貢獻的教育家、史學家、地方史專家」，又稱其父在港大時，與同窗好友朱光潛、高覺敷結成莫逆之交，此處所言可補潘心城之序。朱旭云：「《四庫全書閩人著作提要》是其中最重要的大部頭之一，約三四十萬字。就我所知，此書是他為編寫福建史稿而進行的一項基礎性研究……他從《四庫全書總目》中輯出閩人著作，編成《四庫全書閩人著作提要》，形成一部很有價值的歷史文獻，並成為世人探究福建千年傳統文化的鑰匙。故《福建史稿》於八十年代末問世之後，其親密助手陳元煦教授即提出《提要》要抓緊整理、校審、增補之工作，使之更加完整。」〔註70〕諸如此類云云，對瞭解此書編纂過程頗有助益。

〔註69〕朱維幹纂輯，李瑞良增輯：《四庫全書閩人著作提要·序》，福州：福建人民出版社，2001年，第1頁。

〔註70〕朱維幹纂輯，李瑞良增輯：《四庫全書閩人著作提要·前言》，福州：福建人民出版社，2001年。

四庫全書堪輿類典籍研究

李定信著，上海古籍出版社，2007 年。

李定信，1922 年生於江西贛州，1959 年畢業於黃埔軍校 16 期工科，黃埔軍校同學會會員。李定信主要從事客家楊益文化的研究和實踐，撰有《中國羅盤 49 層詳解》等多部著作。

堪輿類典籍是古代方位學，也就是「風水」學，這些典籍是理論與實踐的結合。堪輿類典籍的研究涉及到地理學、方位學、經學、緯學、禮學等，學術性與思想性共存，系統性與理論性兼具。這類典籍的研究難度較高，不深入研究歷代經學著述，很難能夠上手研究。這類選題接近於「冷門絕學」，深入研究者少，淺嘗輒止者多。對此感興趣的研究者可從書中所論獲益不淺，對《四庫全書總目》堪輿類典籍提要中的學術思想有所辨證。

四庫全書總目子部醫家類彙考

王育林主編，學苑出版社，2013 年。

此書分正編和附編。正編收錄《總目》著錄書，附編收錄《總目》存目書。此書彙考內容及價值見錢超塵《四庫全書總目子部醫家類彙考序》〔註71〕。

《四庫全書總目‧醫家類》研究

楊東方著，北京科學技術出版社，2020 年。

《四庫全書總目》收錄不少醫家類著述，四庫館臣對著錄和存目醫家類書籍均撰有提要。《〈四庫全書總目‧醫家類〉研究》選取《四庫全書總目》醫家類提要進行研究，圍繞中醫典籍，補正了《總目》對醫籍、著者、醫學史、醫學理論等問題的分析和論斷，探討了太醫院與《四庫全書》醫學典籍的關係，分析《四庫全書總目》著錄、存目醫學類典籍近二百種。全書分為七章內容，第一章醫家類提要補正，第二章醫家類編纂人員考論，第三章醫家類典籍文獻價值及不足，第四章醫家類典籍《永樂大典》本評析，第五章醫家類典籍的儒學根柢與推源溯流，第六章醫學典籍的政治與醫術，第七章中醫典籍目錄、中醫醫史文獻、溫病學、中醫典籍整理。此書學術價值有三，其一對醫家類提要進行集中考辨，其二對《四庫全書》著錄、存目醫籍的版本價值與不足進行探

〔註71〕錢超塵：《四庫全書總目子部醫家類彙考‧序》，王育林主編《四庫全書總目子部醫家類彙考》，北京：學苑出版社，2013 年。

究，其三詳細論述了《四庫全書總目》對中醫目錄、醫史文獻、溫病學、醫學典籍整理的影響。此書資料翔實，論斷有力，是《總目》專題研究用力較深的一部著作。

四庫全書提要敘箋注

周雲青，上海醫學書局，1926 年 12 月初版，1927 年 7 月再版。此書又收於《四庫全書概述》中，臺北中國辭典館復館籌備處 1971 年 10 月第 7 版，1975 年第 8 版；又見於《四庫大辭典》中，臺北中國學典館復館籌備處 1977 年 1 月第 7 版；復見於《四庫全書簡明目錄》中，臺北洪氏出版社，1982 年 1 月。

初版書前有沈恩孚（信卿）《題辭》，文中稱：「近丁仲祜君，以其高足周雲青君箋注示余。凡總敘、小敘所引用之國故，為初學所有待考查者，一一為之箋注。可省讀者檢書之日力不少。」〔註72〕

是書前自敘云：

> 張文襄《輶軒語》曰：「汎濫無歸，終身無得。得門而入，事半功倍。或經或史，或詞章，或經濟，或天算地輿。經治何經，史治何史，經濟是何條，因類以求，各有專注。至於經注，孰為師受之古學，孰為無本之俗學。史傳孰為有法，孰為失體，孰為詳密，孰為疏舛。詞章孰為正宗，孰為旁門。尤宜決擇分析，方不致誤用聰明。此事宜有師承，然師豈易得，書即師也。今為學者指一門徑……」旨哉言乎。顧其書二百卷，著錄萬餘種。作者姓氏，難更僕數。吾人於百務蝟集之餘，欲究其書，不望洋向若而歎者幾希。然則何繇而入門乎。余嘗聞梁公先生曰：「《四庫全書總目提要》，宜先讀各部類之敘錄，其各書條下則隨意抽閱。」沈信卿、胡適之二先生亦以為言。是真可謂門徑之門徑矣。各部類敘者，部敘四，類敘四十四，《四庫提要》中，提要之提要也。凡六經傳注之得失，諸史載筆之異同，子集流傳之派別，以及術數方外之餘，悉有定評。洵研究國學之南針矣。雲青服膺此書者有年，並於疑難之字，典雅之句，或施小注，或膡長箋。惟錄徵實之文，悉屏蹈空之論。費時凡五閱月，

〔註72〕周雲青：《四庫全書提要敘箋注・沈恩孚題辭》，上海：上海醫學書局，1926 年，第 1 頁。

都經史子集四卷。有見者謂供中等學校以上課本之用甚便，數以殺青問世為請。夫余之從事此書，唯以自課耳。豈欲以之災棗梨哉。第既於初學有裨，而復媕媕以自秘，亦非余之所欲為也。爰亟付手民，並略述顛末如此。業師丁仲祜先生藏書十數萬卷，余常假以檢查與參考。謹記於此，以誌謝焉。中華民國十五年十月無錫周雲青識於滬上墅樸學齋。

是書校刊既竟，余復贅一言於簡末曰：先儒釋經之書，或曰傳，或曰故，或曰解，或曰注，或曰箋，或曰記，或曰學。《春秋左傳正義》云：「毛君、孔安國、馬融、王肅之徒，其所注書皆稱為傳。」鄭玄則謂之注。鄭注毛詩又謂之箋。考《說文》，注，灌也，從水主聲。注本灌注之注，引申為注釋之注。《儀禮鄭氏注正義》云：「注義於經下，若水之注物。」《禮記曲禮正義》云：「一曰解書之名。」《詩毛傳鄭氏箋正義》云：「注者，著也。言為之解說，使其義著明也。」（《孝經正義》略同）箋之云者，《說文》：「箋，表識書也。從竹戔聲。」謂書所未盡，待我而表識之也。《鄭玄毛詩箋》：「昔人謂所以表明毛意，記識其事，故特稱之為箋。」《博物志》云：「毛公嘗為北海郡守。康成是此郡人，故以為敬。」然《四庫提要》駁之云：「康成生於漢末，乃修敬於四百年前之太守，殊無所取。鄭氏《六藝論》：注《詩》宗毛為主。毛義若隱略，則更表明。如有不同，即下己意，使可識別。然則鄭君特因《毛傳》而別加表識，如今人之簽記。積而成帙，故謂之箋。」（以上詳見《四庫毛詩正義提要》）是有箋注之名，實始於鄭君。而亦大成於鄭君。後世裴松之注《三國志》，酈善長之注《水經》，劉孝標之注《世說》，李善之注《文選》，尚矣。雲青箋注此書，竊師其例。（如諸引文證，皆舉先以明後，以示作者必有祖述也。或引後以明前，示不敢專也。又如同卷再見者，則云已見上文。他卷再見者，則云已見某篇。務從省也。）間亦有不能依例者，以箋注甫就，友人即慫恿付印，未及細密審定，不無遺漏。則附補正於各卷之後。雖然，余猶未敢以自信也。尚薪當世大雅君子，補其闕略，匡厥純繆焉。謹發其凡於此。雲青附記。

會稽李慈銘《越縵堂日記》曰：「《四庫總目》雖紀文達（紀昀，字曉嵐，河間人）、陸耳山（諱錫熊，字健男，上海人）總其成。然

經部屬之戴東原（名震，休寧人），史部屬之邵南江（名晉涵，字二雲，餘姚人），子部屬之周書昌（名永年，歷城人），皆各集所長。書昌於子蓋極畢生之力。吾鄉章實齋為作傳，言之最悉。故子部綜錄獨富。雖間有去取失宜，及部敘未當者，要不能以一疵掩也。耳山後入館而先歿。雖未及見四部之成，而目錄頒行時已不及待。故今之言修四庫書者，盡歸功文達。然文達雖名博覽，而於經史之學則實疏。集部尤非當家。經史幸得戴、邵之助，故經則力尊漢學，識詣既真，別裁自易。史則耳山本精於考訂，南江尤為專門，故所失亦尠。子則文達涉略既徧，又取資貸園（按，指周永年），彌為詳密。惟集頗漏略乖錯，多滋異議。」校畢錄此，以補餘白。雲青再記。〔註73〕

四庫提要精讀

陳尚君、張金耀主撰，復旦大學出版社，2008年。

目錄學為讀書、治學之匙鑰，《四庫提要》是門徑之門徑。《四庫提要》為目錄學的重要著作，《四庫提要精讀》選擇其中四十八篇作詳細解讀。此書選目儘量兼顧經史子集四部的主要類目，力求最大限度地展示傳統學術的宏大格局和各部類的特點。入門者可通過閱讀《四庫提要精讀》，進而泛覽四庫提要，除了有助於提高古文閱讀能力，加深對基本典籍的認識，還可藉此瞭解古代典籍的構成和分類，掌握古代文史研究的基本途徑；瞭解傳統學者治學讀書的格局和方法，掌握閱讀利用古代典籍的基本原則；瞭解傳統學術批評的基本立場和方法，弘揚實事求是的治學態度。

陳思和、汪湧豪《總序》云：「任何一門學科都有其必須研讀的經典，作為該學科全部知識的精華，它凝聚著歷代人不間斷的持續思考和深入探索。」復旦大學中文系老中青三代教師編纂原典精讀教材，分三輯，每輯十種，分系列推出。圍繞漢語言文學專業所涉及的中國古代文學、中國現當代文學、文藝學、漢語言文字學、語言學理論、比較文學和古代文獻學等七大學科點，選擇三十種最具代表性的經典作品做精讀。《四庫提要精讀》即為其中一種。據陳尚君、

〔註73〕周雲青：《四庫全書提要敘箋注・自敘》，上海：上海醫學書局，1926年，第2～3頁。按，「是書校刊既竟，余復贅一言於簡末」一段，不見於1926、1927年版《四庫全書提要敘箋注》，此段文字來自臺灣洪氏出版社印行的《四庫全書簡明目錄》所附《四庫提要敘箋注》。

張金耀「後記」所載,此書「選題 2004 年秋確定時,原擬由陳尚君個人承擔,但因當時適在外講學,又為他事所牽,遂約請張金耀合作,並共同商定了全書的體例和選目,又約請汪習波博士和當時在讀博士生唐雯、賀忠、史廣超、陶紹清、朱紅霞分別撰稿」。是書成於眾手,注釋較豐厚,尤在子部書上用力甚深,研究生讀此書須與《四庫全書總目》對讀,遂能關注此書所注的優缺點。

四庫提要敍講疏

張舜徽,臺灣學生書局,2002 年版;雲南人民出版社,2005 年版。

張舜徽(1911~1992),湖南沅江人,歷史學家、歷史文獻學家。曾任中國歷史文獻研究會會長、名譽會長,華中師範大學歷史文獻研究所所長、名譽所長。張舜徽先生一生勤奮治學,留下大量論著。

此書有張氏自序,其云:「往余為大學文科講授『國學概要』,即取《四庫全書總目提要敍》四十八篇為教本。昔張之洞《輶軒語》教學者曰:『將《四庫全書總目提要》讀一過,即略知學問門徑矣。』余則以為此四十八篇者,又門徑中之門徑也。苟能熟習而詳釋之,則於群經傳注之流別,諸史體例之異同,子集之支分派衍,釋道之演變原委,悉憭然於心,於是博治載籍,自不迷於趣向矣。因與及門講論而疏通證明之。首取《提要》本書以相申發,次採史傳及前人舊說籍資說明,末乃附以愚慮所及而討論之。當時諸生各有所記,詳略不同。迨講畢,始自錄所言,述為《講學》。裒然成帙,不忍棄捐,亦聊以存吾一時心力所聚云爾。」〔註74〕書後有胡楚生跋稱:「舜徽先生所撰《四庫提要敍講疏》一書,其於《四庫總目》中四十四類小序,四部總序,一一為之詳加疏解,細作箋釋,明其淵源,暢其流別。讀是書者,手此一編,而於《四庫總目》所有各序,委實有觀瀾索海,探本尋源之樂,亦不周覽數十種學術流變之發展史也,則其有功於後學者,豈淺鮮哉!臺灣學生書局,將取舜徽先生是書,在臺重印,以廣流傳,執事先生,陳君仕華,知余嗜讀舜徽先生之書,因囑略綴數語,以當紹介,余遂草成茲篇,用跋其書之末,並為世之同嗜舜徽先生書者告焉。」〔註75〕

此書以疏為主,以辨為輔,「四庫學」初入門者,可將此書作為案頭書。張氏以《總目》經史子集四類總敍和四十四類小序為線,旁徵博引,詳箋細疏,

〔註74〕張舜徽:《四庫提要敍講疏‧自序》,臺北:學生書局,2002 年。
〔註75〕張舜徽:《四庫提要敍講疏‧跋》,臺北:學生書局,2002 年。

詮釋中國典籍發展史，清晰呈現中國學術發展輪廓。「四庫學」初學者或是古代文學入門者，可從此書獲取諸多文史常識。此書對中國古代典籍及相關知識點的總結頗為翔實，就國學史脈而言，有學者認為是書比章太炎《國學概論》更適合作為入門之作。另外，探究傳統學問門徑，也可由此書入。

文化視野下的《四庫全書總目》

　　周積明著，廣西人民出版社，1991 年初版；中國青年出版社，2001 年再版。

　　是書五章內容，第一章為《總目》的經世價值觀念，分三個方面進行論述，分析《總目》對儒學經世務實傳統的認同，探討「實學」本位的價值取向，解析歷史的合理性，對經世論思想的辨證看法，提出了與傳統歷史學家不同的觀點。第二章為《總目》的理學批判，作者認為「在明清思想史上，經世實學的鼓吹者往往同時也是理學的批判者，因為，『崇實黜虛』的價值觀念本來就作為宋明理學性理之說的對立物而存在……通觀《總目》，卻處處可見攻駁程朱、譏詆道學的激烈言辭，仔細爬梳，片言隻語之間，竟涉及理學的整套體系」。第三章為《總目》的西學官，文章指出「《總目》編纂的乾隆時代，一度興隆活躍的以耶穌會士為中介的中西文化交流已因康熙年間的『禮儀之爭』與雍正帝的厲行禁教而趨於中絕。在這種情勢下，《總目》從容審視明末以來傳入中國的西方文化以及圍繞『西學』播入而展開的論戰，對『西學』的價值以及清政府的『西學』政策作出了總結性的發言」。第四章為《總目》的學術論，指出《總目》論學術文化形態與運行機制是學術理念與文化保守意識的二重變奏；認為《總目》的經學批評為「公之學在於辨漢、宋儒術之是非」；認定《總目》的史學論為「所重乎正史者，在於敘興亡、明勸誡、核典章」；總結《總目》的文學論為系統的文學批評。在《總目》學術論的意義方面，作如下精彩總結：「《總目》以宏富的學識與犀利的目力對包括經學、史學、文學、子學在內的傳統學術加以規模空前的檢閱，更以慎密的、圓融變通的眼光去審視、綜合種種學術思潮和流派，意在構造一個瓌奇宏闊的古典學術殿堂。」[註76] 第五章為《總目》的批評方法和批評風格，一者對《總目》集大成的批評方法進行了總結和概括，包括歷史批評、比較批評、歸納證明批評方法；二者強調

[註76] 周積明：《文化視野下的〈四庫全書總目〉》，桂林：廣西人民出版社，1991 年，第 215 頁。

「儒者氣象」的批評風格。此書後附錄《「四庫學」通論》一篇，頗有學術價值，又見於《清史研究》2000 年第 3 期。

王餘光評《文化視野下的〈四庫全書總目〉》「作者超越了傳統的研究範圍，著眼於一個全新的視角，來討論、考察《總目》的方方面面」〔註77〕。此著宏觀視野強大，涉及實學、理學、西學、學術論、史學論、文學論、民族矛盾、文化心理、時代意識、個體意緒等，每一個角度均可單獨研究，展開論述。周先生著作著重研究「文化」，對文化的界定似乎存在問題，從整體上看，所論之點實際上超出了文化範疇。當然，如果從「大文化」「大歷史」的角度來看，此文有一定的宏觀意義。《總目》蘊含「十分豐富的時代文化的信息」，這一論斷是合乎史實的。關於此著的書評還有李國新《文化品性：古典目錄深層內涵的展現——評〈文化視野下的四庫全書總目〉》〔註78〕，彭池《傳統國學研究的新思路——評周積明著〈文化視野下的四庫全書總目〉》〔註79〕，鄧方《清代文化史研究的新創獲——讀〈文化視野下的四庫全書總目〉》〔註80〕，石玉《文本解讀——周積明〈文化視野下的四庫全書總目〉讀後》〔註81〕（《江漢論壇》1992 年第 4 期），對是書多所褒揚。

四庫全書總目發微

夏長樸著，中華書局，2020 年。

此書為「嶽麓書院四庫學叢書」之一。

夏先生此書為歷年四庫學研究論文的彙編，上編文獻編，收錄《〈四庫全書初次進呈存目〉初探——編纂時間與文獻價值》《〈四庫全書總目〉「浙本出於殿本」說的再檢討》《重論天津圖書館藏〈紀曉嵐刪定四庫全書總目稿本〉的編纂時間與文獻價值》《上海圖書館藏〈四庫全書總目〉殘稿編纂時間蠡探》《重論臺北國圖所藏〈四庫全書總目〉稿本殘卷的編纂時間與文獻價值》等五

〔註77〕王餘光：《〈四庫全書總目〉研究的新成果——讀〈文化視野下的四庫全書總目〉》，《社會科學研究》，1994 年第 2 期，第 142 頁。

〔註78〕李國新：《文化品性：古典目錄深層內涵的展現——評〈文化視野下的四庫全書總目〉》，《圖書館》，1993 年第 1 期。

〔註79〕彭池：《傳統國學研究的新思路——評周積明著〈文化視野下的四庫全書總目〉》，《學術月刊》，1992 年第 7 期。

〔註80〕鄧方：《清代文化史研究的新創獲——讀〈文化視野下的四庫全書總目〉》，《清史研究》，1992 年第 4 期。

〔註81〕石玉：《文本解讀——周積明〈文化視野下的四庫全書總目〉讀後》，《江漢論壇》，1992 年第 4 期。

篇長文。下編經學思想編，收錄《〈四庫全書總目〉與漢宋之學的關係》《「各明一義」與「易外別傳」——〈四庫全書總目〉對宋元明儒〈易〉學的評論》《「〈書〉以道政事」——試論〈四庫全書總目〉的〈尚書〉學觀》《〈四庫全書總目〉論宋代經學》《〈四庫全書總目〉對宋學的觀察與批評》《乾隆皇帝的經學思想及其發展——兼論與〈四庫全書總目〉編纂的關係》等六篇長文。夏長樸先生上述諸文所論頗為精深，對《四庫全書總目》發覆甚深。文風樸實，有乾嘉學術之風。與先生相識於第一屆中國四庫學高層論壇，後又多次在四庫學論壇相見，就四庫底本等問題向先生求教，先生多有惠賜。《貴州文史叢刊》設立「四庫學」專欄後曾向先生約稿，先生回覆手中無餘稿，待有成稿再與後學聯繫。2021 年先生辭世，約稿是為永久憾事。

補文淵閣四庫全書之元人別集

袁冀，臺灣文史哲出版社，2009 年初版，2011 年增訂版。

這是一部文獻輯佚著作。自序云：「方志中，保有諸多元人詩文集中，散失之作品。遂遍閱各省通志、州志、府志、鎮志、縣志、山志等，藝文志中之元代詩文，並加影印。逐篇與作者之詩文集，再三核對。歷時四年，始成此篇。兼以元人別集，嘗附錄其碑銘行狀，詩文集序。故仍本其舊例，無序者，補其序於卷之首。無碑銘傳記者，附錄其碑銘傳記，於卷之末。然元史之列傳，則不予焉。計補元人別集一百二十五種，詩、詞、賦，三百三十七首。記、序、碑、銘、說、贊、頌、跋、書、啟、傳，二百二十三篇。引用宋代以下著作，二百七十二種。故《補文淵閣四庫全書之元人別集》，實《安南即事考釋》《陳孚驛赴安南行程考釋》之副產品。」（第 1～2 頁）據序知，元人別集之補輯主要依據方志。是書餘論收錄《方志與元人別集令人矚目之若干問題》一文，共總結二十條問題，很有學術價值。

需要說明的是，1979 年中華書局出版唐圭璋編《全金元詞》兩冊，2004年鳳凰出版社出版《全元文》六十冊，此書亦未見引用。1998 年河北教育出版社出版徐徵主編《全元曲》十二冊，2013 年中華書局出版楊鐮編《全元詩》六十八冊，現行元代文獻基本可從上述總集得觀。

四庫輯本別集拾遺

欒貴明輯，中華書局，1983 年。

首頁書影兩張，係四庫館臣夾於《永樂大典》內的簽單。此簽單上印有

「乾隆三十八年□月□日發寫□□謄錄」文字一列，說明《永樂大典》輯佚書係從乾隆三十八年開始輯錄。據《纂修四庫全書檔案》《于文襄手札》等相關史料推斷，《永樂大典》本輯佚書的編纂是首先進行的一項工作。《于文襄手札》第一通至第六通作於乾隆三十八年，札中所涉多為《永樂大典》本書籍纂修事項〔註82〕。《永樂大典》輯佚的相關問題，這方面的研究已較為成熟，如張昇《四庫館簽〈永樂大典〉輯佚書考》一文，及其《四庫全書館研究》第三章第二節「翰林院四庫館的辦書流程——大典本」，史廣超《四庫館臣輯〈永樂大典〉佚書考》《四庫館〈永樂大典〉缺卷考》等成果可資參閱〔註83〕。

書前有序一篇，欒氏談及此書的輯錄範圍，稱「《四庫全書》內收『大典本』別集共一百六十五種。其中刊入《武英殿聚珍版叢書》者二十八種；收入《四庫珍本叢書初集》者六十五種；其他版本七十二種，另有《斜川集》一種雖未收入『四庫』，但也為館臣所輯。這三類輯本別集便是本書的輯補範圍。此外還輯補了也屬於『大典本』的筆記兩種，作為『附錄』。欒氏據現存《永樂大典》（中華書局 1960 年影印本七百三十卷及後續搜集的六十五卷）進行輯補，共補得一千八百六十四條，涉及一百五十八種別集。

正文第一部分為《武英殿聚珍版叢書》所收四庫輯本別集二十八種拾遺。欒氏云：「《武英殿聚珍版叢書》初印於清乾隆中武英殿，編者係四庫館臣。以後浙江、江西、福建及廣雅書局等均有重刊本或增刊本。其中收別集三十六種，輯自《永樂大典》者二十八種。與現存《永樂大典》所引錄的一四○七相校核，這二十八種別集都有遺漏。連同附錄一種，共得漏輯詩文三○○條」〔註84〕。第二部分為《四庫珍本叢書初集》所收四庫輯本別集六十一種拾遺。輯錄信息如下：「《四庫珍本叢書初集》，一九三四年上海商務印書館據北京圖書館藏《四庫全書》文淵閣本影印。其中收別集一○五種，輯自《永樂大典》者六十五種。與現存《永樂大典》所引錄的二七二五條相校核，只有四種無遺漏。其它六十

〔註82〕于敏中撰，張曉芝箋證：《于敏中致陸錫熊手札箋證》，北京：中華書局，2021年。

〔註83〕按，代表性的論文還有王重民《永樂大典〉的編纂及其價值》（《社會科學戰線》，1980 年第 2 期），曹書傑《四庫全書〉採輯「永樂大典本」數量辨》（《圖書館學研究》，1986 年第 1 期），葉守法《四庫全書〉與〈永樂大典〉編纂規模的質疑》（《淮北煤師院學報》，1999 年第 1 期），史廣超《永樂大典〉輯佚研究》（復旦大學博士論文，2006 年），史廣超《〈四庫全書總目〉未載四庫館〈永樂大典〉本輯佚書考》（《文藝評論》，2011 年第 2 期）等。

〔註84〕欒貴明輯：《四庫輯本別集拾遺》上冊，北京：中華書局，1983 年，第 1 頁。

一種，連同附錄一種，共得漏輯詩文九八一條。」〔註85〕第三部分為其他版本四庫輯本別集六十九種拾遺。輯本稱：「其它版本的四庫輯本別集七十三種，它們均輯自《永樂大典》。與現存《永樂大典》所引錄的二三六三條相校核，只有四種無遺漏。其他六十九種，共得漏輯詩文五八三條。由於版本情況不一，故對據之校補的各種版本及非通行本的收藏館別，均予注明。」〔註86〕欒氏《拾遺》補錄甚詳，幾無遺漏。欒氏編有《永樂大典索引》一書，1997 年由作家出版社出版，此套書係《永樂大典》現存篇目的索引。欒貴明師從錢鍾書，主要從事中國古典數字工程之業。

四庫著錄元人別集提要補正

劉兆祐著，臺灣商務印書館，1978 年。此書為臺灣私立東吳大學中國學術著作獎助委員會叢書第七十八種。

《總目》辨證之作較多，尤以余嘉錫《四庫提要辨證》，胡玉縉《四庫全書總目提要補正》為著。在補正之作中，進行斷代研究者尠。劉兆祐此書從《總目》元人別集入手，對相關提要進行辨證，頗具慧眼。元人別集價值常被低估，這是學界的共識。劉兆祐在是書《自序》中稱：「世人多以元季無文學目之，故於元人詩文集不甚重；益以元明戰亂之際，版刻蕩失殆盡，故今流傳已少。即以四庫全書言之：著錄僅一百六十九家，存目三十六家而已，其他則已罕見。」〔註87〕對於元人別集的價值，劉兆祐稱：「實則元人文章，雄深渾厚者不少，其吟詠亦類多風致婉約，猶得唐風一體。且集中每多載序事碑版之作，可藉以考見元代制度人物，補史傳之不足。元人詩文之不可廢亦明矣。」《四庫全書》著錄元人別集並非皆為善本，「蓋當時藏家之收元人詩文者少……所進善本不多」。《總目》集部提要最為漏略乖錯，余、胡二人辨證者多，然對元人別集提要補正者少。劉著補正元人別集提要九十九家，諟正提要之誤，尤於版本多所辨證。其總結《總目》元人別集版本之誤云：「或四庫不見傳本，輯自永樂大典，而今則傳本猶在；或四庫所見為殘闕之本，而今則仍有完善之本；或四庫所據為後世節略之本，而今則得見初刻之完本；或四庫據鈔本繕錄，而今則槧本猶傳；或四庫所據為明以後刻本，而今則元槧尚未亡失；或四庫所著

〔註85〕欒貴明輯：《四庫輯本別集拾遺》上冊，北京：中華書局，1983 年，第 159 頁。

〔註86〕欒貴明輯：《四庫輯本別集拾遺》下冊，北京：中華書局，1983 年，第 549 頁。

〔註87〕劉兆祐：《四庫著錄元人別集提要補正·自序》，臺北：臺灣商務印書館，1978 年，第 1 頁。

之本不備，而今則有後世輯補之本。」是書成稿後，屈萬里、昌彼得對書稿進行訂正。

　　據例言知，是書補正範圍為《總目》正目著錄提要，存目提要未涉及。所用《總目》版本為藝文印書館影印清乾隆五十四年（1789）內府刊本，偶參閣本提要。對於元別集版本，四庫著錄者為善本，或胡玉縉已辨證者，略而不考。因此，是書應與胡氏《補正》互參（按，余氏《辨證》涉及《白雲集》《弁山小隱吟錄》《一山文集》三則，未及版本辨證），再加之後世崔富章諸人補正之作，元人別集提要諸問題或可明之八九。是書的價值還在於附錄中所列「引用及參考書目」「臺灣公藏元人別集善本聯合書目」「元人珍本別集書影」。

　　值得一提的是，此書將《四庫全書》元人別集存世底本納入研究，對相關提要進行辨證。如補正曹伯啟《曹文貞詩集》提要，涉此書底本云：「四庫本據江蘇蔣曾瑩家藏本繕寫，傅增湘嘗見其底本。首葉有翰林院印，滿漢篆文大官印，書衣有木記，文曰：『乾隆三十九年（一七七四）正月，江蘇巡撫薩載送到蔣曾瑩家藏曹文貞詩集一部，計書壹本。』卷中有『重光』『子宣』二印，又『詩龕書畫』印，是此書舊為蔣子宣收藏，四庫開館時，其嗣曾瑩取以進呈，不知何時乃歸於法梧門詩龕中。按四庫告成後，有詔各省進書，仍發還其家，然或官吏延未奉行，或遠道不能請領，其書移儲翰林院中，久之，遂散落坊肆，今日官私所收四庫底本，往往而遇，職此故也。」〔註88〕又補正吳師道《禮部集》云：「黃丕烈藏書題識（卷九）有元刊本吳禮部文集二十卷，云：『此吳禮部文集，余於書友處得之，云是郡城故家物，真奇書也。讀四庫全書總目禮部集二十卷，元吳師道撰。凡詩九卷，文十一卷，流傳頗尟，此本乃新城王士禎寫自崑山徐秉義家，因行於世。是元刻元印之本未易得也。惟延令書目宋元板雜書文集載之。今檢此書，有季振宜藏書圖記，當即是延令書目中所載者歟。中有夾籤，為傳錄者竄改之處，觀此，可見寫本之改易舊觀，實從此出。』」〔註89〕又葉顒《樵雲獨唱》提要稱：「中央圖書館藏有舊鈔本樵雲獨唱集六卷，鈐有翰林院方印，前有明成化十九年（一四八三）袁凱序，景泰紀元史敏序，至正甲午（十四年，一三五四）自序二篇，蓋即四庫本所據。又有舊鈔本樵雲獨唱不分卷，有至正甲午自序及後序，兩本所收不同，鄧邦述手校並題記，云：

〔註88〕劉兆祐：《四庫著錄元人別集提要補正》，臺北：臺灣商務印書館，1978年，第 67 頁。

〔註89〕劉兆祐：《四庫著錄元人別集提要補正》，臺北：臺灣商務印書館，1978年，第 101～102 頁。

『此冊為粵東孔氏鈔本，孔氏書散失，多被海客買去。近年東瀛往往入中國收宋元刻舊籍，不惜重值，向之藏書家貪得番銀，奉手送之，如湖州陸氏書乃取值十一萬元耳。曾不足供紈綺揮霍，而國粹蕩然矣。有識之士往往憂傷唾罵，而莫可奈何，獨賴重金搜訪，猶可稍留須臾，然亦不過為窮子孫計也，何勝愴然。戊申七月檢此書因記，他日示吾子孫或冀多延數世也。正闇居士。』又云：『題此後，適京友又以樵雲獨唱別本見示，上有翰林院印，蓋中秘藏籍，庚子後所散出者。余忝入翰林九年，未一年在京，故亟存之。暇取校此本，則古詩及五七絕多出數十首。彼本固較完善，然亦有此本有而彼本無者，且後序一首，彼本所無，喜其可以互校，因取彼本所有必不可不補入此本者，寫補行間，其長篇累幅，則姑捨之。兩本存在余齋，固不必汲汲過錄，惟感昔難聚易散之旨，頗願兩本並校錄完善，使天壤間多留一善本，此則古人秉燭之意也。夫光緒戊申十月初六日燈下小病書此自遣。正闇又記。』」〔註90〕。

　　有元一代，文學之重要，直至當代才有學人孜孜矻矻於此，然研究元代詩文者不多，近人唯查洪德先生研究最為卓著。其國家社科基金項目有「元代文化精神與多民族文學整體研究」「元代文學思潮與詩文流派」「元代理學與文學」「元代詩學通論」，所著之《元代詩學通論》（北京大學出版社 2014 年版）、《理學背景下的元代文論與詩文》（中華書局 2005 年版）、《元代文學文獻學》（與李軍合著，中國社會科學出版社 2002 年版）。何素婷博士論文《〈四庫全書總目〉元別集提要研究》（西南大學 2018 年），直接以《總目》元人別集提要為研究對象，探賾深入，頗有發覆。

四庫全書傷寒類醫著集成

　　江蘇科學技術出版社輯，江蘇科學技術出版社，2004 年。

　　《傷寒論》十卷，包羅宏富，精微玄妙，後世醫家祖述張仲景者層出不窮，著述不下數十家。將《四庫全書》中傷寒類醫著進行彙編集成，於一書之中即可概觀，頗為便利。此書分上下兩冊，上冊收《傷寒論注釋（附傷寒明理論·傷寒論文）》《傷寒微旨論》《傷寒總病論（附傷寒論音訓·修治藥法）》《仁齋傷寒類書》《傷寒直格方（附傷寒標本心法類萃）》，下冊收《傷寒類方》《傷寒論條辨（附本草鈔·或問·痙書）》《尚論篇》《傷寒舌鑒》《傷寒兼證析義》。

〔註90〕劉兆祐：《四庫著錄元人別集提要補正》，臺北：臺灣商務印書館，1978 年，第 176～177 頁。

四庫全書存目傷寒類醫著集成

山東中醫藥大學文獻所輯，江蘇科學技術出版社，2007 年。

乾隆年間編纂《四庫全書》時，已存世的傷寒類專著蓋有數百種，被收入《四庫全書》者有十餘種，另有十餘種被列為存目。《四庫全書存目傷寒類醫著集成》以《四庫全書總目》傷寒類存目著述為線索，尋求書籍。據介紹，課題組訪到書籍底本時代不同，形制各異，漫漶不一，不利於研讀。後經山東中醫藥大學中醫文獻研究所整理，基本做到了整齊形制，對漫漶之處進行了修補。

此套書分上下兩冊，上冊收《傷寒懸解》《傷寒說意》《長沙藥解》《張子和心鏡別集》《河間傷寒心要》《劉河間傷寒醫鑒》《傷寒治例》，下冊收《傷寒纘論傷寒‧緒論》《傷寒分經》《傷寒論條辨續注》《四聖懸樞》。

四庫全書傷寒類醫著集成（另本）

虞舜、王旭光、張玉才主編，江蘇科學技術出版社，2009 年。

《傷寒論》在人類醫學發展史上有著重要地位，江蘇科學技術出版社集中巨大的人力、物力編輯出版了《四庫全書系列傷寒類醫著集成》。虞舜等編《四庫全書傷寒類醫著集成》五冊，第一冊收《傷寒論注釋（附傷寒明理論‧傷寒論方）》《巢氏諸病源候總論‧傷寒病諸侯》《備急千金要方‧傷寒方》《外臺秘要方‧傷寒門》《傷寒微旨論》《傷寒總病論》《聖濟總錄纂要‧傷寒門》《類證普濟本事方‧傷寒時疫》，第二冊收《仁齋傷寒類書》《宣明方論‧傷寒門》《傷寒直格方（附傷寒標本心法類萃）》《此事難知》《醫壘元戎》《世醫得效方‧傷寒方》《醫經溯洄集》，第三冊收《普濟方‧傷寒門》《薛氏醫案‧敖氏傷寒金鏡錄》《赤水玄珠‧傷寒門》，第四冊收《證治準繩‧傷寒準繩》《傷寒論條辨》《景岳全書‧傷寒典》《瘟疫論（附補遺）》，第五冊收《訂正仲景全書傷寒論注》《刪補名醫方論‧傷寒方論》《編輯傷寒心法要訣》《尚論篇》《傷寒舌鑒》《傷寒兼證析義》《絳雪園古方選注‧傷寒古方通》《續名醫類案‧傷寒醫案（附名醫類案‧傷寒醫案）》《蘭臺軌範‧傷寒軌範》《傷寒類方》。

此書「後記」詳細說明了書籍編纂緣起，其稱：「出版中醫藥古籍是我社的一個傳統，但出版像《四庫全書系列傷寒類醫著集成》這樣的大型古籍整理項目，我們仍然感到異常艱巨。當前的國家文化發展戰略，要求加大出版傳統文化產品的力度，而出版像《四庫全書系列傷寒類醫著集成》這樣的大

型項目，無疑是符合這種文化產業趨勢的。自從 2004 年初，我社出版了影印本《四庫全書傷寒類醫著集成》後，就開始醞釀出版經過整理後的由《四庫全書傷寒類醫著集成》《四庫全書存目傷寒類醫著集成》和《續修四庫全書傷寒類醫著集成》構成的《四庫全書系列傷寒類醫著集成》，此項目已列入江蘇省『十一五』重點圖書出版規劃項目……因此，出版《四庫全書系列傷寒類醫著集成》，不僅是一個艱巨的任務，也是一個無上之光榮。《四庫全書系列傷寒類醫著集成》彙集了傷寒之學的歷代重要研究著作，集中展示了仲景之學的研究全貌。」〔註91〕

續修四庫全書傷寒類醫著集成

虞舜、王旭光、張玉才主編，江蘇科學技術出版社，2010 年。

東漢張仲景所著《傷寒雜病論》是中醫學形成、發展史上的重要里程碑，也是中醫學理論的關鍵性支撐，其學術內涵貫穿中醫藥學的所有門類。以《傷寒雜病論》為核心的「仲景學」發展史，可視為整個中國醫藥學近兩千年的發展史。虞舜等編著的《續修四庫全書傷寒類醫著集成》彙集了傷寒之學的歷代重要研究著作，集中展示了「仲景學」研究的概貌。全書五冊，第一冊收《金匱玉函經》《仲景傷寒補亡論》《活人書》《傷寒百問》《新鐫注解張仲景傷寒發微論》《新編張仲景注解傷寒百證歌》《傷寒九十論》《傷寒九十論校訛》《陰證略例》，第二冊收《傷寒六書》《傷寒瑣言》《傷寒家秘的本》《（傷寒）殺車槌法》《傷寒一提金》《傷寒證脈藥截江網》《傷寒明理續論》《金鏡內臺方議》《張卿子傷寒論》《傷寒論集注》《傷寒辨證》《傷寒來蘇全集》《傷寒論注》《傷寒附翼》《傷寒論翼》，第三冊收《傷寒論後條辨》《附讀傷寒論贅餘》《重編張仲景傷寒論證治發明溯源集》《傷寒論直解》《傷寒附餘》《傷寒附餘胃氣論》《張仲景傷寒論貫珠集》，第四冊收《傷寒論本旨》《溫熱暑疫全書》《傷寒瘟疫條辨》《脈經·傷寒脈證》《醫學綱目·傷寒部》《醫宗必讀·傷寒》，第五冊收《小品方殘卷文本及其研究》《輔行訣五藏用藥法要文本及其研究》《敦煌傷寒論殘卷文本及其研究》《唐傳本傷寒論》《淳化本傷寒論》《宋本傷寒論》《安政本傷寒論》《〈傷寒要旨藥方〉考注》《傷寒藥方》《傷寒要旨》。

〔註91〕錢超塵編：《四庫全書傷寒類醫著集成·後記》，南京：江蘇科學技術出版社，2009 年，第 3727～3728 頁。

錢超塵〔註92〕介紹《四庫全書系列傷寒類醫著集成》云：「江蘇科學技術出版社編輯出版的《四庫全書系列傷寒類醫著集成》，基本上囊括了歷史上最重要的《傷寒論》研究專著。無論是《四庫全書》、附翼於《四庫全書》的《四庫全書存目叢書》，還是後來的《續修四庫全書》，都應該視之為國家級別的學術結晶，代表了一個較長時期的舉國學術認同。因此，以這種題材做集成性整理工作的基礎，就相當於整理出版一套定位於國家級別的《傷寒論》研究集成著作。《四庫全書》收錄的《傷寒論》著作不僅質量上乘，而且數量非常宏富，除了當時未能見到《太平聖惠方》與趙開美翻刻的《宋本傷寒論》外，其餘重要著作基本上都已入選，加上『存目』與『續修』，可以說歷史上出現過的《傷寒論》研究著作，收錄基本窮盡了。它們收錄的《傷寒論》類著作，都是經過當時權威機構反覆推敲而確定的，這就基本上完成了『定』的工作。至於『校』的工作，以一個出版社之力，調動全國專家學者集中精力，以整齊形制、統一尺度等具體要求來做這樣一個出版工程，相信『校』的工作也有一個較為完滿的結果。」〔註93〕

四庫全書存目傷寒類醫著集成（另本）

臧守虎主編，江蘇科學技術出版社，2010年。

臧守虎所編傷寒類醫著來自《四庫全書》存目書。此套書分上下兩冊，上冊收《傷寒懸解》《傷寒說意》《長沙藥解》《張子和心鏡別集》《河間傷寒心要》《劉河間傷寒醫鑒》《傷寒治例》《傷寒近編》，下冊收《傷寒續論傷寒・緒論》《傷寒分經》《傷寒論條辨續注》《四聖懸樞》。《傷寒雜病論》是中醫學最重要的典籍之一，兩千年來對中醫學有深遠的影響，具體論述參見溫長路先生序〔註94〕。

〔註92〕按，錢超塵（1936～2022），著名中醫訓詁學家、中醫文獻學家。1961年畢業於北京師範大學中文系，師從陸宗達教授。1972年進入北京中醫藥大學醫古文教研室任教，秉承乾嘉學派實證學風，以文字學、音韻學、訓詁學、目錄學等方法整理、研究中醫經典著作。研究成果有《黃帝內經太素研究》《中國醫史人物考》《內經語言研究》《中醫古籍訓詁研究》《傷寒論文獻通考》《宋本傷寒論文獻史論》《傷寒雜病論版本通鑑》等多部學術論著及百餘篇學術論文。

〔註93〕按，參見錢超塵《四庫全書系列傷寒類醫著集成》序。

〔註94〕溫長路：《四庫全書存目傷寒類醫著集成・序》，臧守虎主編《四庫全書存目傷寒類醫著集成》，南京：江蘇科學技術出版社，2010年。

四庫全書總目索引

陳乃乾編纂，大東書局，民國十五年（1926）。

此書四卷三冊，竹紙，鉛印。前有《四庫書目索引敘例》，其云：「古人著書立說，必希望『藏之名山，傳之其人』。其目的專求後之君子來賞識我的著作，卻不想用我的著作去開導後學。故一切著作，皆含有神秘性。索引所以節省讀者時間，使便於檢查之用，但為『神秘性』的著作家所不許。且為保持『藏之名山，傳之其人』的莊嚴態度起見，更不宜有此。故前人的著作，皆無索引。乃乾願犧牲日力，為古書做索引，此《四庫全書目索引》即為第一步之成功。四庫書目的分類法，係參酌舊例而加以變更，是否確當，自是另一問題。但無論確當與不確當，凡以其書隸屬某部某類，皆受編目者個人意志之裁判。天下後世諸學者若非與編目者同一意志，將用何法以檢查之耶？故需要索引尤亟。」〔註95〕

後有凡例六則，據此可知此索引之概略，索引的用法也可據此得知。其一，本擬用書名第一字排比，然書名無一定標準（如李長吉歌詩或題昌谷集），頗感困難，因改用著作人姓名排比，且可藉此考見某人有著作若干種。其二，一書為數人同撰或經他人補撰及注釋輯訂者，在各人姓名下互見之。其三，原書不著撰人姓名，提要疑為某人所撰者，仍入無名氏。其四，附刻者不另著其目（如吳筠宗元集附內丹九章經），如係兩人所撰，則互見之（如顧況華陽集附顧非熊詩）。其五，集後附刻年譜，其年譜雖為他人所撰，亦不另著。其六，通行本《四庫總目》附後阮氏《四庫未收書目》，茲編亦採及之。〔註96〕

此索引包括《四庫全書總目》及《四庫未收書目》。另，上海大東書局1926年印行的《四庫全書總目》，書後附《四庫未收書目》及陳乃乾所編索引。

索引式的禁書總錄

陳乃乾編纂，慎初堂鉛印本，民國二十一年（1932）。

陳乃乾將咫進齋本及各省《奏繳書目》彙編，刪重、補缺編成此書。是書可與姚覲元《清代禁燬書目》、孫殿起《清代禁書知見錄》、雷夢辰《清代各省

〔註95〕陳乃乾編：《四庫全書總目索引·敘例》，上海：大東書局，民國十五年（1926），第1頁。

〔註96〕陳乃乾編：《四庫全書總目索引·敘例》，上海：大東書局，民國十五年（1926），第2頁。

禁書彙考》互參，《四庫禁燬書叢刊》所收圖書即以上述四書為主要收錄範圍。相關書目可參見《禁書總目（外十四種）》敘錄。

四庫全書總目及未收書目引得（引得第七號）

〔美〕魏魯男編，燕京大學圖書館，民國二十一年（1932）。

據前序知，此引得為美國魏魯男所編，燕京大學翁獨健審核條例並進行校勘，後由引得編纂處出版發行。引得編纂處主任洪業，編輯田繼宗、聶崇岐、李書春，經理馬錫用。全書分上下兩冊，上冊包括序、敘例、四庫全書總目卷葉內容表附說明（板本推算法）、中國字庋擷、書名引得；下冊包括人名引得附官書、拼音引得、筆劃引得。書前有洪業所撰長序，約五千字，內容豐富，論述詳實，考證之處，頗有所得，如其比較定本《總目提要》與閣本提要（即書前提要）發現：「總目提要皆與書前提要不同。大抵以文體言，則書前提要簡潔；以考證言，則《總目提要》煩瑣：想係總纂嫌分纂定稿之餖飣而為之刪簡整齊者。取《簡目》評語，以校二提要，而又與《總目》為獨近。竊疑由分纂初稿以至分纂定稿，曾經若干曲節，而二種提要乃各就分纂定稿增減刪訂而成。其標準各不同，蓋書前提要乃供皇帝覽書之便，而《總目提要》乃專詳於學術參證之材料也。然二萬餘篇之提要，今僅校其二十餘篇，未敢便斷為定論，識之以俟留心四庫掌故者細考焉。」〔註97〕。洪業通過校對二十餘提要，指出定本提要與閣本提要存在差異，這一發現在 1930 年代可謂十分不易。其對提要差異原因的猜測，也有一定的價值。

洪業云：「昔范志熙有《四庫總目韻編》，以書名首字按韻分列。然其書不常見，而誤至三百餘條。近有陳乃乾先生之《四庫全書總目索引》，乃以撰者姓名，依筆劃多寡，先後排列；名下綴所著書，及《總目》類別篇次。又有楊立誠先生之《文瀾閣目索引》，則依書名首字，筆劃簡繁，表列文瀾閣本《四庫全書》，下綴著者姓名朝代，四庫部類，及交瀾閣廚號。然楊先生《索引》，乃為文瀾閣書而編者，僅便於檢閱文瀾閣本書者之用；部類欄既闕篇次，全書又不及存目；強而用諸《總目》，其功效三之一耳。且於本書原名，或為更易；既無凡例說明，而為例亦不純也。陳先生書或謂其實就費莫文良之《四庫書目略》而撰成者，故略之誤者亦誤。蓋不可謂之為《總目》之索引矣。陳楊二先

〔註97〕 〔美〕魏魯男編：《四庫全書總目及未收書目引得（引得第七號）‧序》，北京：燕京大學圖書館，民國二十一年（1932），第 7 頁。

生之書愚雖常用，而亦常覺其苦也。」〔註98〕此處將陳乃乾《四庫全書總目索引》，楊立誠《文瀾閣目索引》、費莫文良《四庫書目略》進行了比較，有助於瞭解《四庫全書總目及未收書目引得》與三書之異同。

洪氏又云：「《四庫全書總目引得》者，美國魏魯男（楷，James R. Ware）君所編也。民國十八年余在美哈佛大學（Harvard University）講授攻史方法，魏君從余討論《偽古文尚書》問題……其夏魏君之法從伯希和教授學。越年來中國，專攻中國文字，且從事收置線裝書籍。去年夏中歸美。未行前，以卡片四大盒示余，蓋所為《四庫全書總目引得》片也。問可否由引得編纂處校理付印，余喜尤之。遂延燕京大學歷史系生翁獨健君以暑假餘暇商訂條例，且就《四庫全書總目》細校焉。用一九二六年上海大東書局本，以其新出而易得也。又益以《未收書目》焉。至於排比整齊鈔錄校印之事，則皆出引得編纂處編輯校對繕寫諸君之力也。」〔註99〕由此處可知，此引得係美國魏魯男所編，翁獨健商定條例，並進行校勘，引得編纂處田繼宗、聶崇岐、李書春等人進行編輯，此書方得出版發行。

今無論是《四庫全書總目及未收書目引得》還是陳乃乾編《四庫全書總目索引》，均不常使用，現中華書局出版的《欽定四庫全書總目》後附筆畫索引，包括書名和作者索引，頗為便捷。

《四庫》所收私家藏書目錄

許政揚遺作

許檀介紹此遺作發現的詳細經過：

這是一份家父在燕京大學修讀「目錄學」的《讀書報告》，「四六四二一」是家父 1946～1949 年在燕京大學就讀時的學號，故寫作時間估計在 1947～1949 年之間。這份手稿係家父的恩師孫楷第先生保存下來的，並蒙孫先生哲嗣泰來先生於 2016 年 10 月轉贈給我。由於抄家，家父的手稿已蕩然無存，因而對我們來說無比珍貴。

泰來先生在《許政揚先生〈四庫所收私家藏書目錄〉目錄學讀書報告》題記中對這份《讀書報告》的「失而復得」有一段記載：

〔註98〕〔美〕魏魯男編：《四庫全書總目及未收書目引得（引得第七號）·序》，北京：燕京大學圖書館，民國二十一年（1932），第8～9頁。

〔註99〕〔美〕魏魯男編：《四庫全書總目及未收書目引得（引得第七號）·序》，北京：燕京大學圖書館，民國二十一年（1932），第9～10頁。

「《報告》失而復得，讓人嘖嘖稱奇。1969 年 11 月父親藏書等被拉走時裝了三卡車，回來的只有這六捆，而許先生的《報告》恰在其中，不能不說這是天意。去年 7 月任外孫秦博告訴我，許檀老師是許先生的女公子。我立刻想到書櫃裏放著許先生的那冊《報告》，要趕緊聯繫許檀『物歸原主』。10 月 3 日許檀來京，我將《報告》交給她。歷經一個多甲子，許先生的著述終於回家了。」

孫楷第先生在在家父畢業之後到「文革」期間，一直精心保存著家父的這份手稿，足見他對學生的鍾愛和深情；而為我和泰來先生搭建橋樑的南開歷史學院的秦博博士，乃是孫楷第先生的曾外孫，四代學人就這樣機緣巧合地聯繫在一起，冥冥之中似有神助。

一份手稿歷經劫難，重新回家；

四代學人薪火相傳，情意永續！

《〈四庫〉所收私家藏書目錄》將藏書家及私家獻書目錄從《總目》中析出，有助於瞭解清代私家藏書情形。這只是個目錄，沒有經過詳細考證，還需要通過《纂修四庫全書檔案》《浙江採集遺書總錄》《江蘇採輯遺書目錄》《四庫採進書目》《四庫全書初次進呈存目》《翁方綱纂四庫提要稿》《四庫全書簡明目錄》以及藏書家所撰私家藏書目錄、藏書家別集等進行詳細箋釋，或可呈現四庫收私家書籍在清流傳情形。如果將書籍版本流傳以及現存情況進行考釋，或可據以確定《四庫全書》所收書籍版本之優劣。這一問題可以繼續深入。《四庫》所收民間藏書，共計五十二家，即鮑士恭、馬裕、范懋柱、汪如藻、汪啟淑、黃登賢、吳玉墀、勵守謙、紀昀、汪汝瑮、張若溎、王昶、陸費墀、曹秀先、劉權之、周厚堉、鄭大節、程晉芳、周永年、陸錫熊、胡季堂、蔣曾瑩、徐天柱、朱彝尊、孫仰曾、孔昭煥、朱筠、英廉、于敏中、李潢、邵晉涵、王杰、蔡新、金甡、鄭際唐、李友棠、劉錫嘏、張若淳、張羲年、程景伊、曹學閔、鄒炳、張壽、陳昌齊、王際華、方維甸、章銓、許寶善、莊承籛、嚴福、祝堃、江廣達。許政揚先生將其裒斂為一卷。某家藏本之後羅列《總目》收書書名、卷數，每一家統計書籍種數及卷數，最後附作者小傳。如汪啟淑家藏本，「《易學啟蒙意見》五卷，《詩經通義》十二卷，《春秋集傳纂例》十卷，《春秋蠡議》九卷，《春秋孔義》十二卷，《七經孟子考文補遺》一百九十九卷，《論語全解》十卷，《癸巳論語解》十卷，《癸巳孟子說》七卷，《四書疑節》十二卷……凡六十七種，一千四百二十六卷。汪啟淑：字秀峰，號訒庵，歙縣人。

官工部都水司郎中。僑居杭州小粉場，顏其廳事曰『飛鴻堂』，有開萬樓藏書百櫥。乾隆中進書六百種，御題『劉一清《錢塘遺事》』，『許嵩《建康實錄》』二種，並賞《古今圖書集成》一部。有《焠掌錄》《水槽清暇錄》《小粉場雜識》《飛鴻堂印譜》等。」〔註100〕

略附《四庫》所收私家藏書目錄考釋需要解決的問題，可能產生的學術價值。目錄輯錄只是一個方面，需要比對進呈書籍目錄與《總目》是否存在差異。進呈書籍在《總目》之中或有版本考述，將書籍版本源流與《總目》進行比較，分析《總目》收書版本優劣。清代私家藏書目錄很多，《四庫》收錄的私家獻書在清代的整體情形需要研究，這是一個很好的切入點。《四庫全書》在編纂之時，對版本的選擇往往存在一些盲區，私家獻書常常又去除重複，所謂的「去除重複」是否只是書名的重複，而忽略版本，這是一個十分嚴重的問題。四庫館臣在處理這一問題上，好像並無特別之處，尚未見詳細的文獻記載。但是，需要說明的是，各省在進呈書籍時均以數量及數量的準確性為標準，這在各省巡撫、總督等所撰的奏摺中有詳細記載。奏摺之中也一直在強調「去除重複」，而去除重複的書籍實際上已經進呈過的，進呈書籍之中並無版本介紹，這從浙江、江蘇兩省所進書目中可得而窺，其他各省所進之書，或只列書名和本數，通過《四庫採進書目》可知，同一書籍，不同省份也有進呈，而本數或有明顯差異。這或許就是版本問題造成的，但是各省主動去除重複的做法，實際上忽略了書籍版本問題。四庫館在收書之前，也強調過去除重複。因為一省之內可能做到去除重複，但在全國範圍徵集遺書，各省所進之書目錄又不互通有無，必定會有重複書籍的出現，而這又在一定程度上彌補了一省去除重複後的缺欠。研究私家獻書目錄，可從小處窺得《四庫全書》收書情形，對判定四庫全書本的價值有重要參考意義。

四庫全書目錄索引

上海古籍出版社編，上海古籍出版社，2003年。

是書係文淵閣《四庫全書》目錄索引。2003年5月，上海古籍出版社根據影印的文淵閣《四庫全書》編纂此書。該社將《四庫全書目錄索引》與《文淵閣四庫全書》配套發行，兼為現存《四庫全書》諸閣本檢索原書提供參照。

〔註100〕許政揚：《〈四庫〉所收私家藏書目錄》，《古代文學前沿與評論》（第二輯），北京：社會科學文獻出版社，2018年，第155～175頁。

文淵閣《四庫全書》有電子版，係上海人民出版社與香港迪志文化出版有限公司聯合發行，一般學者通過電子版進行檢索，頗為便捷。

文溯閣四庫全書要略及索引

「國立奉天圖書館」編輯發行，「興亞印刷株式會社」印刷，原署「康德五年六月五日印刷，康德五年六月十日發行」。康德五年為民國二十七年（1938），奉天圖書館即瀋陽圖書館。

是書前有圖片數幅，文溯閣全景、文溯閣全景平面圖、文溯閣扁額、御製文溯閣記碑亭、文溯閣舊書庫內書架之一部留影、文溯閣新建書庫外景、文溯閣新建書庫內部書架之一部、文溯閣四庫全書經、史、子、集四書書封及內頁書影。

此書分兩個部分，一為《文溯閣四庫全書要略》，二為《文溯閣四庫全書書名索引》。《文溯閣四庫全書要略》分為四個部分，即《全書》概況、文溯閣沿革、文溯閣閣本提要（即原本提要）印行、九種附錄，內容雖簡，但信息量很大，是瞭解文溯閣《四庫全書》的重要文獻。

其一，《全書》概略一章，從創議、館臣、書籍來源、《大典》沿革、繕寫、貯藏、提要目錄七個方面進行簡論。創議之論涉及朱筠纂修《四庫全書》之議，舊本鈔本的搜集，《永樂大典》書籍的輯佚，金石圖譜鐘銘碑刻的拓取，所論言簡意賅，總括《四庫全書》纂修相關事宜。館臣方面，臚列重要人員二十餘人，包括劉統勳、于敏中、紀昀、陸錫熊、孫士毅、陸費墀、戴震、邵晉涵、周永年、紀昀、王念孫、程晉芳、任大椿、俞大猷、朱筠、翁方綱、王太嶽、姚鼐、金榜、吳錫麒、盧文弨、丁傑等，並指出「是役最足為奉天生色者，時遼陽王爾烈以陝西道監察御史而參加纂修之役是也」〔註101〕，特別關注王爾烈這位籍貫為遼陽的四庫館臣。關於書籍來源，歸納為四點，即政府固有藏書、公私進呈書、《永樂大典》輯佚書、臨時編纂書。私人進呈書籍，臚舉海內藏書巨擘，如天一閣范氏、飛鴻堂汪氏、曝書亭朱氏、瓶花齋吳氏、汲古閣毛氏、二老閣鄭氏、嘉松堂孫氏、振綺堂汪氏、知不足齋鮑氏、平津館孫氏、抱經堂盧氏。《大典》沿革方面，對清代輯佚《大典》的論述甚為詳細。其云：「清雍正中，因皇史宬恭藏聖祖仁皇帝實錄，屏當書架，乃將副本移於翰林院。時全

〔註101〕「國立奉天圖書館」編：《文溯閣四庫全書要略及索引》，奉天：興亞印刷株式會社印刷，民國二十七年（1938），第 2 頁。

謝山先生適寓臨川李穆堂第，驚為創獲，因與定為日課，日盡三十卷，以所簽分令四人鈔之，一日所簽，或至浹旬未畢，其難如此。會纂修三禮，謝山語總裁方望溪，鈔三禮之不傳者，而院中所儲副本，缺少幾及二千卷，擬奏請發宮中正書補足之事亦未果，祁門馬嶰谷曰琯，仁和趙谷林昱，均曾為謝山致鈔資，而謝山旋改知縣，事遂中輟（參閱全謝山《鮚埼亭集‧永樂大典鈔書記》）。杭董浦世駿纂輯《續禮記集說》，所採宋元人說，半出於《大典》，蓋亦繼謝山之志者，而惜皆未能作大規模之鈔錄也。至四庫館開，始因笪河之議，以國家之力，分輯繕寫，各自為書，計編入四庫者經部六十六種，史部四十一種，子部一百三種，集部一百七十五種，共三百八十五種，四千九百二十六卷，而存目與業經輯出而未及進呈者，尚不與焉。嗣後嘉慶丁巳，乾清宮災，正本遂燬，副本萬餘冊，則庋藏翰林院敬一亭，蛛網塵封，無人過問，而書之珍貴，人所共知，遂漸漸遺失，日見減少。光緒乙亥，重修翰林院衙門，檢查此書，已不及五千冊，當時嚴究館人，甚至有交刑部斃於獄者，而書仍無著。光緒丙子，繆筱珊荃孫入翰林，詢之前輩，祇有三千餘冊。癸巳詢之，不及七百冊。庚子拳匪倡亂，燬翰林院，以攻使館之背，舊所儲藏均付一炬，除早日遺失流落中外者外，《大典》遂一冊不存，正書早歸天上，副本亦付劫灰，使四庫館不先鈔輯數百部，以遺後學，則《大典》之價值，將永無光大之可能，可勝歎哉（參閱國粹學報繆荃孫《大典源流考》）。」〔註102〕在貯藏方面，其論文淵、文溯、文源、文津、文匯、文宗、文瀾七閣正本之外，又有副本一份，貯藏翰林院，統計《全書》共八份。事實上，翰林院副本不存。

　　其二，文溯閣《四庫全書》沿革一章，論述清代乾隆年間貯藏校對歷史，以時間為線梳理文溯閣《四庫全書》發展史。此節論述文溯閣《四庫全書》保管之事甚詳，對瞭解文溯閣頗有助益。據介紹，「閣六間三層，頂樓存貯子部集部，共三千六百函，中層存貯史部，共一千五百八十四函，底樓存貯經部及《古今圖書集成》《簡明目錄》《總目考證》，共書一千五百六十六函，外《日講詩經解義》二空函。自移貯以來，有清一代，均歸內務府保管，每年四月由盛京工部，領取樟腦六十六斤，野雞尾撢八把，短把雞毛撢八把，以備應用。隔一年，復由工部派員攜帶紙張，糊飾窗扇一次（參閱《盛京典製備考》及《盛京通鑑》）。民國三年，段芝貴督奉，將本閣全書，移往北平故宮之保和

〔註102〕「國立奉天圖書館」編：《文溯閣四庫全書要略及索引》，奉天：興亞印刷株式會社印刷，民國二十七年（1938），第3～5頁。

殿。十四年，奉天教育會長馮廣民，赴平參加善後會議，覩之有感，歸即謀諸當道，力倡運復之議，馮氏復奔走京津，各方關說，卒通過閣議允為運復，於是電召張元俊、汪芝雲、趙純等，並奉人士之旅京者三十餘人，以八日之力，檢收本閣《全書》於保和殿，而《全書》始為物歸故所運複本閣，時民國十四年八月七日也。既運歸，馮氏復請於省署，設保管委員會，延聘當地鴻儒巨紳為委員，以司保管之責，並於文溯閣院內，建購電井消防機，以防火患，每至六七月間，逐本裝入樟腦，時啟門窗，以通空氣防護保管，至為周詳。復以《全書》，舊多遺佚，光緒間，《全書》即間有缺冊。《盛京典製備考》謂，蓋為俄人攘去者民三之厄，展（輾）轉流徙，遺失益易。乃於十五年夏，仿文瀾閣鈔補之例，請於北京故宮博物院，仿文淵閣本，備二十人補鈔，以董眾、譚峻山董其事，計補鈔十六種共七十二卷。而本閣《全書》，始復成完璧亦云難矣（參閱附錄二《本閣全書運復記》）。（查其間散失圖書，雖曾於民國十五年鈔補，然仍有重複及佚缺者，本館復於康德元年，在北京，依文津閣本補鈔，先後又寫成三種，計十二冊八百四十一葉。）考《全書》八份，英法聯軍之役，文源化為烏有，洪楊之亂，文匯文宗，胥成劫灰，翰林院副本，英法聯軍、八國聯軍二役，焚燬攜取，散失無餘。文瀾則掇拾於叢殘之餘，六十年來，補苴罅漏，勉成完帙。現《全書》之存於世者，惟文淵閣書現歸北京故宮博物院圖書館，文津閣書現歸北京國立圖書館，及本閣書現歸本館」〔註103〕。對文溯閣《四庫全書》的檢查，文中根據附錄中的《文溯閣全書函架冊數表》《文溯閣四庫全書舊書庫書架配置圖》《文溯閣四庫全書新書書庫書架配置圖》等，給出一系列清查後的詳細數據，頗有助於瞭解文溯閣《四庫全書》具體信息。文曰：「本館自大同元年九月一日移管本閣《全書》以來，首從事於澈（徹）底檢查，費時六個月，始為竣事。計上層子部二十二架（現改為三十三架），一千五百八十四函，九千零七十一冊，五十六萬六千七百七十九葉。集部二十八架（現改為四十二架），二千零十六函，一萬二千二百六十五冊，六十七萬零四百九十四葉。中層（現改下層）史部，三十三架，一千五百八十四函，九千四百零八冊，七十萬三千二百十七葉。下層經部，二十架，九百六十函（內有《簡明目錄》三函，《日講詩經解義》二空函），五千五百零九冊，三十六萬五千八百七十五葉，殿本《圖書集成》十二架，五百七十六函，五千

〔註103〕「國立奉天圖書館」編：《文溯閣四庫全書要略及索引》，奉天：興亞印刷株式會社印刷，民國二十七年（1938），第8～9頁。

零二十冊。此外復有殿本《四庫總目》二十函，一百二十七冊，內府寫本《四庫全書考證》十二函，七十二冊，不歸架，冊面則子部用青絹，集部用灰絹，史部用紅娟，經部用綠絹，《圖書集成》及《總目考證》等用黃絹。至於《全書》內容，經本館此次澈（徹）底清查，其通行本《簡明目錄》，雖經著錄，而本閣實無其書，及有函無書，卷數缺佚，或卷數重複，前無提要各項，並皆列表以詳，以明真相。函架冊數，書架配置，亦俱製作表圖，用便檢查，此本館歸於本閣《全書》清查之狀況也。」〔註104〕對於文溯閣《四庫全書》清查的記載，這應是較早也是較為全面的史料。文溯閣《四庫全書》在存世三閣之中，最為神秘，也不為研究者所知。民國時期對文溯閣《四庫全書》的檢查，是我們至今瞭解此書的重要歷史文獻。文溯閣書庫新建築於康德二年（1935）始建，位於院內西南角，康德四年（1937）季夏《全書》移存其內。

其三，文溯閣《四庫全書》閣本提要的印行。文中說「取原書提要與《總目》相對，幾無一篇無異同者」，此論確是事實。只是認為《四庫全書》編纂時，戴震負責經部，邵晉涵負責史部，周永年負責子部，紀昀負責集部，或囿於歷史認知，有所偏頗。文中對四人的學術所長有所介紹，並指出文溯閣原本提要是未經紀昀刪改之文。《文溯閣四庫全書提要》有1933年遼海書社本，董眾編纂，後由金毓黻等編輯出版。

其四，《要略》後附錄有九篇。附錄一《御製文溯閣記》，附錄二《文溯閣四庫全書運復記》，附錄三《文溯閣全書函架冊數表》，附錄四《文溯閣四庫全書舊書庫書架配置圖》，附錄五《文溯閣四庫全書新書書庫書架配置圖》，附錄六《文溯閣四庫全書鈔補書名表》，附錄七《簡明目錄著錄文溯閣四庫無書書名表》，附錄八《文溯閣四庫全書重複及缺佚書名表》，附錄九《文溯閣四庫全書缺佚提要書名表》，這些史料和清查表格是進一步瞭解文溯閣《四庫全書》的珍惜史料，也極為難得。

《文溯閣四庫全書書名索引》按書名首字筆劃將書名進行索引，同筆劃字，又按點、橫、豎、撇、折次序排列。此索引分書名、卷數、著者、冊數、葉數、架號、函號、備考八項，列表呈現。書名不同者，以「互文」手法進行互見，如《周易象義》又名《易象義》，兩書書名皆可檢索，在「備考」項中予以說明。又如《重訂詩經疑問》，「備考」注「見《詩經疑問》」；《重修玉篇》，

〔註104〕「國立奉天圖書館」編：《文溯閣四庫全書要略及索引》，奉天：興亞印刷株式會社印刷，民國二十七年（1938），第10～11頁。

「備考」注「見《玉篇》」；《重修宣和博古圖》，「備考」注「見《宣和博古圖》」；《重修革象新書》，「備考」注「見《革象新書》」；《重修廣韻》，「備考」注「見《廣韻》」；《重編瓊臺會稿》，「備考」注「見《瓊臺會稿》」〔註105〕。但此索引也偶有失誤，如《林下偶談》一書，卷數、著者、冊數、葉數、架號、函號、備考各項全闕〔註106〕，查《荊溪林下偶談》，亦未著錄相關信息。而文溯閣《四庫全書》收錄此書，據《文溯閣四庫全書提要》，卷一百十一集部三十三詩文評類有《林下偶談》提要〔註107〕。

《文溯閣四庫全書要略及索引》又收錄於中華書局2014年版《文溯閣四庫全書提要》第六冊，參是書敍錄。

文津閣四庫全書（影印本）索引

趙河清、賈振國主編，吉林人民出版社，2014年。

是書為索引工具書。2005年商務印書館影印出版了文津閣《四庫全書》，全書500冊，按經、史、子、集四部進行分類檢索。第一冊附有簡明目錄20卷，但書目並非與全書冊數一一對應，檢索不便，於是趙、賈二人編制了此索引。索引按音序編定，分《書名索引》和《著者索引》兩部分。書前有編制說明，簡潔明瞭，茲簡述如下。

第一部分《書名索引》，包含了全書所有文獻3474種。每種書籍的首卷、末卷或附錄卷，均著在本書名後，有分卷名稱的亦著錄在其後。通過此《書名檢索》，可檢索到改書籍的文獻名、著者朝代、著者、四部分類及對應的影印本冊數。

第二部分《著者索引》，凡例四則。一，同一書名有正體字和斜體字的，正體字書名與目錄中的第一位責任者相對應，斜體字書名與其餘責任者相對應。這樣不管是第幾責任者，都能檢索到他所著的相應書名。二，著者姓名前有說明的文字，放在姓名之後，利於按姓名排序。通過檢索，可檢索到文獻的著者、著者朝代、文獻名及對應的冊數。三，書名中沒有標明作者的用□代替，

〔註105〕「國立奉天圖書館」編：《文溯閣四庫全書要略及索引》，奉天：興亞印刷株式會社印刷，民國二十七年（1938），第135頁。

〔註106〕「國立奉天圖書館」編：《文溯閣四庫全書要略及索引》，奉天：興亞印刷株式會社印刷，民國二十七年（1938），第85頁。

〔註107〕（董眾）、金毓黻編：《文溯閣四庫全書提要》第五冊，北京：中華書局，2014年，第3943～3944頁。

並在著者索引的最後排序。不著撰人和佚名者均排在最後。四，索引以文津閣《四庫全書》影印本分冊目錄為基本信息，與書中內容不一致的目錄加下劃線標識出正確信息。

此索引用音序編制，使用起來並不費力，但因與傳統索引有異，編制說明需認真閱讀，否則檢索信息可能會有誤差。

四庫未收書分類目錄

是書未見。但據《四庫未收書輯刊》前序所言，20 世紀 20 年代羅振玉等三十多位學者擬定《四庫未收書分類目錄》，收集清四庫館臣未見與乾隆以降至清末問世的書籍，襲《四庫全書》體例編纂而成。又有吳格、眭駿《續修四庫全書總目提要·叢書部》編纂緣起云「1925 年利用退還『庚款』而成立之『東方文化事業總委員會』，吸收中外學人建議，重提『續修《四庫全書》』計劃，落實機構及經費，同時建立北平人文科學研究所及附屬圖書館，大量購置清乾隆以後問世之學術著作，編成《四庫未收書分類目錄》」〔註 108〕。

《四庫未收書分類目錄》在文獻學和目錄學上都極具權威性，從而使在「分類目錄」框架內編輯的《四庫未收書輯刊》，在文獻的保存、類目的劃分、底本的遴選上都有充分合理的依據和可靠的學術保證。

四庫書目略

清費莫文良輯，二十卷附錄一卷，刻本。

費莫文良，生平不詳。該目著錄「四庫」所收之書和存目之書的書名、卷數、撰者，末有杭州本《四庫全書簡明目錄》、胡氏《附存書目》，《四庫全書總目》中所未載之書在《附錄》中揭示。此書有清同治九年（1870）刻本，全十二冊，北京大學圖書館藏，內有李盛鐸、譚篤生批註。青海圖書館、蘭州大學圖書館亦有藏本。

四庫目略

楊立誠編纂，費寅校閱，浙江印刷公司印刷，浙江杭州大方伯省立圖書館四庫目略發行處發行，民國十八年（1929）八月初版。全書四冊，分經、史、

〔註 108〕吳格、眭駿整理：《續修四庫全書總目提要·叢書部·編纂緣起》，北京中華書局，北京：國家圖書館出版社出版，2010 年。

子、集四部。1970 年臺灣中華書局據杭州本印行,分上下兩冊。1978 年臺灣成文出版社出版的《書目類編》第 10、11 冊收錄此書。

　　是本前有蔣夢麟題「以惠學子」四字。後有蔡元培序、歐陽祖經序、楊立誠自序。蔡序云:「楊君立誠覃思好學,夙嗜箸述。近編《四庫目略》意在標舉群書,開示涂(途)徑,致力甚勤,旨趣甚善。夫古之著錄書目者多矣,或詳書旨而略版本,或專舉版本而不及書旨,顧此失彼,學者病之。楊君就清代四庫箸錄之書,擷其要旨,更詳舉每書各種版本,剖晰比較之。要言不煩,開卷粲然。後有學者按圖可索,日力精力節省不少。然則楊君此書非自衒其著述之能,其所以貢獻於教育界者為功實至大也。中華民國十八年一月十日蔡元培。」〔註 109〕歐陽序云:「余於民國十七年春遊杭之孤山圖書館,時主館事者為豐城楊君以明,導觀文瀾閣四庫書,意極殷摯。別未一載,復相見於金陵,則其所著之《四庫目略》已付劂矣。且索序於余,不敢以不文辭。吾國自向、歆父子以來,藝文、經籍代有著錄。至清修四庫書而集其大成,提要尚矣。顧卷帙繁重,學者猶以為未便,於是有《簡明目錄》之作。今學術愈繁,求所以節省學者之日力精力者,其需要愈切,而索引之術亦愈精。楊君於館事鞅掌之餘,不惜聚精會神,成斯巨著。既明書旨,兼詳版本,扼要鉤元,賞心悅目。如四通八達之道,示其康莊;如千門萬戶之宮,陳其富美。執一卷而窮古今之大觀,楊君之用力劬矣!儻所謂自為少而為人多者,非耶,余嘗以楚材晉用為楊君惜。今斯書之成,沾溉後學,厥功匪細,又不獨一省之私幸已耳。抑吾贛文章著述,彪炳東南,以宋明兩代為最盛。居恒不自揣,竊發宏願,欲取《四庫》中江右先哲遺著,廣付鈔胥,以存地方文獻。惟茲事體大,非棉薄所能勝。而楊君志同道合,乃力贊以賈余勇,因志數語於簡端,以為異日之息。壤時民國十八年一月二十八日也,南城歐陽祖經。」〔註 110〕楊氏自序稱:「《四庫全書》浩如煙海,非提要鉤玄,無以窺其門徑。雖書成之日,即有《總目》之編纂,然卷帙頗多,購置匪易,且不詳版本,無由參校異同。其他目錄如邵懿辰《四庫目錄標注》,莫友芝《知見傳本書目》等,雖各備舉版本,而於書旨闕焉不載。夫傳本以歷久而就湮,舊刻以翻新而轉著。

〔註109〕楊立誠編纂,費寅校閱:《四庫目略‧蔡元培序》,杭州:浙江杭州大方伯省立圖書館四庫目略發行處發行,民國十八年(1929),第 1 頁。

〔註110〕楊立誠編纂,費寅校閱:《四庫目略‧歐陽祖序》,杭州:浙江杭州大方伯省立圖書館四庫目略發行處發行,民國十八年(1929),第 1～2 頁。

所見各異，詳略斯殊，其不免於遺漏，亦勢然也。今欲以簡御繁，俾學者一展卷而得其要領。於四庫書之旨趣、版本，不致無所問津，前此目錄家所未有也。爰不揣淺陋，為採各家之長，擷其精華，補其闕漏，書成顏曰『四庫目略』。庶使百里之程，達於俄頃；千頭之絲，挈於一綱。所以便利初學，為徵書者示之蹊徑，或亦不無小補云爾。中華民國十八年一月豐城楊立誠自序於西湖圖書館。」〔註111〕

　　是本以表格的形式編纂，按《總目》經、史、子、集四部分類及各部小類的順序依次撰寫，可與《總目》對參。分書名、著者、卷數、版本、書旨五項內容。此書價值在於版本一項，每書列出至少一種版本，多則十餘種。雖不涉詳細版本考辨，然亦偶有述評。如《讀詩略記》版本，楊氏云：「四庫著錄係鈔本，海昌朱海曙曰『共有七經略記，三禮最佳』。惜四庫僅收《詩》《春秋》二種。」〔註112〕所指信息，於學有益。關於《中庵集》版本，楊氏云：「韓小亭有元刊足本，凡閣本所佚皆完全，且面目全別，真秘笈也。丁氏有鈔本。」〔註113〕楊氏所經眼版本，對研究元劉敏中《中庵集》版本亦有裨益。又，《草堂雅集》版本，楊氏考稱：「汲古閣刊《玉山草堂集》三卷，《孝慈堂目》十六卷。許氏有舊鈔本十三卷。《佳趣堂目》有元刊本十三卷，文待詔藏本，文國博標名，文相國跋。《四庫》所收不足，儀顧堂有足本。顧俠君是書首冊久佚，竹垞從毛氏鈔本補全。莫邵亭有汪啟淑藏舊鈔本。」〔註114〕又，《文章辨體彙選》版本，楊氏考云：「《總目》云『祇存鈔本，傳播甚稀』。《四庫》依海寧陳氏春暉堂鈔本，即《浙目》所進之本。晉江黃氏有鈔本，莫邵亭在皖中見刊本，楷字，非近刊。」〔註115〕如上種種，可見此書價值之一二。

　　簡言之，是書據《四庫全書簡明目錄》《四庫全書簡明目錄標注》《邵亭知見傳本書目》三書編輯而成。書旨部分，簡略述書中大旨，言簡意賅，並非《總

〔註111〕楊立誠編纂，費寅校閱：《四庫目略・自序》，杭州：浙江杭州大方伯省立圖書館四庫目略發行處發行，民國十八年（1929），第1~2頁。

〔註112〕楊立誠編纂，費寅校閱：《四庫目略》第一冊經部詩類，杭州：浙江杭州大方伯省立圖書館四庫目略發行處發行，民國十八年（1929），第9頁。

〔註113〕楊立誠編纂，費寅校閱：《四庫目略》第四冊集部別集類金元，杭州：浙江杭州大方伯省立圖書館四庫目略發行處發行，民國十八年（1929），第21頁。

〔註114〕楊立誠編纂，費寅校閱：《四庫目略》第四冊集部總集類，杭州：浙江杭州大方伯省立圖書館四庫目略發行處發行，民國十八年（1929），第29頁。

〔註115〕楊立誠編纂，費寅校閱：《四庫目略》第四冊集部總集類，杭州：浙江杭州大方伯省立圖書館四庫目略發行處發行，民國十八年（1929），第41頁。

目》之節略版，也就是說內容與《總目》並不全同，亦不同於《簡明目錄》，蓋楊氏據《總目》再發揮者也。此書書旨，亦可與《總目》《簡目》對參。余藏有浙江杭州初版一套。

四庫系列叢書目錄·索引

復旦大學圖書館古籍部編，上海古籍出版社，2007 年。

此書為研究四庫者重要的目錄學書籍，收錄了四庫系列叢書十四種，包括《景印文淵閣四庫全書》《（文淵閣）四庫全書珍本》《文瀾閣四庫全書選粹》《影印（文淵閣）四庫全書四種》《影印（文瀾閣）四庫全書四種》《影印文溯閣四庫全書四種》《文津閣四庫全書珍賞》《景印摛藻堂四庫全書薈要》《續修四庫全書》《四庫全書存目叢書》《四庫全書存目叢書補編》《四庫禁燬書叢刊》《四庫禁燬書叢刊補編》《四庫未收書輯刊》，共計 18000 餘種古籍。各種四庫系列書目見前所敘，不贅述。

是書分兩部分，第一部分「四庫系列叢書目錄」，詳列書目、作者、版本、所在冊數。第二部分「四庫系列叢書索引」，分書名和著者索引兩種，有四角號碼和拼音檢字兩種方法，較為方便。四庫系列收書甚夥，特別是《續修四庫全書》《四庫全書存目叢書》《四庫禁燬書叢刊》《四庫未收書輯刊》等，據現存書籍影印，部分書籍不易得，版本價值極高。如《四庫全書存目叢書》集部收錄《撙齋先生緣督集》十二卷，影印明萬曆十一年詹事講刻本，可與《文淵閣四庫全書》收錄的《永樂大典》本二十卷，清乾隆間翰林院紅格鈔二十卷本，清鈔本四十卷本互勘。換言之，在《永樂大典》佚失，僅存清鈔本的情況下，明萬曆間本猶顯珍貴。習「四庫學」者，當以此書為案頭之書。四庫系列收書甚夥，基本文獻已經收入。查找文獻者可從此書入手，由此目錄而尋四庫系列叢書，十分便捷。

復旦大學圖書館吳格先生有《關於〈四庫系列叢書目錄·索引〉的編纂》一文，談編纂緣起等六個問題，各種問題皆談及，對瞭解此書運用此書助益頗多，今錄如下：

一、編纂緣起

古籍影印的歷史，可以追溯到 19 世紀中期。國人利用西方傳入的攝影技術複製古籍底本，印刷裝訂，流佈遠近，因其具有雕版印刷時代圖書複製所無法比擬的傳真與便捷，遂成為近世古籍傳播的

重要方式，百餘年來風行不衰。20 世紀 80 年代以來，古籍影印出現前所未有的持續繁榮，數以萬計的中國古代典籍因「化身千百」而獲保存並流傳。

　　近三十年來的古籍影印，以著名的文淵閣《四庫全書》影印為發端，至「四庫系列叢書」的相繼問世形成高潮。《四庫全書》為清代乾隆年間編纂的大型古籍叢書，計收錄中國古代的重要典籍 3460 餘種，自 80 年代臺灣（1986）及大陸（1989）影印本出版後，「四庫系列叢書」連續編纂出版，不二十年間，計有近 20000 種中國歷代典籍（訂為 7000 餘冊）獲影印行世。彙群書於一編，化秘本為通行，信今傳後，厥功甚偉。

　　目前，「四庫系列叢書」經海內外數百家圖書館收藏，已成為研習中國傳統文化的基本讀本。各館入藏的大型影印本叢書，投入流通後反映普遍稱好。對於原先有古籍收藏的圖書館，影印本仍存在補充缺藏品種及版本的作用；對於古籍收藏基礎薄弱的圖書館，更具有填補文獻資源空白的意義，嘉惠讀者，堪稱功德無量。由於各叢書收羅品種繁富，插架動輒成百上千，讀者使用時書目檢索問題隨之凸現，亟需編制適宜的目錄及索引，始稱功德圓滿。

二、收書範圍

　　目前被視為「四庫系列叢書」者，至少包含以下各種影印本古籍叢書：

　　1.《文淵閣四庫全書》，臺灣商務印書館、上海古籍出版社影印本（3460 餘種／1500 冊）

　　2.《續修四庫全書》，上海古籍出版社影印本（5300 餘種／1800 冊）

　　3.《四庫存目叢書》，齊魯書社影印本（4508 種／1200 冊）

　　4.《四庫存目叢書補編》，齊魯書社影印本（219 種／99 冊）

　　5.《四庫禁燬書叢刊》，北京出版社影印本（756 種／310 冊）

　　6.《四庫禁燬書叢刊補編》，北京出版社影印本（近 300 種／90 冊）

　　7.《四庫未收書輯刊》，北京出版社影印本（1300 餘種／300 冊）

以上五種（七部）叢書合計，共收入歷代古籍 15600 餘種，訂為 5300 餘冊，涵蓋傳統文化中經、史、子、集各部典籍，形成古典文獻基本書庫。如復旦大學圖書館購置上述各叢書後，採用開架服務方式，讀者自由取用，閱覽複製，均稱便利。但經觀察，對於讀者尤其是研究生而言，配置上述大型影印本叢書的同時，尚需提供書目指導及索引工具。

三、編纂理由

1.「四庫系列叢書」所含品種成百上千，逐冊翻閱不便，須經檢索，內容才能揭示；

2.「四庫系列叢書」經各館收藏，大多未作子目分析，不能利用館藏書目系統檢索；

3.「四庫系列叢書」雖已陸續出版書本式目錄索引可供利用，分別檢索，仍多不便；

4.「四庫系列叢書」已有的目錄索引，存在分類不統一、著錄不完備及校勘不精之病；

5.「四庫系列叢書」編纂雖各有體例，各叢書內容及著者則互有關連，如同一著者的多種著作、同一著作的多種不同版本，往往分見於各叢書，部分子目或可互補，或有重複；

6. 編纂《四庫系列叢書目錄·索引》，可充分揭示各叢書子目內容，合各叢書書目信息於一編，既為讀者提供瀏覽與檢索之便，又可避免「入寶山而空返」，已有其書而未能利用。

四、編纂結構

編纂成果分為《四庫系列叢書綜合數據庫》（電子版）及《四庫系列叢書目錄·索引》（書本式）兩部分。

1. 數據庫利用 ACCES 軟件製作，其結構分為：(1) 叢書表（14 種叢書書名），(2) 主表（含子目書名簡體、書名繁體、書名首拼、書名四角號碼，子目著者簡體、著者繁體、著者首拼、著者四角號碼，版本、出處、分類等字段），(3) 分類表（三級分類）等。數據庫除可提供對所收 14 種叢書的書目瀏覽外，又可對 18200 餘種叢書子目進行書名、著者、分類及關鍵詞檢索，並提供簡體漢字、繁體漢字及拼音（首拼）等檢索選擇；

2. 由數據庫生成的《四庫系列叢書目錄》，依原書順序，分經、史、子、集四部逐種著錄各叢書子目 18200 餘條，每條記錄包括書名（含卷數）、著者（含朝代）、版本、分類、出處（叢書冊次）等款目；

3. 由數據庫生成的《四庫系列叢書索引》，以四角號碼檢字法分別編排各叢書子目書名索引及著者索引，索引款目包括經過拆合分併的參見與互著款目；

4. 為便各類讀者使用，《索引》後附有四角號碼索引與筆劃索引、拼音索引的對照表。

五、編纂難點

1. 書目著錄：書名、著者名、版本項的規範著錄，著錄格式及所用術語的統一；

2. 文字處理：書目採用客觀著錄方法，對其中稀見字、俗體字、異體字的處理；

3. 索引款目：書名（全稱及省稱）、著者（規範名及別名等）檢索詞的選取及互見，相同書名（不同出處）、相同著者名（不同出處）的彙總及排序；

4. 索引編制：書名、著者名四角號碼索引的分別編制，四角號碼相同款目的整理排序；

5. 筆劃索引、拼音索引與四角號碼索引首字對照表的編制。

六、編纂說明

1.《四庫系列叢書綜合數據庫》已在復旦大學圖書館網頁發布，並曾提供北京大學圖書館、南京圖書館、遼寧省圖書館古籍部同行使用並徵求意見。《四庫系列叢書目錄·索引》即將由上海古籍出版社出版。電子文本與紙本功能相近而各具使用特點，可相輔而行；

2.《四庫系列叢書綜合數據庫》所含書目數據，均經比勘影印本各書卷端，並校覈其出處（叢書及冊次），書名及著者項已加校正，版本項著錄因問題複雜，暫未作修訂；

3.《四庫系列叢書目錄·索引》由復旦大學圖書館古籍部編纂，數據庫製作及數據處理由同館錢建興承擔；

4. 以上數據庫及書目索引的直接利用者，為收藏上述叢書的圖書館及讀者，其潛在利用者，包括海內外中國古典文獻研究者；

5. 數據庫製作原理雖不複雜，因古籍著錄情況複雜，為求準確無誤、完備詳盡，實際從事，殊非易易，因此反覆校核，多歷年所。讀者使用中發現不足，隨請示知，俾便改正。

附錄一：《四庫系列叢書目錄·索引》目錄

01. 景印文淵閣四庫全書

1982～1986 年臺灣商務印書館臺灣影印文淵閣四庫全書本（3460 餘種／1500 冊）

1986～1990 年上海古籍出版社重印臺灣商務印書館影印本（3460 餘種／1500 冊）

02. 四庫全書珍本（初集至十二集、別輯）

臺灣商務印書館選印文淵閣四庫全書本（1800 餘種／4800 冊）

03. 文瀾閣四庫全書選粹

民國十二年（1923）浙江圖書館影印鈔補文瀾閣四庫全書本（1 種／1 冊）

04. 影印四庫全書四種

民國二十四年（1935）商務印書館影印文淵閣四庫全書本（4 種／6 冊）

05. 影印四庫全書四種

1996 年浙江圖書館影印鈔補文瀾閣四庫全書本（4 種／6 冊）

06. 影印文溯閣四庫全書四種

2004 年甘肅省圖書館影印文溯閣四庫全書本（4 種／4 冊）

07. 文津閣四庫全書珍賞

2004 年書目文獻出版社影印文津閣四庫全書本（4 種／4 冊）

08. 景印摛藻堂四庫全書薈要

1985～1988 年臺灣學生書局影印摛藻堂四庫全書薈要本（463 種／500 冊）

09. 續修四庫全書

　　1994 至 2001 年上海古籍出版社影印本（5300 餘種／1800 冊）

10. 四庫存目叢書

　　1994 至 1997 年齊魯書社影印本（4508 種／1200 冊）

11. 四庫存目叢書補編

　　2000～2002 年齊魯書社影印本（219 種／99 冊）

12. 四庫禁燬書叢刊

　　1997 至 1999 年北京出版社影印本（600 餘種／310 冊）

13. 四庫禁燬書叢刊補編

　　2004 年北京出版社影印本（近 300 種／90 冊）

14. 四庫未收書輯刊

　　1997 至 2000 年北京出版社影印本（1300 餘種／300 冊）

附錄二：《四庫系列叢書索引》編纂凡例

　　（1）本索引據「四庫系列叢書」所收子目書名及其著者名分別編排而成。書名、著者名後所標「□□第□□冊」，為收入「四庫系列叢書」各叢書名代號及其冊次；

　　（2）本索引依照四角號碼檢字法編排，首字相同時取次字之四角號碼編排，依次類推；

　　（3）書名中所含卷數、首、首卷、末、末卷、附錄等，均不入索引；

　　（4）書名前冠有「新刻」「重編」「新刊」「評點」等字樣者，為便檢索，除以其原書名編排外，又酌加括省（置於括號內），以正書名之首字取碼編排，作為互見款目；

　　（5）合刻之書名，除依原有次第著錄外，又另加分析編排；

　　（6）各書所附續集、外集、補遺等，附見於正書名之後，不另列條目，書名中相同文字酌予省略；

　　（7）書名前綴有纂修、刊刻年代者，以全稱及非全稱形式分別著錄；

　　（8）書名相同而著者不同者，於書名後各注明著者，並依著者姓名之四角號碼排列

（9）相同著者之多種著作見於同一冊內，不重複著錄著者，而
於冊次後注明；

（10）相同著者之多種著作見於連續數冊內，先著錄其冊次起
迄，再於冊次後注明。〔註116〕

四庫全書研究論文篇目索引（1908～2010）

甘肅省圖書館、天津圖書館編，國家圖書館出版社2013年版。

這部索引將百餘年來《四庫全書》研究論文進行了搜輯和整理，對「四庫
學」研究大有裨益。黃愛平在所作《推進「四庫學」研究的重要舉措》序中，
回顧了「四庫學」研究史，稱《四庫全書研究論文篇目索引（1908～2010）》一
書「收錄1908年以來發表在報紙、期刊、論集等文獻中的有關文章，包括大學
學位論文在內，約計五千餘篇，根據國家標準GB3793～83《檢索期刊條目著錄
規則》逐一予以著錄，並附『著者索引』暨『引用報刊文獻一覽表』」。杜澤遜
作序說，此書的出版，將有力推動「四庫學」的進一步發展。並略述「四庫學」
學科成果，即「圍繞纂修《四庫全書》，形成了一大批相關成果，學術界對於《四
庫全書》纂修過程的研究，關於庫本、進呈本、底本、撤出本、七閣之建築，
七閣之命運，關於《四庫全書總目》提要之研究、糾謬，《簡明目錄》之研究、
糾誤，各處提要之異同比較，《永樂大典》輯佚之成績及不足，禁燬問題，以至
嘉慶以來續修《四庫》、民國以來影印《四庫》之研究等等」。李芬林撰後記一
篇，詳細記述了此書的編纂過程。自2007年11月甘肅省圖書館建立「四庫全
書研究資源數據庫」，開始全面搜集《四庫全書》及相關圖書的研究資源，到
2009年於天津圖書館合作意向達成，再到2013年書籍出版，前後長達六年。

此書按年繫文，即每年之下收錄有關「四庫學」的資料，包括當年所發表
在期刊、報紙、圖書、內部資料、學位論文、論文集等。港臺地區的文獻也有
收錄。此書的價值主要在於，習「總目學」者，可以在短時間內獲得歷年來的
學術信息，對「總目學」某個領域內研究有所瞭解。如「總目文獻學」「總目辨
偽學」「四庫影印史」「四庫學歷史」等研究專題，可按圖索驥，綜述學術史發
展。當然，此書並未將所有「四庫學」研究資料全部囊括，因編纂體例所限，
「四庫學」論著沒有收入其中。此書亦可以不按年分列，而根據著作、論文（期

〔註116〕 吳格：《關於〈四庫系列叢書目錄‧索引〉的編纂》，《中國索引》，2007年第
1期，第26～28頁。

刊、碩博、論文集）、報刊、國外、港臺文獻等進行分類。編纂體例或可參照中
國社會科學院歷史研究所清史研究室和中國人民大學清史研究所合編的《清史
論文索引》，亦可參看臺灣商務印書館出版的《中國文化研究論文目錄》。

四庫大辭典（楊本）

楊家駱著。是書版本較多，最早版本是中國圖書大辭典編輯館發行，1932
年商務印書館初版，分上下兩冊，係「楊家駱著中國圖書大辭典副產書籍三十
六種之第一種」。1935 年出版第四版，合訂為一冊出版。1946 年《四庫全書學
典》收錄《四庫全書辭典》，即《四庫大辭典》。1967 年出版第五版。1977 年
出版第七版。1987 年開始在大陸出版，中國書店分精裝和平裝兩種出版，上
下兩冊，更名為《四庫全書大辭典》。2000 年，中國書店再版。

《四庫大辭典》以《四庫全書總目》著錄、存目之書及其著者為收錄範
圍，書名、人名各立專條，其中書名一萬餘條，人名七千餘條。中國圖書大
辭典編輯館出版的《四庫大辭典》全書分為三大部分：辭典部、概述部、助
檢部。

（一）辭典部。書名、人名辭典混合排列。據「例言」知，書名冠以欽定、
御纂及方志前有年號的均刪去。書名、人名各條下，各分為三項（偶有例外），
每項以〇間隔，書名下第一項為提要，第二項為版本，第三項為在《總目》原
書中之類次；人名下第一項為所著之書名稱，第二項為傳記，第三項為詳細傳
記參考書。

（二）概述部。一為《四庫全書概述》，主體內容為文獻，包括有編纂、
採禁、館臣。二為表計，有《四庫全書著錄存目書統計表附文津閣書架函冊頁
確數表》《四庫全書孤本書目表》《武英殿聚珍版叢書書目表》《永樂大典採輯
書目表》以及婦女、僧侶、道流著作表等。三為類述，彙錄四庫全書各部總敘、
各類小序及各屬重要案語。四為書目，即《四庫全書》著錄、存目書之總目。
書前有王雲五序和楊家駱自序。這一部分內容亦見於《四庫全書綜覽》，與《四
庫大辭典》編排不同，參看《四庫全書學典》。

（三）助檢部。按四角號碼排列，附錄助檢表：《四庫全書總目卷類對照
表》《四庫全書總目書名表》；拼音索引、筆劃索引等十五種條目照索引式混合
排列；四庫失收之書。這一部分的《四庫全書總目卷類對照表》《四庫全書總
目書名表》亦見於《四庫全書綜覽》，參看《四庫全書學典》。

　　值得注意的是，中國書店版《四庫全書大辭典》與《四庫大辭典》不同，刪削了諸多內容，只存留 1931 年楊家駱自序、例言、正文、書目、筆劃索引、助檢表和檢字法。若要參考，應以中國圖書大辭典編輯館出版諸本為主。具體信息可參看吳玲《楊家駱和他的〈四庫全書大辭典〉》一文〔註 117〕。

四庫大辭典（李本）

　　李學勤、呂文郁主編，吉林大學出版社，1996 年。是書上下兩冊，副主編為毛佩琦、黃浩、康學偉、廖名春。

　　據凡例所言，此部辭典是一部書目解題性質的工具書，相當於書目提要，與《總目》相似，但並不一致。收書範圍以《四庫全書總目提要》和《續修四庫全書總目提要》所收圖書為主，同時兼收以上兩書失收的重要圖書，凡現存的本世紀三十年代以前的中國重要文化典籍都在本辭典收錄範圍之內。

　　每種圖書為一個辭目，辭目的釋文包括卷數、作者姓名、生卒年、別名、字、號、籍貫、身份、仕履、主要事蹟、著述、師承、主要學術或藝術思想、作品的藝術風格、流派，以及該書的主要內容體例、學術或藝術價值、對後世的影響，後人對該書的研究整理情況，研究中存在的問題，該書的優缺點、主要版本等項內容。據解題可瞭解書籍各種信息，此部辭典可與《四庫全書總目提要》《續修四庫全書總目提要》對看。另者，書目解題中也有部分信息存在錯訛，需仔細甄別。

　　辭典的全部辭目打破《四庫全書總目提要》及《續修四庫全書總目提要》的排列次序，按經、史、子、集四大部統一排列。每部之內則依據《四庫全書》分類方法，按類別排列。《續修四庫全書總目提要》各部新增加的類目依次排列在該部之後。同一部類之下又分屬的，按屬排列，同一屬的或類下不分屬的則把內容相關的書集中排列，其餘的書一律按成書早晚排列。正續《四庫全書總目提要》分類有不當的或有交叉的，辭典中作了適當調整。正續《四庫全書總目提要》失收的書目根據其內容和成書年代分別收入相應的部、類、屬。為方便讀者檢索，辭典正文之後附有書名四角號碼索引、書名首字音序索引和書名首字筆劃索引。

　　其餘相關信息可參見書前凡例。

〔註 117〕　吳玲：《楊家駱和他的〈四庫全書大辭典〉》，《阜陽師範學院學報》（社會科學版），2006 年第 6 期。

四庫全書百科大辭典

楊家駱著，警官教育出版社，1994年。

該書即世界書局1946年出版的《四庫全書學典》，參是書敘錄。《四庫全書學典》收錄《四庫全書總目》著錄與存目各書及其著者，其將書名、人名各立條目，是研究四庫全書必備資料。此書影印質量較差，較1946年版印刷質量相差甚遠。

增訂四庫簡明目錄標注（四庫全書簡明目錄標注）

清邵懿辰撰，邵章續錄，二十卷，附錄一卷，有清宣統三年（1911）仁和邵氏家刻本（即《半岩廬所著書》本），1959年中華書局上海編輯所一版，1963年二版，1979年新一版。

上海古籍出版社「重版說明」對此書介紹甚詳，迻錄重要信息以供參考：

> 《增訂四庫簡明目錄標注》，二十卷，清邵懿辰撰，邵章續錄。
> 作者對《四庫全書簡明目錄》著錄書眾多善本、別本進行批註，並且收載《四庫全書》未加欄入的重要典籍，因此它是一部較全面地介紹我國古典文獻的板本目錄工具書。
> 纂修於清代乾隆時期的《四庫全書》，是我國歷史上規模最為宏大的叢書。全書輯聚前人著作三千四百餘種，七萬九千餘卷，又將未入選的六千七百餘種列作存目。每書卷首冠有提要，評介作者及內容旨要，進而彙集成書二百卷，即舉世聞名的《四庫全書總目》（又稱《四庫全書總目提要》）。《總目》書稿幾經修改，約在乾隆五十四年（1789）寫定刊印。由於卷帙繁鉅，不便翻檢，四庫館早在乾隆三十九年（1774）就計劃另編簡目，四十七年（1782）編成《四庫全書簡明目錄》二十卷，除存目不錄外，入選書提要則刪繁就簡，縮成為《總目》精簡本。其時有編纂趙懷玉錄出副本，乾隆四十九年（1784）刊刻於杭州，所以《簡目》先於《總目》問世，加之便於檢閱，遂得以廣泛流傳。道、咸期間，邵懿辰著筆批註，至清末其孫邵章整理付刻，定名《四庫簡明目錄標注》。
> 邵懿辰生於清嘉慶十五年（1810），卒於咸豐十一年（1861），字位西、蕙西，仁和（杭州）人。道光十一年（1831）中舉，後歷任內閣中書、戶部主事、刑部員外郎。咸豐三年（1853）被貶至山東

濟寧，四年遭革職，隨即返杭潛心著述。歿後遺稿多散失，傳世有《禮經通論》《位西先生遺稿》《半巖廬遺集》等。

《標注》成書約經歷三個階段。邵氏一生對目錄板本志趣特濃，早年在杭曾替藏書家崔氏校刻藏書。入京後，庋藏精豐，與朱學勤等諸多學者、藏書家往還甚密，交流知見書目。罷職家居，和錢泰吉諸同道函札商討，出入巨室藏書樓閣觀覽珍藏。由是識見廣博，鑒賞精到，手記經眼宋元古刻、珍、孤、秘、鈔及通行本於《簡目》眉端，頗為宏富。此外，又採載少許他認為可供參考而《四庫全書》未收之書。後來友人借閱，嗜書者相互傳鈔，遂流播士林，深受學界名宿讚譽。

宣統三年（1911），邵章以胡念修鈔清本校正付印，始定書名。傳鈔本書眉尚撮錄孫飴讓、周星詒、黃紹箕、王頌蔚注語，邵章列作「附錄」，分條納入《標注》每書注文之下。之後又見到王懿榮家傳鈔本，且比胡鈔本增益王懿榮、孫詒讓、黃紹箕等批語若干條，便另刻附於各部末端。除上述諸氏外，歷次為《簡目》參校添注的，還有黃紹第（叔頌）、繆荃孫（筱珊）、吳敬彊（慶坁）、沈曾桐（子封）、錢恂（念劬）、馬通伯（其昶）、姚永樸（仲實）、姚永概（叔節）、褚伯約（成博）、胡右階（念修）等，皆是通人博士，這極大地豐富了注文內容，質量獲得顯著提高。

一九五八年，邵章子友誠重新整理《標注》。邵章曾仿《標注》體例作「續錄」，搜採懿辰沒有見到的本子，側重點放在咸豐後版本；對乾嘉以來重要著作則悉心搜羅補錄。原稿係隨手記錄在《簡目》《標注》書眉，友誠於是錄出逐條置在《標注》「附錄」後，稱作「續錄」。邵章輯《四庫未傳本書目》、劉喜海家藏鈔本《東國書目》（指朝鮮、日本）也一同印在書後。原附各部末孫詒讓等注語則移並「附錄」中，以便檢閱。同時校正原刊訛誤二百餘條，並加句點。因此出版時，原書名前加「增訂」兩字。

《標注》內容大致如次：或是考敘版本源流，或是記注行款版式，或是錄寫刊地年月，或是標明書名異同，或是評判優劣真贗，等等。這些記述，最可貴地方在於絕大多數是注者親眼目睹，材料可靠，從而指明不同本子的不同特點，為瞭解、鑒別、研究它們的

文獻價值提供了不可多得的實證和條件，對校勘、整理古籍，探研目錄板本有著不可替代的獨特功能，實用性極強，非鈔撮群書傳聞耳食之書目能望其項背。〔註118〕

簡言之，邵友誠整理本有以下幾個方面需注意：其一，以邵懿辰原稿校正宣統三年刻本；其二，將刊刻之後邵章用王懿榮傳錄批校本考明的批校諸家姓名、增補的諸家批註，一一添入宣統三年刻本的附錄中；其三，將邵章所作的「續錄」，分別放在各條的附錄之後；其四增入邵懿辰的《善本書跋及其他》、邵章的《四庫未傳本書目》、劉喜海家鈔本《東國書目》，作為三種附錄。此本1959年出版初版，定名為《增訂四庫簡明目錄標注》，1963年出版第二版，1979年上海古籍出版社以第二版重印，並改正了若干錯誤。書前又有繆荃孫序，對《標注》一書中所見的版本頗為稱讚。書後有書名、著者綜合索引。關於此書的介紹可參考李學勤、呂文郁主編《四庫大辭典》〔註119〕，趙永紀等編《清代學術辭典》〔註120〕。

朱修伯批本四庫簡明目錄

朱學勤標注，國家圖書館出版社，2001年。

黃永年撰《影印朱修伯批本四庫簡明目錄前言》：

清代學人收藏家講求版本，於編制藏書目錄、撰寫題跋之餘，更進而遍及四部書籍舊槧新刻之疏記。其事起於中葉道咸以還，悉在《四庫簡明目錄》上施加批註，後來傳鈔版行見稱於世者，有邵位西懿辰之《四庫簡明目錄標注》，有莫子偲友芝之《邵亭知見傳本書目》。而朱修伯學勤亦批註一部，則未嘗刊布，一九五〇夏日永年在上海以廉值拾得精寫本，是管申季禮耕據潘伯寅祖蔭滂喜齋所鈔傳錄者。管氏初以為亦是邵批，王蒿隱頌蔚考知實出朱修伯手，王氏及翁師漢炯孫復校改管鈔誤字。今滂喜齋所鈔存佚已不可知。顧起潛廷龍先生為永年所藏此管鈔題記，云彼時葉鞠裳昌熾亦嘗用滂

〔註118〕清邵懿辰撰，邵章續錄：《增訂四庫簡明目錄標注·重版說明》，上海：上海古籍出版社，1959年，第1～3頁。

〔註119〕李學勤、呂文郁主編：《四庫大辭典》上冊，長春：吉林大學出版社，1996年，第1474頁。

〔註120〕趙永紀等編：《清代學術辭典》，北京：學苑出版社，2005年，第809～810頁。

喜本鈔錄一部，王勝之同愈復從葉鈔傳錄，而此兩錄本今亦不悉其歸宿。惟此管鈔王翁校本尚留寒齋，審是朱批傳本之碩果幸存者。起潛先生題記在一九五四年元日，越三十年永年撰《舊書瑣記》刊登《學林漫錄》十一集，此朱批僅存之本始為學術界知悉。今歲北京圖書館出版社遂商借攝影版印，庶治目錄版本文史之學者得與邵莫兩家之書參考使用，而前修辛勤批註鈔校之功亦藉以彰著於世，誠盛事已！頃攝製將成，印布有日，喜而書此，以冠冊首。二〇〇一年五月二十六日，時講學在京。

翁師漢跋此本謂叔祖翁叔平同龢亦有手鈔朱批本，然是從朱修伯草本迻寫者，不若此管鈔之有修伯長子子清澂識語者為完善，惟此翁鈔今亦不知所歸。朱修伯仁和今浙江杭州人，藏書處曰結一廬，與其子子清事蹟均詳葉鞠裳《藏書紀事詩》。

顧廷龍序：

治學而不習目錄版本之業，猶訪勝境而徘徊於門牆之外也。槁西雜記云：「邵君蕙西居京師購書甚富，拳拳於版本鈔法。」名澧與之言曰：「彭文勤公嘗詆《讀書敏求記》染骨董家氣，我輩讀書當用於大者，未可蹈此弊也。」後閱錢氏《曝書雜記》引鄭康成《戒子書》「吾家舊貧不為父母昆弟所容」，康成大儒不應出此語。考元刻《後漢書》康成本傳無「不」字，與唐史承節所撰鄭公碑合。今本作「不為父母昆弟所容，乃傳刻之誤」，此校書之有功於先賢者。名澧始悔前言之陋，蓋讀書不多，未可輕生訾議耳。今之學人不蹈此弊者幾希，卒能悔悟者又幾希。

從事目錄之學，《四庫總目》搜輯較富，猶堪津逮。當清咸同之際，學者奉為圭臬，鑽研稱盛。仁和邵懿辰位西首以《簡明目錄》創為標注之業，一書數本，詳加羅列，以資考稽。踵起者以獨山莫友芝邵亭、朱學勤修伯為最著。三人者各注見聞，相互交流，展轉傳鈔多所增益，壹皆以邵氏為藍本耳。懿辰弱冠即館瞿氏清吟閣計偕入都復館韓氏玉雨堂而與朱學勤交尤摯逮官樞曹日與螯屋路慎莊小洲、漢陽葉名澧潤臣、湘潭袁芳瑛漱六、貴筑黃彭年子壽往還訂正，晚年復與海寧蔣光煦生沐、光焴寅昉，嘉興錢泰吉警石郵筒商榷原本，幸有瑞安項傳霖几山假鈔，乃得一線之傳。孫詒讓頌容、

黃紹箕弢仲（按，應作仲弢）、周星詒季貺、王頌蔚芾卿均經傳副，加以增補。宣統三年嗣孫章伯綱始為彙校刊傳。

　　莫友芝曾客丁日昌幕，白讀持靜齋藏書，丁書則甫奪自吾吳顧氏海藝海慶者據校邵氏之本。余嘗見其底稿末有丁卯臘月三山客舍自記云，此目錄中標記半用邵位西所見經籍筆記，及汪鐵樵朱筆於紹本勘注，並邵亭所知見雜書之明年二月赴蘇舟中始畢校箋，目中時見其注有靜字者。莫書為其子繩孫寫定，內子目與邵本頗有出入，自題曰《邵亭知見傳本書目》。宣統元年日人田中始為排印，繼有江安傅氏排印大字本，適園排印本，掃葉山房石印本，中國書店縮印，傳本源播甚廣。

　　朱學勤自富藏書，結一廬馳譽當時，所注不若邵莫之詳，嘗因吳縣潘祖蔭之傳鈔管禮耕申季、葉昌熾菊裳均得據傳，而余外叔祖王公同愈勝之，又從葉本傳錄，余復據王本校於莫本之上略有異同也。

　　標注之業見聞所牖，永無止境，必賴來學之踵事增華不能成於一手者也。三家之著聊自備忘，初皆未必有成書之意，故俱未能及身寫定。邵本得章彙錄各家所訂補，遂最詳備，惟以雕版印數不多，售價既昂，且禁翻印流傳，以致甚稀。莫本經繩孫輯成後任人覆印，幾為活目錄者，人手一編，書林相沼，知莫多於知邵。朱本僅有傳鈔，知者益尠矣。

　　此為管禮耕手鈔之本，初以為邵本，後經王頌蔚、翁炳孫考定者，是即余外家藏本所自出。吾友黃永年君英髦博覽，亦好目錄，氣類相報，得暇時相繼談，偶於冷肆獲斯怏，以為可與邵、莫兩本相參證，足資珍重。承攜示展讀，竊於此書，聞名幾三十年，一旦觀誦，其欣幸為何如耶？率書數語以志眼福，一九五五年元旦顧廷龍。

書後有跋三篇：
管禮耕跋

　　向聞邵位西先生有手批簡明目錄，甲申季秋從頌魯葉兄按頭見之，蓋澇喜齋中物也。亟假歸，手錄一副，原本亦係倩人迻寫，譌謬寔多。就其顯而易見者，隨筆略改一二。俟它日訪尋邵氏手稿，再詳校焉。光緒乙酉長至後五日管禮耕識於操敔齋。

王頌蔚跋

操戣以此本為邵批本，以頌蔚考之，篇中屢稱「邵云」「位西丈云」「位西先生云」，其□邵本灼然可知。頌蔚臧有臨邵本，與此本多異，邵本屢引朱修伯曰：「此本無之。」邵本稱「朱修伯有某書」，此本作「余有」。然則操戣所臨蓋修伯宗丞本也。潘文勤與宗丞交契，或從之傳鈔，亦未可知。惜文勤薨逝，無從印證矣。讀竟三歎。光緒庚寅長至前二日王頌蔚。

宗丞子名澂，官江蘇候補道，卷中之澂即觀察□證也，亦朱本之墻證。嵩隱又記。

翁炯孫跋

庚寅冬，家叔祖屬坊賈鈔得邵位西先生批簡明目錄一部，脫落錯誤殆不可讀。炯知葉夫子頌魯處有管君臨邵批，亟假歸擬一校，及見嵩隱丈跋，以為是朱修伯宗丞批目檢。家叔祖箬歲手鈔朱評互證，同者八九，歎嵩隱所見精碻。〔卷十三中有自稱學勤處，嵩隱未舉及。〕遂從嵩隱借真邵批本校正坊鈔，半月而訖，已值新歲。戣齋無事，復以兩部朱批子（仔）細讐對，雖大處悉同，而互有漏略。〔家叔祖校錄時，子清觀察尚幼，卷內無澂語。管君所臨本在後，原稿不無增刪，故兩本詳略稍異。〕家叔祖親從修伯草本迻寫，而此冊則輾轉傳鈔，且滂喜原本已出，寫官之手故不無譌謬。炯目舉其異文，□於上方，或□以正誤補闕，其間有整條脫略與夫字句小異而各自成文者，槩不敢遽行增改，勘畢仍還吾師轉歸管□，幸不嫌鄙人信筆漫塗玷染秘笈也。〔卷內炯悉用朱筆點勘。〕辛卯正月十三日師漢甬翁炯孫識。

全書二十卷，分經、史、子、集四部，經部卷一至四，史部卷五至八，子部卷九至十四，集部卷十五至二十。後附書名著者姓名索引。

吳瑞荻碩士論文《邵懿辰年譜》上編第五章有「邵懿辰《四庫簡目標注》流傳考」一文，可參照。

四庫存目標注

杜澤遜著，上海古籍出版社，2007年。

杜澤遜先生師從目錄學家、版本學家王紹曾先生。杜先生一九九二年開始

研究《四庫存目》各書傳本，撰寫《四庫存目標注》，歷時十三年，二〇〇五年方得完成，整六十卷，全書八冊，經、史、子、集四部六十卷二百四十萬字。《序論》六萬餘字，索引約六十萬字，共計三百餘萬字，整六十卷，全書八冊。昌彼得先生作序稱「《四庫簡目》著錄的書，其傳世的歷代刻本，清末有仁和邵懿辰編撰《四庫簡明目錄標注》，與獨山莫友芝著《邵亭知見傳本書目》。此二目，民國以來，前者有邵章增訂，後者有傅氏藏園訂補，凡《四庫》所收之書傳世版本與優劣，皆可據此二目檢索而得，是治學者案頭常備的參考書。至於《存目》之書，因不為世重，故鮮專研其版本者」。意將《存目標注》一書與邵氏《簡明目錄標注》、莫氏《邵亭知見傳本書目》並提，可見此書學術價值之大。「此書與邵、莫二氏之書並行，則《四庫總目》所載諸書版本，皆可考索，其於四庫學之研究功莫大焉」（昌序）。黃永年稱《存目標注》「補諸《批註簡明目錄》之闕失，亦版本目錄學界之一大盛世」（序二）。白化文稱其「網羅古籍，搜集遺聞。融貫百家，包涵萬有」（序三）。王紹曾作序稱杜先生「取材宏富，考辨縝詳，論述深刻，行文雅潔」，更可貴的是「目驗版本逾五千種」，其價值有四，其一「繼邵氏祖孫（邵懿辰、邵章）的步武，在《增訂四庫簡明目錄標注》風行以來，時隔一個多世紀，終於填補了《四庫存目》標注的空白」；其二「匡《四庫存目》提要的舛謬，理卷帙完缺的失誤」；其三「辨版本之異同精粗，為治學指示門徑」；其四「增補四庫學的空白，樹立四庫學的楷模」（序四）。徐傳武詳細記敘了杜澤遜《存目標注》一書的成書過程，並給予了相當高的評價。序中又引數位學界專家的評語，浙江大學崔富章云「資料極為豐贍，整理得法，研究深入，新見迭出」「全面清理進呈本，對其存貯和散佚作出全新考論」。南京大學徐有富云「就書目的數量與質量以及實用價值而言，杜澤遜此作遠遠超過了前人」。董治安、張可禮、孟祥才、馮浩菲、劉曉東、張長華等先生皆給予很高評價。

　　書前有杜澤遜先生所作《序論》一篇，分上、中、下三篇。上篇《論〈四庫存目〉》，中篇《論〈四庫存目〉之書的進呈本》，下篇《論〈四庫存目標注〉》。《論〈四庫存目〉》對《四庫存目》版本流傳有詳細考述，所涉《四庫全書存目叢書》的編纂過程亦有史料價值。《論〈四庫存目〉之書的進呈本》對四庫進呈本（採進本）、四庫底本、四庫本等概念有精確的界定，邏輯思維嚴密。所提出的「『四庫底本』應專指用來鈔寫〈四庫全書〉的原本」的觀點對「四庫底本」研究者有很大的啟發。在論「《四庫存目》書進呈本的發還問題」時，

用印問題的討論頗有意義。如用國家圖書館所藏《太易鉤玄》例，解說印戳的「木記格式」。封面木記題「乾隆三十八年十一月浙江巡撫三寶送到吳玉墀家藏太易鉤元壹部計書壹本」長方形木記，分四行排列。今在《北京大學圖書館藏「大倉文庫」善本圖錄》《四庫縹緗萬卷書——國家圖書館藏與〈四庫全書〉相關善本敘錄》也可見。「翰林院印」滿漢文大方印，左為滿文，右為漢文。這些細節，非親自經眼不可得之真灼。關於「《四庫存目》書進呈本的存貯和散佚」的論述亦詳贍精審，觀點建立在文獻考實的基礎上，如其稱「《四庫存目》書進呈本一直存放在翰林院，各地進呈書都送到翰林院辦理四庫全書處，收辦手續在翰林院敬一亭進行。而院內原心亭、寶善亭、西齋房皆為校讎之所」，實際是據《纂修四庫全書檔案》《欽定日下舊聞考》而得出的結論。關於《四庫存目》書進呈本，杜澤遜先生參加《四庫全書存目叢書》輯印工作，經眼二百一十種《四庫存目》書進呈本，尤為難得。文中詳細介紹了書籍的收藏單位，版本特徵等。

隨著「四庫學」研究的深入，如今《四庫全書》纂修研究、四庫禁燬書研究、四庫進呈書籍研究、四庫底本研究、四庫輯本研究、《四庫全書薈要》研究、《四庫全書考證》研究、《四庫全書總目》研究、《四庫簡明目錄》研究、《四庫未收書目提要》研究、《續修四庫全書提要》研究等全面鋪開，而《四庫存目標注》一書的出版，將對《四庫存目》的研究起巨大的推動作用。

杜先生《序論》後詳列參考書目二百八十五種，涵蓋國內外重要書目，儼然一套目錄學文獻彙編。

四庫縹緗萬卷書——「國家圖書館」館藏與《四庫全書》相關善本敘錄

張子文撰文，臺灣「國家圖書館」特藏組編輯，臺灣「國家圖書館」出版，2012 年。

此書前有臺灣「國家圖書館」館長曾淑賢序，序中概說「國家圖書館」與《四庫全書》相關文獻的淵源。特別是「有十幾部《文瀾閣四庫全書》殘帙之原本或鈔配本，有文源閣原藏喬喬皇皇之《欽定四庫全書簡明目錄》四卷四軸；有四庫館輯錄《永樂大典》之初寫本或正本；有四庫底本，書中除鈐有四庫館之印信外，多有館臣之批校語，俾便謄錄監生遵循；另有各省疆吏之進呈本，書衣上多鈐有四庫館之收書印；以及相當數量之傳鈔《四庫全書》本」。張子

文撰有《四庫縹緗萬卷書・小引》一文,述此書結集原委。凡例之中亦云圍繞《四庫全書》主題,編纂此書,收書範圍包括「書封面鈐有四庫館之收書印,或首頁蓋有『翰林院印』之關防者;甚至內頁中有館臣校改手跡,貼有浮簽印戳者;或為《永樂大典》輯佚書之初輯稿本;或因戰亂流失江湖之《文瀾閣四庫全書》寫本;以及向無刻本或鈔本流傳,而係藏書家雇請書手從南三閣或翰林院底本鈔來之典籍,並皆恭錄《提要》」。前言中提出「傳鈔《四庫全書》本」「閣鈔本」的概念,主要指的是江南藏書家雇請書手,從南三閣中鈔出的大量罕見秘籍。

全書按照書籍性質分為五種類別:一是各省疆吏進呈本,二是四庫底本,三是四庫正本或初寫本,四是文瀾閣四庫全書本,五是傳鈔四庫全書本。每類別前作有小敘,對瞭解《四庫全書》相關書籍有導引作用。茲據書中內容錄相關小敘,並簡述相關內容。

各省疆吏進呈本小敘:「清高宗乾隆皇帝詔修《四庫全書》,廣開徵書、獻書之路,各省督撫、學政搜取各地遺書,送館以備採用,是為各省疆吏採進本。其中進書最多者為浙江,次為江蘇、江西、安徽、福建等省。總計各省採進以及藏書家呈獻各種書籍,共計一萬三千五百〇一種,內重本二百七十二種,其中《四庫全書》著錄而送武英殿繕寫者三千〇九十八種;已發還各家書凡三百九十種,而絕大部分皆未發還,尚存庫書凡九千四百一十六種,其中大部份皆被列入『存目』。國家圖書館所藏之進呈本,大多是浙江巡撫三寶和兩淮鹽政李質穎所採進者。私人獻書最多的則是鮑士恭、范懋柱、馬裕、汪啟淑、程晉芳、周厚堉、汪如藻、汪如(汝)瑮、吳玉墀、黃登賢、紀昀等。」〔註121〕各省疆吏進呈本著錄《易說》《三易備遺》等二十八種,每種列出書名、卷數、冊數、朝代、撰者、版本、簡略版刻特徵及索書號等,高清書影一至二幅。之後是此書敘錄,詳細敘述書籍版本特徵、著錄情形、四庫印記、私人收藏等流通狀態。

四庫底本小敘:「四庫館臣就各省進呈之書,以及內府和翰林院所藏圖籍,作為纂修《四庫全書》鈔錄之依據,或先錄副,或逕就原書以朱墨筆批註,或夾紙寫明鈔寫格式,俾便謄錄監生遵循。這類圖書,稱為『四庫底本』,內頁

〔註121〕張子文撰文,臺灣「國家圖書館」特藏組編輯:《四庫縹緗萬卷書——「國家圖書館」館藏與〈四庫全書〉相關善本敘錄》,臺北:臺灣「國家圖書館」,2012 年,第 9 頁。

中隨處可見館臣之貼簽和批校語，可為藝文考證之資，極富學術價值，十分珍貴。而據《大清會典事例》記載，此底本原藏於翰林院，又稱副本，均依照目次編排，如大臣官員及翰林等，欲觀中秘之書，均可赴翰林院白之所司。將底本檢出鈔閱。其後因庚子八國聯軍之亂，翰林院被燬，所儲悉成劫灰，少數仍留存人間者，多成為海內外各圖書館之珍籍。」〔註122〕四庫底本部分共著錄十六種典籍，包括《周易本義通釋》《唐史論斷》《文潞公文集》《松隱文集》《胡澹庵先生文集》《信天巢遺稿》《芳蘭軒集》《謚忠文古廉文集》《韓襄毅公家藏文集》《方齋存稿》《校刻具茨先生詩文集》《張莊僖公文集》《湛園集》《江湖小集》《會稽掇英總集》《渚山堂詞話》。以上文集，《四庫全書著錄叢書》收錄《周易本義通釋》《唐史論斷》《文潞公文集》《信天巢遺稿》《韓襄毅公家藏文集》《張莊僖公文集》《江湖小集》七種。《四庫全書底本叢書》收錄《文潞公文集》《松隱文集》《胡澹庵先生文集》《信天巢遺稿》《芳蘭軒集》《謚忠文古廉文集》《韓襄毅公家藏文集》《方齋存稿》《校刻具茨先生詩文集》《張莊僖公文集》《湛園集》《江湖小集》《會稽掇英總集》《渚山堂詞話》十四種。按，兩書所收有重複者。

　　四庫正本或初寫本小敘：「四庫修書，蓋因輯錄《永樂大典》而起。而《大典》廣採各類圖書七八千種，宋元以來之佚文秘典蒐集頗多，其文則分散於各韻之中，全書正文二萬二千八百七十七卷，另有凡例與目錄六十卷，合共二萬二千九百三十七卷，裝訂成一萬一千零九十五冊。唯四庫修書時，據乾隆五十九年（1794）十月十七日軍機大臣清查翰林院《大典》存貯情形之奏片所示，凡『原缺二千四百四卷，實存二萬四百七十三卷，共九千八百八十一本，外有目錄六十卷』，已佚失一千二百一十四冊。原書既不完整，則鈔錄之時難免遺漏或誤書，需以他書校補，又有因避諱或犯時忌而刪改者，於是增補校改，重複鈔寫，恒常有之。因此初寫本、批改校訂本，乃至寫成正本後仍再重寫，這一類書國圖也庋藏多種，乃文獻中之瑰寶。若細加研究，可略窺知當年輯錄《永樂大典》之情況。」〔註123〕四庫正本或初寫本共著錄十四種典籍。值得注意

〔註122〕張子文撰文，臺灣「國家圖書館」特藏組編輯：《四庫縹緗萬卷書——「國家圖書館」館藏與〈四庫全書〉相關善本敘錄》，臺北：臺灣「國家圖書館」，2012年，第93頁。

〔註123〕張子文撰文，臺灣「國家圖書館」特藏組編輯：《四庫縹緗萬卷書——「國家圖書館」館藏與〈四庫全書〉相關善本敘錄》，臺北：臺灣「國家圖書館」，2012年，第143頁。

的是，這些四庫初寫本很多是輯自《永樂大典》者，這些也可視為四庫底本。如《北湖集》《日涉園集》《鄱陽集》《唯室集》《潛山集》皆輯自《永樂大典》，而大典本輯佚書首先是由館臣輯錄出來，謄寫於帶有「欽定四庫全書」標誌的稿箋紙，然後由謄錄官鈔錄進《四庫全書》。因輯錄之書世幾無傳本，所以館臣輯佚的初寫本即可認定為四庫底本。

文瀾閣四庫全書本小敘：「清咸豐十一年（1861）十一月，太平天國忠王李秀成部攻陷杭州，西子湖畔的文瀾閣受兵傾圮，閣書亦遭搶掠星散，沿西湖丟棄。鄉人檢拾，裂紙以包裹食物。此喬皇典麗之皇家圖冊，遂部份化為塵泥，部份則猶如驚鴻鸞鳳之彩羽，翩然流落江湖。雖經藏書家丁申、丁丙兄弟冒險奮力搶救，又四處收購，劫後總得八千三百八十九冊四庫全書（原書共三萬六千五百二十五冊），又《古今圖書集成》殘本六百七十三冊（原共五千〇二十冊），不足全書四分之一。逮光緒七年（1881）文瀾閣重建完成，丁丙仍將書送還（時其兄丁申已逝），並主持補鈔缺書，從自家『八千卷樓』及向各地藏書家借鈔，迄其於光緒二十五年（1889）去世為止，共鈔成三千一百〇三種，計共耗銀五萬一千六百緡以上，使文瀾閣《四庫全書》勉復舊觀，此謂之『丁氏補鈔』。民國成立後，文瀾閣書移交浙江省圖書館保管。民國四年乙卯，錢恂再行補鈔，費時八年，從文淵閣本鈔回 33 種，又購回原鈔本一百八十二種，謂之『乙卯補鈔』。民國十二年癸亥，張宗祥又派人三舉北上，借文津閣本補鈔，兩年間鈔成二百一十一種，二千〇四十六冊，又重校丁鈔二百一十三種，二千二百五十一冊，重鈔五百七十七葉，此謂『癸亥補鈔』。民國二十三年又補鈔一種。經此多次補鈔，文瀾閣書終成完璧；又以多據全本、足本，尤別具特色。國家圖書館所藏之文瀾閣《四庫全書》原本，蓋兵燹之餘燼，雖多有殘損，而稀如星鳳，亦云幸矣。」〔註 124〕文瀾閣四庫全書本共著錄十九種，通過這些著述的敘錄可瞭解文瀾閣《四庫全書》的部分情形。

傳鈔四庫全書本小敘：「四庫修書，原只鈔繕四部，分貯大內文淵閣，瀋陽故宮文溯閣，圓明園文源閣，承德避暑山莊文津閣，謂之『北四閣』或『內廷四閣』。其後清高宗以江浙為人文淵藪，乃命續繕全書三部，頒贈江南，分貯揚州大觀園文匯閣，鎮江金山寺文宗閣，杭州聖因寺行宮文瀾閣，謂之『南

〔註124〕張子文等撰文，臺灣「國家圖書館」特藏組編輯：《四庫縹緗萬卷書——「國家圖書館」館藏與〈四庫全書〉相關善本敘錄》，臺北：臺灣「國家圖書館」，2012 年，第 181 頁。

三閣』或『江浙三閣』；許士子登閣閱覽，並許鈔錄。而《四庫全書》海納百川，其中珍本秘籍，所在多有，尤以三百八十餘部《永樂大典》之輯佚書更為珍貴罕見。嘉道以還，士子登閣閱覽者不計其數；各地藏書家更競相雇請書手，從閣中鈔出大量秘籍，於是江南藏書家之善本古籍中，多了一項新類目，曰：『傳鈔四庫全書本』或稱『閣鈔本』。國家圖書館所藏這一類書為數不少，初步估計不下六七十種，若細加探究，當不止此數。其中有些是據文瀾閣本傳鈔，唯大部分未曾注明，不詳係依據何閣本。中有完全據閣本影鈔本，其大小行款欄格皆一如庫書原本；有些則並無欄格，但迻錄原文，行款亦非四庫樣式（如半頁九行，行二十字；而四庫則為八行二十一字）。書前皆恭錄《提要》，吾人可從其校上年月略為推知是依據何閣本傳鈔。在舊時《四庫全書》尚未影印流通前，這些傳鈔本都是藏書家美夢以求、費盡心力請人鈔錄而來，大多鈐有藏書印記或名家批校手記，十分珍貴；有些尚有增補，價值更在原書之上；但也有極少數完全無印記或手記者。而今《四庫全書》既已影印行世，則此類無印記批校增補之傳鈔本，其價值乃漸告遜色。唯前輩先進不惜貲財，保存民族文獻之苦心，宜永誌不忘，故不揣淺陋，附論及之。」〔註125〕傳鈔四庫全書本共收錄 63 種，各本的情況不同，價值不一，很多版本需進行細緻考索。

是書附錄有二，一是「紀昀與《四庫全書》」，二是「四庫小百科」，這些問題對一般讀者瞭解《四庫全書》尤為有益。

四庫全書圖鑑

張福江編著，東方出版社，2004 年。

據是書張福江所撰前言，《四庫全書圖鑑》是因為《四庫全書》體大，售價不菲，遂根據文淵閣本《四庫全書》選編影印的，所選之書為圖文並茂之作。此書共選代表作四十部，其中經部著作十部，史部著作十四部，子部著作十五部，集部著作一部，共十七類，分裝成十冊。經部易類選錄三部《易數鉤隱圖》《三易備遺》《大易象數鉤深圖》，書類選錄三部《禹貢山川地理圖》《書經大全》《禹貢錐指》，詩類選錄一部《詩經疏義會通》，樂類選錄三部《皇祐新樂圖記》《樂律全書》《御製律呂正義後編》。史部時令類選錄一部《御定月令輯要》，地理類選錄七部《欽定皇輿西域圖志》《河防一覽》《吳中水利全

〔註125〕張子文等撰文，臺灣「國家圖書館」特藏組編輯：《四庫縹緗萬卷書——「國家圖書館」館藏與〈四庫全書〉相關善本敘錄》，臺北：臺灣「國家圖書館」，2012 年，第 231～232 頁。

書》《欽定河源紀略》《籌海圖編》《鄭開陽雜著》《皇清職貢圖》，政書類選錄五種《八旬萬壽盛典》《皇朝禮器圖式》《熬波圖》《營造法式》《錢通》，目錄類選錄一部《金石經眼錄》。子部天文算法類選錄二部《新法算書》《天經或問》，農家類選錄二部《農政全書》《欽定授時通考》，醫家類選錄一部《普濟方》，藝術類選錄一部《竹譜》，術數類選錄一部《玉管照神局》，譜錄類選錄六部《欽定西清古鑑》《欽定西清硯譜》《墨譜法式》《墨法集要》《欽定錢錄》《奇器圖說》，雜家類選錄一部《說郛》，道家類選錄一部《雲笈七籤》。集部楚辭類選錄一部《欽定補繪蕭雲從離騷全圖》。所選之書圖畫精美，從所選之書書前提要上所列纂修官員有很多專門人士，如繪圖監生。這是四庫館臣較為特殊的一類群體，值得研究。這些書的影印，是將一定類型的書進行了彙輯，但似乎意義不大。若要對《四庫全書》繪圖進行研究，文淵閣《四庫全書》依舊是首選文獻。

據張氏前言所云，《四庫全書圖鑑》是一部圖文並茂，雅俗共賞的傳世之寶，具有很高的學習、研究、考古、欣賞和收藏價值。然其實際意義可能不大，學術價值也不如全本文淵閣《四庫全書》。

四庫全書本《青囊奧語》初解

劉軼著，上海社會科學院出版社，2018 年。

《青囊奧語》為風水堪輿之書，是理氣派風水之學的必讀典籍，體現了中國古代的擇居理念及諸多思想觀念，其中《四庫全書》所收為其流傳範圍最廣、影響最大的版本。《四庫全書本〈青囊奧語〉初解》以「四庫本」為基礎，從不同版本出發，分析異文，對照已有注釋，最後分析判斷，以「原文」「異文」「注釋」「注記」等形式，對全書剔抉隱微、疏通大意，進行全面的分析與解讀。據此書「前言」所云，「李定信《四庫全書堪輿類典籍研究》……沒有跳出傳統地理之學的門戶之見，引證和論斷未免失之於粗」。全書分為三個部分，第一部分總論，對《青囊奧語》的作者及成書年代等進行論述；第二部分針對爭議較大的「坤壬乙」首句及各家篡改之說進行論述；第三部分根據諸家注釋，對具體內容進行分析。

此書為「風水學」專題研究，非專門研究者不能精通。劉軼擅長古代風水堪輿研究，著有《邵子易數試讀》《宜變之爻與之八皆八解贅論》《蒙卦與城市文化新解》等論著。

四庫全書精解

陳亦，中國華僑出版社，2018 年。

此書「前言」云，「本書在保留四庫的風格、韻味的基礎上，在卷帙浩繁的四庫書海中細心拾攝，精選篇目，按照經、史、子、集的四部編排法，進行了有重點、有選擇地收入，力求既突出四庫的博大、精深，突出它的歷史厚重感和凝重感，又基本上不遺漏各家代表作。經部立足於儒家的『四書五經』；史部收錄了《戰國策》《國語》《史記》《漢書》《後漢書》《資治通鑑》中的部分章卷；子部選錄了道家、兵家、縱橫家等派的代表性著作；集部由《楚辭》開頭，繼以詩、詞、曲為代表的文藝創作。為了滿足現代讀者的閱讀需求，書中對原文中難解字詞進行詳細的注釋，又增加了精準的現代白話譯文，與文字相互對照，以更好地幫助讀者對這些傳統典籍進行理解，是《四庫全書》眾多現代版本中不可多得的一個典藏珍本。全新的視角、簡明的體例、注重文化底蘊和現代審美的設計理念，全面提升了本書的欣賞價值、藝術價值和收藏價值」〔註126〕。是書注釋和譯文多有可取之處，讀者可據此領略傳統文化的魅力。

四庫全書記事・經史子集

商南編，商務印書館，2018 年。

《四庫全書記事》分經、史、子、集四部，線裝，四個書號，分裝四冊，獨立成書。每冊皆無文字內容。每頁一幅圖片，係影印文津閣《四庫全書》所收書籍中插圖，經、史、子、集四本《記事》皆是如此。四書 CIP 數據建議列為通俗讀物。通過此四書可略窺《四庫全書》精緻與精美之處，歎古人創造力之無窮。另，藝術類特別是美術學方向的研究者可從此中獲取靈感，研究《四庫全書》收錄書籍插圖的藝術性，及《四庫全書》中繪圖騰錄的特殊性地位。

續四庫提要三種

胡玉縉撰，吳格整理，上海書店出版社，2002 年。

《續四庫提要三種》包括《四庫未收書目提要續編》四卷、《許廎經籍題跋》四卷、《續修四庫全書總目提要禮類稿》一卷。據吳格言，「三書著錄範圍，《續編》旨在補輯《提要》失收之清乾隆前古人著述；《題跋》則增輯《四庫全書》編纂以後問世之清人著述；《續修》為前東方文化委員會編纂《續修四

〔註126〕陳亦：《四庫全書精解・前言》，北京：中國華僑出版社，2018 年，第 2 頁。

庫全書總目提要》時，先生所認撰經部禮類書籍之提要稿。三種合計，共著錄古籍一千二百餘種。先生所撰解題，提要鉤玄，考訂精覈，為清阮元《四庫未收書目提要》以後，續《提要》類個人著述中最重要學術成果」（《續四庫提要三種・前言》）。

吳格整理本所用版本及版刻特徵，前言中有詳述，略錄如下：

> 復旦圖書館藏《續編》稿本七冊，由先生自為裝訂而成，前無目錄及序記。首冊署「四庫未收書目提要續編」，各冊又分注「續一」至「續七」序號。其內容則依《四庫》分類初步排次，書葉眉端所注分類，猶可見散葉合訂之跡。訂入之稿，或有兩稿並見者，一為修改之稿，一為謄清之稿，改稿塗乙殆遍，有自注「廢」字；又有一書而曾撰提要兩篇者，如《名公書判清明集》稿兩見，一訂入子部法家類，一訂入子部類書類，文字稍有異同。《續編》著錄之書，凡七百四十餘種，均斷至乾隆以前。

> 復旦圖書館藏《題跋》稿本八冊，亦經先生手自裝訂，首冊封頁，自署《經籍題跋》「一」，以下各冊，分別署「二」至「八」字。其書無序記，亦未經分卷，內容依《四庫》分類，已初加排次。各篇均稱「書後」，下注撰年，多撰於二十至三十年代。《題跋》著錄清乾隆後問世之書，凡四百零五種。

> 《續修》稿本一百二十九頁，錄自 1998 年齊魯書社影印本《續修四庫全書總目提要》第七冊第一百六十九至二百九十七頁，計收先生所撰之經部禮類之提要稿八十五篇。〔註127〕

胡玉縉其人，吳格述其生平甚詳，不贅述。關於胡玉縉生平所撰，吳格云：「先生著述，早年已刊行者，有《穀梁大義述補闕》七卷（假名弟子張慰祖），《說文舊音補注》一卷、《補遺》一卷、《續》一卷、《改錯》一卷、《甲辰東遊日記》六卷等。遺稿經王欣夫先生整理者，有《許廎學林》二十卷，《四庫全書總目提要補正》六十卷、《四庫未收書目提要補正》二卷，《四庫未收書目提要續編》二十四卷，《許廎經籍題跋》二十卷，擬合為《許廎遺書五種》，由中華書局上海編輯所陸續印行。後《許廎學林》於 1958 年出版，《補正》亦於 1964 年出版（1997 年上海書店重印），而《續編》及《題跋》兩種，乃以世事

〔註127〕 胡玉縉撰，吳格整理：《續四庫提要三種・前言》，上海：上海書店出版社，2002 年，第 5～7 頁。

多故，訖未印成，王欣夫先生亦於 1966 年去世。所幸王欣夫先生所藏胡氏遺稿，於七十年代盡歸於復旦大學圖書館，至今保藏完好，此次整理，即據胡氏原稿重新鈔錄編成。又先生應前東方文化委員會之邀而撰寫之經部禮類書提要八十五篇，則錄自近年影印出版之《續修四庫全書總目》。」（《續四庫提要三種·前言》）另，日本三浦理一郎《王欣夫先生與他的古代文獻學》一文對胡玉縉所著亦有撰述，較吳格先生所言，多出《許廎遺集》六卷，合稱《許廎遺集六種》〔註128〕。

王欣夫為胡玉縉同鄉，二人交往甚密，胡氏較王氏年長，臨終之時將全部手稿託付王氏。王欣夫所撰《蛾術軒篋存善本書錄》中收錄《許廎遺集六種》各書書錄，茲錄如下，以備一考：

（一）四庫全書總目提要補正不分卷四庫未收書目提要補正不分卷
三十七冊

吳縣胡玉縉撰。王欣夫輯。手稿本。

乾隆時修《四庫全書總目提要》，妙選海內碩學，分任編纂，而紀曉嵐總其成。至今推為綜覈古今學術之鉅著。然學海無涯，載籍極博，宗旨既有所偏倚，議論不能無駁雜。凡所闕漏乖誤，自有待於補正。祗因書係欽定，遂無敢置喙。至陸存齋著《正紀》二卷，而俞曲園亟致書勸止，其書遂不傳。然是非之公，終不能默。往往散見於諸家文集筆記藏書志中，及鼎革之後，顧忌斯解，胡綏之先生始博採群書，折衷己意，用力數十年，為之補正。積稿穰穰，未遑董理。易簀之前，遺命以校輯刊傳之任見委。閱時十載，為分類編訂，共三十六冊。附《四庫未收書目提要補正》一冊。案《四庫》所收書計三千四百五十七種，存目計六千七百六十六種，兩共一萬餘種。此書有補正者達四之一，用力之勤，前所未有。然一人之精神有限，耳目難周。如七閣原本所冠《提要》，皆館臣原纂，與彙刻本經紀氏潤色者，大有差池。其時文淵、文溯兩本皆在京師，未能取以對核。又如《四庫》本重行鈔錄，而悉去其序跋。盧慎之先生曾云館臣撰提要時，大都取材於原書序跋，故刪去以湮其跡。今亦未能各取原本序跋以發其覆。又如許印林《攀古小廬文》有《讀書

〔註128〕日本三浦理一郎：《王欣夫先生與他的古代文獻學》，《復旦學報（社會科學版）》，1999 年第 2 期，第 136 頁。

—284—

附識》，孫仲容《溫州經籍志》引《提要》所附《駁正》，考證精覈，
皆未採擷。而宋歐陽澈《歐陽修撰集》，引丁丙《善本書室藏書志》
轉引《朱子語錄》，謂鹽城八月中大雪，是日正值澈死時。羅願《鄂
州小集》引《宋史·羅汝楫傳》謂願拜岳飛祠，遽卒於像前。皆事
涉迷信。朱翌《灊山集》引丁氏《藏書志》所舉翌《懶軒詩》云：
「經年不濯子春足，半月纔梳叔夜頭。」以為佳句，凡此則本係未
定之稿，芟薙宜有未盡。曾見先生與曹根蓀書，謂此事雖有五百年
之壽命，亦不能盡。又嘗詔余勻：「吾之為此，惟俛焉日有孳孳，得
寸則寸，得尺則尺而已。」然則讀者當服其蒐採之博，為益之鉅，
即小有疏失，無關大體。他日或有好事者，再作《補正》之補正可
也。

（二）四庫全書總目提要補正六十卷四庫未收書目提要補正二卷
　　二十冊

　　吳縣胡玉縉撰。王欣夫輯。王氏抱蜀廬鈔稿本。

　　綏之先生遺命以手稿付託傳世焉。家人外，祗函告其摯友盧慎
之先生。邑有某人者，好收前人稿本而錮藏之。及胡書散出，求遺
稿不得，而聞在余處，則大憾。遂騰謗謂余掠奪而乾沒之。傳至北
京，汪君孟舒聞之，孟舒曾為綏之先生作《雪夜校書圖》，多一時名
流題詠，卷留彼處，即據傳聞識卷末，而措詞甚嚴。不知者皆咎余。
一日再乞題於慎之先生，先生見之則大詫，俱以本末告孟舒，而致
函謂非速刊印無以解群惑。先是謀刊資於諸好友，既得數百元存銀
行。值時局變化，惡幣貶值，數百元悉化烏有。於是又有謂余借此
斂財者，負謗負疚，與日俱深。至一九五八年，始先以《許廎學林》
交中華書局出版，誹謗漸息。一九六四年，此書又續出，以百萬言
之鉅著，往日固無法籌刊資，今則國家倡明文化，得大量印行。綏
之先生一生精力既不致埋沒，余亦得完諾責，又得整理費以償前捐
資人，且分助其後嗣。一舉而有四得，此誠當永矢勿諼者矣。此清
寫本為整理時倩吳與朱君五峰手鈔者。朱君名景增。清諸生。久館
其鄉劉氏，擅楷書。劉氏錦藻《續清文獻通考》清稿，均出其手鈔。
此時年已七十餘，而如此巨帙，到底不懈。朱筆標點，則出吾友潮

安鄭君雪耘,並附案語若干條,皆精確。二君者皆綏之先生身後知己,不可不附記之。

　　校胡綏老四庫提要補正成賦此紀之　　　鄭翼雪耘

　　《四庫》徵遺書,述作羅百氏。《大典》如散錢,繩貫獲綱紀。所嗟種族嫌,芟薙嚴抽燬。大獄興文字,鈇鉏及既死。右文乃若斯,功罪不相抵。《提要》領群書,揭櫫示大旨,豈無涉紕繆,王言孰敢指。爾來二百年,學人日輩起,鴻篇與奧論,義蘊足相啟。胡老漢經師,淹貫湛書史,發憤哀群言,補苴歸一是,間亦正其譌,論多中肯綮。更續未收書,摯經相繼美。為卷幾盈百,積稿高隱几,遺命溯彌留,盡付年家子。謂王君欣夫。傳世基一諾,仔肩亦大矣。時人或不察,流言恣讒諆。謂君肆豪奪,淹沒私諸已。豈知勤香集,經歲費排比,鳩金謀刊布,幣值忽頹靡,遭時方杌隉,茲事廢然止。辛苦抱遺編,樂與相終始。何幸告銷兵,晨曦燦霞綺,甄採及幽光,珍重終付梓。積念忽焉伸,蒙垢一朝洗,高誼重醻知,息壤乃在彼。參校謬見屬,鉤稽辨魚豕,殘字補《石經》,斷碑徵爵里。末學慚寡聞,望洋徒測蠡。梨棗樂觀成,芸香鬱蘭芷。餘書行續出,拭目一以俟。

(三)四庫未收書目提要續編二十四卷　七冊

　　吳縣胡玉縉撰。後學王欣夫輯。手稿本。

　　乾隆時修《四庫全書提要》,當時所見古書,尚有未盡。阮芸臺得一百七十五種,復撰《四庫未收書目提要》二卷。然二書皆集合眾手,時復限迫,舛譌漏脫,自所難免。如傅節子所舉《傷寒明理論》已入《四庫》,《策學統宗》則列存目,而阮書皆重出者是也。綏之先生既各為補正,又於阮氏未收者,仿其體各撰提要一篇,已成若干種。遺稿零亂,余為董理清寫,並補撰人仕履,定為二十四卷。較阮書幾倍蓰之。先是光緒十五年,王懿榮曾奏請增修《四庫全書》。三十四年章梫又奏請之。惟章所陳,係請翻譯西籍,為預備立憲起見,重在吸取域外新知,以識東西洋之政要。乾隆時詔輯《四庫全書》則重在區別流派,辨章學術,宗旨攸分,未能強合。先生則謂「《四庫》未修之書,自阮氏進呈外,迄今又越百數十年,

有市舶泛來前代流傳海外之書，又有乾隆以後通材碩學精審校勘，網羅散佚之書。或先得者殘，而重收者足；或沿襲者誤，而改正者精。其他，群經則別為義疏，諸史則各有補苴。以及天文、算術、輿地、方志、政書、奏議、詩文別集，類皆日新月盛，卓然成家。當先行遵照乾隆時成案，增修《四庫全書》。於以整齊百氏，示厥指歸，為國粹之保存者在此。」官學部時，曾以此意擬折陳奏，而事不果行。乃於平日讀書有得，私自擬稿。時錢塘丁氏藏書初歸江南圖書館，先生在江督端方幕，得縱閱之，多所取資。是書凡《四庫》應有而失收者，如宋杜諤《春秋會義》二十六卷、宋史炤《資治通鑑釋文》三十卷、明沈德潛《萬曆野獲編》三十卷。《提要》已引而不載者，如清錢馥《冬官補亡》□卷、明朱雲《金石韻府》五卷、宋葛立方《歸愚集》十卷、明吳訥編《晦庵先生文鈔》六卷、《詩鈔》一卷、宋陳普《石堂全集》□卷、鄭起《菊山清雋集》□卷、楊維楨《鐵崖文集》□卷。而《四庫》所收非足本者尤多，如宋朱熹《詩集傳》八卷，原二十卷。元王元傑《春秋讞議》九卷，原十二卷。史伯璿《四書管窺》八卷，原三十六卷。梁顧野王《玉篇》原本殘卷。元辛文房《唐才子傳》八卷，原十卷。宋陳元靚《歲時廣記》四卷，原四十二卷。明朱睦㮮《授經圖》不分卷，原二十卷。吳道南《文華大訓箴解》三卷，原六卷。宋宋慈《提刑洗冤集錄》二卷，原五卷。《急救仙方》六卷，原十一卷。元薩里彌寶《瑞竹堂經驗方》五卷，原十五卷。《重刻安驥集》三卷，原五卷。李治《敬齋古今黈》八卷，原十二卷。宋江少虞《皇宋事實類苑》六十三卷，原七十八卷。唐《駱賓王文集》四卷，原十卷。羅隱《昭諫集》八卷，原十四卷，補遺一卷。宋鄧肅《栟櫚集》十六卷，原二十五卷。孫覿《鴻慶居士集》四十卷，原七十卷。《胡澹庵先生文集》六卷，原三十二卷，朱淑真《斷腸集》二卷，原九卷，《後集》七卷。曾丰《撙齋先生緣督集》二十卷，原三十六卷。方大琮《鐵庵文集》三十七卷，原四十五卷。劉克莊《後村集》五十卷，原一百九十六卷。元黃溍《金華黃先生文集》十卷，原四十三卷。黃鎮成《秋聲集》四卷，原八卷。余闕《青陽先生文集》四卷，原九卷，附二卷。薩都剌《雁門集》三卷、集外詩一卷，原八卷。《丁

鶴年集》一卷,原四卷。《明太祖御製文集》二十卷,原三十卷。朱右《白雲稿》五卷,原十一卷。錢宰《臨安集》六卷,原十卷。劉璟《易齋集》二卷,原五卷,補一卷。欣夫案:原十卷,此係殘本,誤。柯潛《竹巖詩文集》二卷,原十二卷。史鑑《西村先生集》八卷,原二十八卷。費宏《費文憲集選要》七卷,原二十卷。常倫《常評事集》一卷,原四卷,又二卷。元吳宏道《中州啟札》二卷,原四卷。先生皆得而著錄之。其撰著一以乾隆修書以前為斷,搜奇剔隱,功過阮氏遠矣。

（四）許廎經籍題跋二十卷　八冊

吳縣胡玉縉撰。後學王欣夫輯。手稿本。

《四庫全書總目提要》考訂異同,別白得失,劉向校理秘文以後未嘗有也。而古籍秘藏,尚未盡出,後來鴻制,益臻美備,繼斯有作,有待後人。周氏中孚嘗有志於此矣,所撰《鄭堂讀書記》則兼及《四庫》所已收,不免重佁,多摭序跋之陳言,嫌少心得。較諸何元錫輩之代纂阮書,根柢自厚,而究非戴震、邵晉涵之倫。民國十四年邵瑞彭創議續編,而日本在我國所設之東方文化學會且將退還庚款懸資徵稿,寧非我士大夫之恥歟?綏之先生兩渡東瀛,曾窺其對我文化侵掠之隱,先於光緒戊申,建言續修《四庫提要》,徵書不用即退,而著述於原書之舛譌闕漏,則遍徵群書以補正之,於阮氏《四庫未收書目提要》亦如之。而更取海外傳播,中土既佚者,後儒採輯,校勘精審者,及當時各省漏未進呈,遺稿刊版在後者,更續阮氏之書而倍蓰之。惟旨在增修原書,悉遵成案,不錄生存人著述。實則其時學者輩出,群經則別為義疏,諸史則各有補苴,其他各類咸日新無已,不有薈萃闡發,寧非遺憾。於是凡乾隆修書後之著述,別編為《許廎經籍題跋》,實即提要之續。然其事有倍難者,有清一代經學、史學、文學、雜學,門類不同,成書繁富,各有專精。每撰一篇,必於全書熟複數過,挈其精華,博採群言,辨其是非,然後能發抒己見,折衷至當,而免鈔胥之誚。觀於每下條議,斷制謹嚴,雖若易易,而孰知其用心至苦。故若段玉裁《說文解字注》先生擥誦將六十年,而手稿僅存一目,其文仍闕。則其慎重不苟可知已。此二百餘篇者,在有清一代之藝文,猶為一勺之水,而

辨言舉要，洞澈源委，竊謂雖使戴、邵復生，不是過也。先生嘗言乾隆以後，名儒纂述之稿本，未及付刊者甚多，黃體芳任江蘇學政，札飭各屬採訪遺書，不下數百種。一省如此，他省可知。及今增修全書，此類或鈔或刊，庶足以發幽光而免遺佚。其言尤為切要。今編中僅錄溧陽狄子奇《周易推》、昭文張金吾《十七史經說》數種，則以稿本多秘在藏家，未易多見，後之人所當加之意也。

（五）許廎遺集十六卷

吳縣胡玉縉撰。王欣夫輯。手稿本。

初，余據先生手稿所存及他處所見者，仿鮚埼亭、潛研堂例，編成《許廎遺集》三十二卷，清寫待刊。選其專論學術為《許廎學林》二十卷，一九五七年交中華書局印行。他尚百五十餘篇並詩，重編為十六卷。其卷一至七，以事分類，卷一冠以三賦者，仿《昭明文選》，而繼以《崇祀諸儒議》，於趙岐、劉因、王夫之、黃宗義、顧炎武，則擬準，湛若水、達海則擬駁，所以標為學之宗尚焉。卷二論德宗升祔及攝政王監國諸禮節，其事皆古所罕有，能斟酌古今，以會其通。卷三《論修大清通禮》，時為禮學館纂修，同館有過於泥古者，先生謂當先認清題目，為修「通禮」，而非修「三禮」。議「救護」應出軍禮入凶禮，尤為宏通。卷四則議立憲、論學務，時官學部員外郎，均提綱挈領，能見其大。卷五擬學制，考試留學生、設立存古學堂、薦舉博學鴻詞、經濟特科、增修《四庫全書》，其事或屬學部，或與學部有聯。卷六為任興化教諭時文告，而附以蘇、杭、甬鐵路借款事摺、呈各一。以上皆作於清代。卷七諸作，則已入民國。先生以宏儒碩學，久居京師，國家有大典禮，往往諮詢，亦或時發讜論，以備採擇。因類敘之，自此以下，以體分類。卷八分辨、考、說、書。卷九記。卷十送、贈、壽、會諸序。卷十一書序。卷十二題記。卷十三書後、書跋。卷十四傳、贊、墓表、墓誌銘。卷十五、六詩。

葉揆初先生嘗評先生文，謂「精於四當，邕於箋經，博極群書，語有斷制，非但以著述為長者。此老真不凡才也。」又謂「稿中卓卓可傳者，如《德宗升祔大禮經》及《說帖》，《趙岐準從祀說帖》，《劉因準從祀說帖》，《魏源元史新編識語》，《三國志集解序》，均能

讀破萬卷，擇精語詳，近代無此作手。《辨鄭注明堂位天子謂周公之謬》一篇，作於禮學館，計其時當為攝政王而發。丁未年所草蘇、杭、甬鐵路廢約兩摺，不知為代何人作，其事之是非曲直當另議，而文筆雄健無倫，固是傑作。」所論於先生文，可謂獨具深識。余嘗謂先生早歲專力治經，卓然經師。繼乃博覽全書，不薄今人。兩渡東瀛，所見益廣。每發議論，洞澈古今，明通切實。惟深於古者能不泥古，達於今者能不趨今。豈與夫媛媛妹妹守一先生之言者並論哉？時代遷移，雖或於今不合，然在光、宣之間，實為通儒。此集諸作，後之考文獻論學術者，知必有取焉。

（六）許廎隨筆八卷　八冊

　　吳縣胡玉縉撰。手稿本。

　　古人讀書有所得，即隨筆記之。他日有專著一書者，則分類歸入之。其餘則彙存之以為筆記等書。今子部雜家類，雜考雜說之屬，皆是也。此胡綏之先生讀書隨筆，有曰大清云云者，有記「黃與門」者，蓋屬稿始自清末，以訖民國，非一時之作。所載亦非一類，有考證經籍文字者，往往正金壇段氏、高郵王氏之誤，而《漢書》各條，多足補正長沙王氏《補注》本。有記述史事典制者，鉤稽輯錄，務存其真。逸聞瑣事，可備考核，間亦發為議論。有關涉校讎、板本、輯佚者，多以音訓形義通之，不斤斤於佞宋。增輯《緗素雜記》佚文並校記，悉載全文。有評騭古今韻語者，或為詩話，或為摘句。既具知人論世之識，復揭研章鍊句之要。約舉四端，可概其餘。五侯之鯖，莫非珍膳，而如論《劇秦美新》非揚雄作，即後來改作《書後》以入《許廎學林》者。雖未言為劉棻所造，而可備一說。記丁黼、武億皆前後兩見，當刪其一。譏章實齋之不學，任肛妄說，與李慈銘持論略同。惜所著《駁議》一書，遺稿已失。《呂氏春秋》引《子華子》，所輯尚未備。至太息於宋刊單疏之僅存《儀禮》《穀梁》《爾雅》三種，則其時《周易》《尚書》《毛詩》《禮記》《公羊》諸單疏，尚未覆印也。於《晉書》屬望能仿《五代史補注》之例，以輯佚諸家，散注其下。則其時吳士鑑、劉承幹之《晉書斠注》尚未刊行也。談遷《國榷》疑為散佚不傳，則今藏書家尚有鈔本，近又由商務印書館印以傳世，先生所不及見也。凡此如經先生最後定稿，知

必在修訂之列矣。余於校理時別得散稿一疊，體例略同，並附入之。
〔註129〕

在《蛾術軒篋存善本書錄》中，未見《許廎學林》一書書錄。1958年中華書局上海編輯所出版王欣夫輯本《許廎學林》，此書前有盧弼序，後有王欣夫跋，跋云：

> 右《許廎學林》二十卷，吳縣胡綏之先生論學之作，欣夫所輯錄者也。先生早歲以經學蜚聲於時，得吾吳顧、惠以來一脈之傳，親炙於定海黃氏。凡十三經注疏、史、漢、諸子、小學諸書，無不爛熟胸中。益習典章制度，明音韻訓詁，故說一義、考一事，旁通博證，元元本本，確守漢儒實事求是之恉。每讀一書，貫澈（微）首尾，綜覈大意，辨析是非，條舉件繫，羅列燦然，無一字無來歷，無一語無根據，可謂極考據之能事者矣。嘗慨丹徒柳興恩據《穀梁》善於經一語，觕通大義，實發二千年不傳之秘。所撰大義述，闕略待補者，實居泰半。迺紬繹原書體例，逐條補綴，成書七卷。以為箸述之事，貴有益於後，不必自居其名，遂以授弟子張慰祖。又讀《說文》，見二徐俱用反切，以為許君既言從某聲、讀若某，不煩反切。後讀隋、唐經籍志，知有音隱，惜其不傳。鎮洋畢沅輯《說文舊音》，又惜其所採之書止載書名，未標篇第，乃一一考其所出，為之補注。更據《玉篇》《廣韻》《一切經音義》《大藏音義》諸書，為之補遺。長沙王先謙見而韙之，刻入《南菁書院叢書》。清代修《四庫全書總目提要》，儀徵阮元更為《四庫未收書目提要》，均集並時俊彥，分任編纂，搜羅既博，解題亦詳，實為後學津梁。然仍罅漏百出，舛誤多有，則皆為之補正。古書之或為後出，或為當時所未見，則為之《續編》。乾隆修書以後各家著述，則別為《經籍題跋》。煌煌巨帙，成於一手，尤足見先生蘊蓄之富，精力之強。他如王先謙之《釋名疏證補》、汪榮寶之《法言義疏》、盧弼之《三國志集解》，丁福保之《說文詁林》，亦多採先生之說。其精義當各於原書求之，此編實為之綱領焉。欣夫從事編輯，適校印曹丈元忠《箋經室遺集》。同時募集刊資，將繼續付印。世方據亂，惡幣暴落，所集之資，轉

〔註129〕王欣夫撰，鮑正鵠、徐鵬整理：《蛾術軒篋存善本書錄》（下冊），上海古籍出版社，2008年，第1228～1230、1247～1251、1393、1475頁。

瞬即歸烏有。稽延至今，忽逾十載。欣夫負謗負疚，與日俱深。方
今政治休明，發揚文化，先生畢世辛勤之成績，得及時刊布，供研
究者之參考。欣夫亦得償從前助刊之資，踐負責傳世之諾。覆校一
過，並論先生箸述概要以告讀者。公元一九五七年十一月九日王欣
夫跋於上海復旦大學之筑莊。〔註130〕

續修四庫全書提要

王雲五主持編纂，臺灣商務印書館，1972 年。

《續修四庫全書提要》是王雲五主持修訂的工具書，收《總目》以外古籍
提要 10070 篇。《續修四庫全書提要》的編纂，不僅更便於學界利用這套大型
古籍叢書，也是清理、研究中國古代經典的重要工作，是研究國學、弘揚傳統
文化的一項切實有效的重要舉措，具有重要的、深遠的意義。」在「目錄學與
《續修四庫全書提要》編纂」學術研討會上，清華大學副校長謝維和充分肯定
了《續修四庫全書》及其提要的纂修對於清理傳統文化遺產及學術研究的深
遠意義。來自全國各地的 30 餘位專家學者究古論今，從對古代目錄學、文獻
學的深入探究出發，審視當今目錄學研究的新發展，給《續修四庫全書提要》
的編纂諸多啟示。臺灣商務印書館本在整理時因無原稿核對，錯字、錯簡和
句讀、分類方面的疏誤頗多。關於《續修四庫全書提要》版本，參見《續修四
庫全書總目提要·叢書部》敘錄。

續修四庫全書總目提要

中國科學院圖書館整理，齊魯書社，1996 年。

《續修四庫全書總目提要》，又簡稱《續四庫全書提要》《續修四庫提要》。
上世紀二十至四十年代由日本控制的文化機構東方文化事業總委員會領導，
在當時的北平組織中國學者編成的一部大型古籍提要目錄，為現存規模最大
的古代文獻解題目錄。

《續修四庫全書總目提要》在編寫時，對撰寫人選擇相當嚴格，據當時《交
稿記錄》所登記，從民國 20 年（1931 年）至民國二十七年（1938 年），就有
班書閣、陳壬孫（鍬）、馮承鈞、傅惜華、傅振倫、高觀如、韓承鐸、黃之六
（壽祺）、瞿兌之（宣穎）、瞿漢、柯燕舲（昌泗）、劉啟瑞、劉澤民、陸會因、

〔註130〕胡玉縉撰，王欣夫輯：《許廎學林》，中華書局，1958 年，第 487～488 頁。

鹿輝世、倫明、羅福頤、茅乃文、沈兆奎、孫光圻、孫海波、孫人和、孫曜、譚其驤、吳向之（廷燮）、吳燕紹、夏仁虎、夏孫桐、謝興堯、許道齡、葉啟勳、余寶齡、張伯英、張壽林、趙錄綽、趙萬里等 36 位撰稿人承擔撰寫了基本書目 19000 餘種。

　　「七七事變」之後，因為時局不穩，戰火蔓延，加上中國學者對於日本侵略中國的反感，紛紛退出編纂小組，致使《續修提要》並未完成，原始稿本和相關資料被封存在中國和日本，並有部分損燬或散落民間，長期未能公諸於世，當然也無法為學術界所利用，產生應有的學術影響。不過，其中個別作者的部分篇目也曾發表或出版，如：吳承仕《檢齋讀書提要》，列入《吳檢齋遺書》，北京師範大學出版社，1986 年 6 月；黃壽祺《易學群書評議》，張善文點校，北京師範大學出版社，1988 年 6 月；趙萬里《明人文集提要》，《文史》2000 年第 3、4 輯，2001 年第 1、2 期；胡玉縉《續修四庫全書總目提要·禮類》，《續四庫提要三種》，吳格標點，上海書店出版社，2002 年；孫楷第《跋明孟稱舜編柳枝集》《跋曲品》《跋新傳奇品》（一九三四年稿，一九六一年十二年改訂）《滄州集》下第四卷（中華書局一九六五年十二月）；《跋警富新書》（一九三四年稿，一九六一年十二年改訂）《滄州後集》卷三第三卷，中華書局一九八五年八月刊。以上數種，或經作者本人取自藏稿本改易名目，或由後人從《續修提要》中輯出，與提要全部相較只是取其一芥而已。至 1972 年，臺灣商務印書館據日藏打印稿出版排印本，篇目約 1 萬篇。1935 年後，北京人文科學研究所曾陸續將提要稿本打印後分送給日本東方文化學院京都研究所（日本京都大學人文科學研究所的前身），在分送了一萬零八十餘種提要後便告中止，這部分提要稿僅及稿本的三分之一。臺灣本即是以此本整理出版的。整理時無原稿核對，錯字、錯簡和句讀、分類方面的疏誤頗多。1993 年，中科院圖書館羅琳等整理出版了《提要》的經部標點本，工作底本為油印本。分上、下兩冊，共二百四十餘萬字，參見《續修四庫全書總目提要·經部》一書敘錄。1996 年，齊魯書社出版《提要》影印本。以中國科學院圖書館收藏《續修四庫全書總目提要》稿本二百一十九函提要稿本（末十二函是從《續修四庫全書部目提要》檔案中清理出來的）為底本。正文共三十七冊，另索引一冊。索引分為三部分：分類索引、書名索引、作者索引。大類按《四庫全書總目提要》體例分為經、史、子、集四部，小類基本上沿襲原北京人文科學研究所的分類表，個別類目作了變通。多人所撰同一書的提要概予收入。

上世紀九十年代以來，《續修四庫全書》《四庫全書存目叢書》《四庫禁燬書叢刊》《四庫未收書輯刊》等大型四庫系列影印叢書陸續出版，以部帙巨大、包羅繁富為特點的「四庫學」已蔚為顯學。不過比較而言，規模匹配的可以「辨章學術、考鏡源流」的「總目提要」類的著述並未能接踵步武。由於學術內在構成和外部環境發生的巨大變化，目前要推出大型古籍提要目錄的難度，遠遠超過前人。集大成、備眾美的《中國古籍總目提要》最終編纂完成，顯然還要假以相當時日。在今後一個長時段裏，《續修四庫全書總目提要》以規模和水準不易追摹，仍具有無法取代的巨大價值。自 2002 年起，作為復旦大學古典文獻學科學術研究的一項重點內容，復旦大學主持的《續修四庫全書總目提要》整理項目獲教育部立項正式啟動，南北多所高校、圖書館具備目錄、版本、校勘專長的專業人員承擔了校點任務。到目前為止，經部、方志部已接近完成，將付出版，其他史、子、集、叢各部也進展順利，預計於 2005 年後出版全文標點排印本，總字數將接近 2000 萬字。此次整理，以中國科學院圖書館編、齊魯書社出版的《續修提要》影印本為工作底本，參校中國科學院圖書館編、中華書局（1993 年）出版的《續修提要·經部》標點本和臺灣商務印書館（1972年）排印本，盡可能核對稿本、打印本文本，在整理質量上超出前人。原文有誤作改動處均出校記。就比對所知，38 冊的影印稿本確也是諸可取用的諸本篇目最完全的。即就經部論，據此影印稿本統計的篇數較以油印本為底本的《續修提要·經部》標點本多出四百篇以上。其內容編次，將一準古籍四部分類法（叢部、方志部單列，實為六部）部類，並配備相應的分類目錄和多種檢索方式的篇目、作者索引。可以想見，此整理本推出後，《續修四庫全書總目提要》的研究和利用將由此進入一個新的階段。

另，2019 年天津古籍出版社出版了羅琳先生整理的《續修四庫全書總目提要》六十冊本，可與齊魯書社本對看。

續修四庫提要稿（張壽林著作集）

張壽林原著，楊晉龍校訂，林慶彰、蔣秋華主編，中央研究院中國文哲研究所，2009 年。

是書為中央研究院中國文哲研究所「民國以來經學研究計劃」研究成果近現代文獻叢刊第二種，共計四冊，分經史子集四本。

書前有中國文哲研究所出版委員會所撰「出版說明」，其云：「近數十年來，

關心張氏著作的學界人士並不多，本所經學文獻組在執行『民國以來經學研究計畫』時，有感於張氏的學術貢獻，乃著手編輯張氏著作集。全書收錄張氏學術專著三種，通俗讀物三種，校輯一種，單篇論文九十篇，續修四庫提要稿一千六百篇。為方便讀者研究所需，書後附有張氏相關研究資料。」〔註131〕林慶彰先生作序，對《張壽林著作集》進行了詳細介紹。此《續修四庫提要稿》與齊魯書社影印的《續修四庫全書總目提要（稿本）》的對校，改正了原本中的一些錯誤，是為較完善之本。

此書「點校說明」八條，有助於瞭解此書的編纂體例，又對學術史也有所發覆，茲錄如下：「一、《續修四庫全書總目提要（稿本）》第一九冊頁二五下至第二一冊五一上，收錄張壽林撰寫提要共一五九二則。並沒有嚴格分類，經重新編排計算：經部有三三七則，史部五八四則，子部四六七則，集部二〇四則。各部下又分若干類。二、提要稿近年影印或出版者有三種：（1）一九七二年臺灣商務印書館排印本（簡稱商務本）；（2）一九九三年北京中華書局排印經部本（簡稱中華本）；（3）一九九六年齊魯書社影印稿本（簡稱稿本）。本書以稿本為底本，參校中華本。三、提要稿的分類大抵依《四庫全書總目》類目，再依文稿內容略有增損，如於子部加清真教類。四、各子目下以作者時代為序，外國人著作附於各類之末。唯『地理類』提要以方志為主，原依地理區域為序，為避免同一地區不同時代修纂的方志散置，故仍依稿本原有之次序。五、佛、道藏中重要書籍為《續修四庫全書總目提要》收錄的主要範圍之一，張氏撰寫的道教類提要，大部分的版本取自《道藏》《道藏精華》，看不出其取捨標準，及撰寫的前後脈絡，又不著撰者姓氏的著作太多，難以梳理，亦暫依稿本原有次序。七、經部條目與中華本對校，凡有疑問者皆已加『編按』另作說明。如清沈豫撰《春秋左傳服注存二卷》、劉炫《春秋規過二卷》之提要，中華本作者皆題『張壽林』，經考證可知為誤題。八、提要稿中有避諱字和形近誤題字，一律改回正字，不再出校。有異體字、勾乙、漫漶處，有所校均另加注說明。」〔註132〕

〔註131〕 張壽林原著，楊晉龍校訂，林慶彰、蔣秋華主編：《續修四庫提要稿（張壽林著作集）‧出版說明》，臺北：中央研究院中國文哲研究所，2009 年，第 2 頁。

〔註132〕 張壽林原著，楊晉龍校訂，林慶彰、蔣秋華主編：《續修四庫提要稿（張壽林著作集）‧點校說明》，臺北：中央研究院中國文哲研究所，2009 年，第 9～10 頁。

書後附有《〈張壽林著作集〉校訂跋》，詳細介紹了張壽林《續修四庫提要稿》的整理工作，又有書名索引及作者索引，讀者可據此檢索。

續修四庫全書總目提要‧經部（中華書局整理本）

中國科學院圖書館整理，中華書局，1993 年。

《續修四庫全書總目提要》編寫時間係一九三一年七月至一九四二年，歷時十一年，自一九四二年至一九四五年七月，這三年陸續又有書稿提要至館，前後共歷時十四年。羅琳的「整理說明」對《續修總目提要》的編撰過程有詳細的敍述，根據羅先生所言，將是書編寫過程、收書範圍、整理出版等略為摘錄總結，以備研修參考。

一九二七年十二月，「北京人文科學研究所」成立，確定由柯紹忞任總裁，以日本退還的部分庚子賠款為經費，先行纂修《續修四庫全書總目提要》。據研究所《暫行細則》（藏中國科學院圖書館）記載，該項工作分兩層進行：一、搜集《四庫全書總目提要》失載各書；二、搜集乾隆以後至宣統末年名人著作，今人生存者不錄。具體工作為：選定著錄書目。凡所著錄，以平允為主，不可有門戶之見。然須擇要典雅記，其空疏無用之書一概不錄。至釋道二氏暨小說諸書，有關於文學考訂及有神人心風俗者，均可著錄。各研究員所擬的著錄書目須注明卷數、已刊、未刊及刊本之種類，提交全體研究員開會決定後，再由研究員分別纂擬。參加這項工作的我國研究員有：柯紹忞、王照、賈恩紱、胡敦復、王式通、楊策、梁鴻志、江庸、湯中、江瀚、胡玉縉、姜忠奎、章華、戴錫章、徐審義、劉培極、何振岱。

擬定書目的工作從一九二八年開始，至一九三一年六月結束，共擬出書目二萬七千餘種。此後續有增補。

提要的撰寫工作從一九三一年開始，至一九四二年基本結束，共撰成提要稿三萬二千九百六十餘篇。

根據檔案及現存原稿統計，參加撰稿工作的共七十一名學者。依姓氏筆畫排列為：王式通、王孝魚、王重民、江瀚、向達、沈兆奎、吳廷燮、吳燕紹、吳承仕、何小葊、何登一、余紹宋、余寶齡、奉寬、尚秉和、周叔迦、柯劭忞、柯昌泗、柯昌濟、胡玉縉、茅乃

文、高潤生、高觀如、班書閣、夏仁虎、夏孫桐、孫光圻、孫作雲、孫海波、孫雄、孫楷第、孫人和、孫曜、倫明、徐世章、商鴻逵、許道齡、鹿輝世、黃壽祺、張伯英、張海若、張壽林、陸會因、陳鏊、馮汝玠、馮承鈞、馮家昇、傅振倫、傅惜華、傅增湘、楊樹達、楊鍾羲、葉啟勳、董康、趙萬里、趙錄綽、劉白村、劉思生、劉啟瑞、劉節、謝國楨、謝興堯、韓承鐸、瞿漢、瞿宣穎、譚其驤、羅振玉、羅福頤、羅繼祖、蕭璋，鐵錚。

一九三四年二月，鑒於提要的撰寫工作已全面展開，研究所特在內部公布了提要的「編纂事項規定」共十九條，其要旨為：編纂提要除準據乾隆時代提要之體裁外，其評論記事，較之乾隆提要尤須詳細；作者編纂提要之稿本，自己得隨時訂正。其稿本版權完全歸於本所，任何人或書肆不得先行零星刊佈；提要中的所有批評是非，議論得失，作者必須一一就全部原書中加以檢討，如僅由題序跋記中採摘而成者，其稿本本所可不接受，且得退還之，作者編纂提要時，所有原根據之本，固可即行考定以撰提要，其摘錄之本須暫從緩例，如《皇清經解》及各叢書中摘錄者頗多，不得即據以撰提要。

一九三八年底，已撰成提要二〇三一九篇，其中經部三八七八篇，史部八三六三篇，子部五〇八二篇，集部二九九六篇。研究所預計，一九四〇年夏秋之際提要的撰寫工作就可基本結束。現從原稿上作者簽名時間所見，有部分作者在一九四五年七月還在呈繳提要稿。

提要的整理工作是與提要的撰寫工作交叉進行的。一九三八年四月研究所專門設立了「提要整理室」，工作人員的任務是將已經完成的各類提要先行著手整理。這時的整理工作僅限於將提要稿與擬目相檢對，檢查是否有遺漏；將提要原稿進行油印、打印、統計、登記、保存、呈送等等。

一九四一年太平洋戰爭爆發後，研究所財政經費日趨拮据，至次年五月，提要的撰寫工作基本上停止，編纂工作尚未正式進行，便不了了之。抗戰勝利後，北平光復，這批提要稿及有關圖書檔案，全部由中方代表沈兼士正式接受。一九四九年中華人民共和國成立後，最終歸屬中國科學院圖書館。

《續修四庫全書總目提要》收錄書籍的主要範圍是：

（一）《四庫全書總目提要》雖已收錄，但竄改、刪削過甚或版本不佳的書籍；

（二）修改阮元的《四庫未收書目提要》；

（三）《四庫全書總目提要》遺漏的書籍；

（四）乾隆以後的著作和輯佚書籍；

（五）禁燬書和佛、道藏中的重要書籍；

（六）詞曲、小說及方志等類書籍；

（七）敦煌遺書；

（八）外國人用漢文撰寫的書籍。

撰寫提要依據的圖書，主要有以下幾個來源：

（一）北京人文科學研究所圖書部耗資四十餘萬圓採購的書籍；

（二）北京地區的各大圖書館，如北京圖書館、故宮博物院及各大學圖書館；

（三）原奉天圖書館和大連（滿鐵）圖書館；

（四）各私人藏書。如北京的傅增湘，天津的李盛鐸，長沙的葉德輝，大連的羅振玉及上海的劉氏嘉業堂，常熟的瞿氏鐵琴銅劍樓等；

（五）國外藏書。如日本內閣文庫、朝鮮奎章閣所藏有關漢籍及英、法圖書館收藏的敦煌遺書。

一九四九年以後，鄭振鐸、葉恭綽、李根源、梁啟雄等學者先後多次建議整理出版《續修四庫全書總目提要》稿，但由於各種原因，一直未能實現。一九八〇年初，原中國科學院副秘書長張文松建議整理出版該書稿，同年七月，科學院圖書館古籍組開始進行整理工作。一九八二年該項目正式列為國務院古籍整理出版規劃項目。

中國科學院圖書館共藏提要原稿二百一十九函，其中二百零七函是按提要撰者姓名裝訂成冊的，一十二函是從打印稿和檔案中清理出來的。另外，還有三函現藏北京圖書館，也已經複製收藏。

提要稿分為手書原稿、刻印稿、打印稿。刻印稿和打印稿是根據手書原稿刻印、打印的，按撰者姓名和交稿時間兩種形式裝訂成

冊，裝訂成冊副本中的一部分當時曾分送日本的有關學術部門。較為完整的手書原稿及打印、刻印稿現均藏中國科學院圖書館。打印稿副本中的一部分曾在五十年代分送給中國科學院的下屬研究部門，由於殘缺不全，難以系統利用。

中國科學院圖書館古籍組對此稿的整理工作一直是在人力、物力、財力不足的條件下進行的。此項工作分為以下步驟進行。

第一步：先將提要原稿全部蒐集在一起，將每篇提要製成索引卡片，並編排成目錄；

第二步：將一套較為完整的打印稿作為底本，逐篇核對目錄，凡缺遺者，均據原稿複印補齊。

第三步：將提要分類。大類按《四庫全書總目提要》體例分為經、史、子、集四部。小類基本上沿襲原「北京人文科學研究所」的分類表，個別作了變通。小類下的提要按原作時間先後排列，外國人著作排在最後。提要稿一部分原分「著錄」「存目」，並有少部分一書有二至三人撰有提要，為方便參考，將「著錄」「存目」字樣刪去，並將多人所撰同一書的提要概予收入。

最後，對全稿作審覈和訂正工作。審覈和訂正的範圍限於所收書籍的作者姓名字號、籍貫、科第出身以及年號、地名、官名、書名、引文、版本，文字的脫衍訛誤等。對未加斷句的部分提要補加斷句。對凡能查明提要撰者姓名的，均在提要中加署姓名。凡提要中所反映的政治思想傾向和若干用詞顯然不符當前的思想觀點的，為保存原貌起見，一仍其舊，請讀者在使用中加以鑒別。提要中原有數百篇係據滿、蒙、藏文書籍撰寫的提要，行文中引用許多滿、蒙、藏文字，因存在整理和排版的困難，計劃集中附在全書最後部分出版。

臺灣商務印書館曾於一九七二年出版了一套《續修四庫全書提要》（十二冊，附索引一冊），關於這套書與本書的關係，特加以簡要說明。一九三五年後，「北京人文科學研究所」曾陸續將提要原稿打印分送給日本「東方文化學院京都研究所」（日本京都大學人文科學研究所的前身），在分送了一萬零八十餘種書目提要後便告中止，這部分提要稿僅及原稿的三分之一。臺灣本即是以此稿整理出版的。

由於打印稿既非完本，又錯漏較多，整理時無原稿核對，工作亦失之倉促，錯字、錯簡和句讀、分類方面的疏誤頗多，使利用價值受到相當大的侷限。

應當指出的是，《續修四庫全書總目提要》原稿本身存在著不少缺陷，主要原因是當時沒有進行總纂工作，擬目和分類不盡完善合理；提要成於眾手，學術水平和工作態度上的差異，使原稿精粗詳略不一，瑕瑜互見……〔註133〕

羅琳先生將《續修四庫全書總目提要》的諸多問題進行了較為細緻嚴謹的解析。惟羅文所用的《暫行細則》、「編纂事項規定」、檔案等，一般學者難以得窺。

《續修四庫全書總目提要·經部》共著錄提要4572篇，易類643篇，書類334篇，詩類毛詩445篇、三家詩68篇，禮類周禮86篇、儀禮93篇、禮記229篇，樂類74篇，春秋類左傳135篇、公羊傳38篇、穀梁傳29篇、春秋總義195篇，孝經類147篇，四書類論語120篇、大學76篇、中庸52篇、孟子76篇，四書總義267篇，小學類訓詁180篇、文字421篇、音韻251篇、音義27篇、文字總義37篇，石經類75篇，群經總義類414篇，彙編類60篇。《續修四庫提要》較《四庫全書總目》有很大的不同，首列書名、卷數，若無卷數，亦以「無卷數」標注；其次列版本，可據此查考書籍版刻來源，並檢驗提要所撰得當與否；再次列撰寫者姓名。之後為提要正文，撰寫體例依照的是之前所擬定的「編纂事項規定」十九則。此整理本僅對提要進行簡單的句讀，並未加新式標點。提要字數多寡不一，多則千餘字，少則百餘字。據提要可瞭解書籍版本、內容、文獻、評價等諸多問題。中科院圖書館原準備將《續修四庫提要》稿全部整理，但整理出經部後，工作停止。所以，此經部整理本並無索引，使用起來不甚方便。期習文獻者，可將經部重新標點，將史、子、集四部進行整理（按叢書部已由吳格、睢駿整理於2010年完成，中華書局、國家圖書館出版社出版），以饗學界，並推動「四庫學」的發展。

續修四庫全書總目提要·叢書部

吳格、睢駿整理，中華書局、國家圖書館出版社，2010年。

〔註133〕中國科學院圖書館整理：《續修四庫全書總目提要·經部》，北京：中華書局，1993年，第1～5頁。

是書前有吳格「整理前言」一篇，敍《續修四庫全書總目提要》來龍去脈甚詳。細繹前言，主要有以下幾方面內容：一是《續修四庫提要》編纂緣起；二是《續修四庫提要》收書範圍；三是《續修四庫提要》版本流傳情形；四是《續修四庫提要》撰稿人員；五是《續修四庫提要》實際推動者橋川時雄事蹟；六是《續修四庫提要》整理本；七是《續修四庫提要》新整理本特點。茲將相關論述摘錄如下：

（一）編纂緣起

《續修四庫全書總目提要》，又稱《續四庫全書提要》《續修四庫提要》，係二十世紀二十至四十年代，由利用日本退還「庚款」而成立之「東方文化事業總委員會」主持，組織當時平津地區中國學者，為續修《四庫全書》及《四庫全書總目提要》而集體編纂之大型文獻解題目錄。利用《四庫全書總目提要》與《續修四庫提要》檢閱現存中國古籍，足為今人「辨章學術，考鏡源流」之助。

《四庫全書》及《四庫全書總目提要》編成於十八世紀晚期，百年以還，修訂增續，呼聲不已。至清末民初，有王懿榮、章梫、喻長霖、金梁、邵瑞彭、李盛鐸、孫雄、倫明等學者，先後提倡「續修《四庫全書》」。綜覽各家意見，大致分為對《四庫全書》作「補修」「補正」及「續修」諸項內容，旨在全面整理保存中國古代圖籍，謀深慮遠，計畫周詳，但事鉅功繁，觀成不易，晚近喪亂頻仍，國步維艱，經費支絀，迄難實施。1925 年利用退還「庚款」而成立之「東方文化事業總委員會」，吸收中外學人建議，重提「續修《四庫全書》」計畫，落實機構及經費，同時建立北平人文科學研究所及附屬圖書館，大量購置清乾隆以後問世之學術著作，編成《四庫未收書分類目錄》，並據書目聘請各科專家學人，分工撰寫提要，歷時近廿載，初步形成《續修四庫提要》初稿，使「續修《四庫全書》」計畫得以部分實現。

（二）收書範圍

《續修四庫提要》之著錄範圍，上溯《四庫全書總目提要》未收或雖已收而卷帙、版本不同之清乾隆以前歷代著述，下採《四庫全書》編成後問世之清人著述（含少量民國初學者著述），兼及部分日本、朝鮮及西方人士漢學著述，共著錄圖書 34000 餘種，三倍於

《四庫全書總目提要》所著錄圖籍之數量，初稿字數逾於 2000 萬字。《續修四庫提要》之編纂，仿照四庫館成例，先事書目調查，據書目以收羅圖籍，而後組織提要撰寫。入錄之書，多經目驗，初稿撰成，復加修訂，繕錄打印，以待整合。

（三）版本流傳

據「東方文化事業總委員會」總幹事日人橋川時雄回憶，至 1945 年抗日戰爭結束，北平人文科學研究所積累之《續修四庫提要》各類稿件，計有目錄五萬種、提要近四萬篇。上述提要稿，經國民政府教育部特派員沈兼士接收，初由前中央研究院史語所收藏，1949 年後遞藏於北京大學及中國科學院圖書館。經半世紀之扃閉，至二十世紀末逐步整理面世。據中國科學院圖書館介紹，該館所藏《續修四庫提要》稿，有初撰稿、修改稿、謄清稿等形式，分裝為 219 函。稿本以外，又存有大量油印本，係 1935 年開始，據諸家手稿整齊格式，打字油印，彙總以備修訂。限於人手經費，此事至四十年代中輟，未竟全功。油印本除藏於北平人文科學研究所外，曾分期寄送日本外務省及東方文化學院東京、京都兩研究所。

（四）撰稿人員

曾參與《續修四庫提要》撰稿者，有王式通、王孝魚、王重民、江瀚、向達、沈兆奎、吳廷燮、吳燕紹、吳承仕、何小葛、何澄一、余紹宋、余寶齡、奉寬、尚秉和、周叔迦、柯劭忞、柯昌泗、柯昌濟、胡玉縉、茅乃文、高潤生、高觀如、班書閣、夏仁虎、夏孫桐、孫光圻、孫作雲、孫海波、孫雄、孫楷第、孫人和、孫曜、倫明、徐世章、商鴻逵、許道齡、鹿輝世、黃壽祺、張伯英、張海若、張壽林、陸會因、陳鑾、馮汝玠、馮承鈞、馮家昇、傅振倫、傅惜華、傅增湘、楊樹達、楊鍾義、葉啟勳、董康、趙萬里、趙錄綽、劉白村、劉思生、劉啟瑞、劉節、蕭璋、謝國楨、謝興堯、韓承鐸、瞿宣穎、瞿漢、羅振玉、羅福頤、羅繼祖、譚其驤、鐵錚等 71 位學人〔註134〕。據此可知，承擔《續修四庫提要》撰稿人中，不乏以舊學名家之遺

〔註134〕《續修四庫提要》撰稿人員事蹟考。梁容若有《評〈續修四庫全書提要〉》一文，刊於《書和人》第 245 期（1974 年 9 月），後收入王秋桂、王國良編《中國圖書‧文獻學論集》，臺北：明文書局，1983 年版。

老碩彥，又有術業專攻之學林新進，堪稱一時之選。諸多新老學者分任撰稿，使《續修四庫提要》編纂質量得以基本保證，不僅所撰提要足資利用，各撰稿人之活動蹤跡，亦為二十世紀前期學術史重要史料。

（五）橋川時雄事蹟

二十世紀前期，國事蜩螗，世局多變。「東方文化事業總委員會」最初由中日雙方派員組成，嗣因中日關係惡化，中方委員集體退出，日方委員致力於經營東京、京都兩東方文化學院研究所，編纂經費日形減縮。《續修四庫提要》編纂運行方式，係由北平人文科學研究所物色並延聘撰稿人，中方學者以私人身份受聘，認領《續修四庫提要》撰寫任務。撰稿用書，主要利用人文科學研究所圖書館及北平圖書館、故宮博物院圖書館藏書，並徵集部分私人藏書。三十年代以後，選聘、聯絡撰稿人員，據各家專長商定書目，按期收發稿件及稿酬，對已收稿件作初步彙總，實際推進《續修四庫提要》編纂之核心人物，為「東方文化事業總委員會」總幹事橋川時雄先生。

橋川時雄（1895～1982），字子雍，號醉軒、醉軒潛夫等，室名提要鉤玄室。日本福井縣人。1913 年畢業於福井師範學校，初任小學教員，並從漢學者勝屋馬三男、三島毅等學習漢文。1918 年來華，曾先後任共同通信社、《順天時報》記者，繼續學習中文，研究漢籍，旁聽北京大學課程。嗣創辦文字同盟社，編輯《文字同盟》，翻譯當代名家（如梁啟超、胡適、周樹人）著作，並外出旅行考察，拜訪各地學者，收集古代典籍，專研六朝文學。居京期間，廣泛交友，虛心請益，既結識辜鴻銘、江瀚、陳寶琛、柯劭忞、王國維、傅增湘等文壇耆宿，又與李大劍、周作人、胡適、沈兼士、梁漱溟、馬裕藻、馬衡、馬廉等學界名流往還，成為民國時期北平文化界知名人物。自 1928 年起，橋川服役於「東方文化事業總委員會」，初任署理總務委員，繼任總幹事，至抗日戰爭結束，居留中國近三十年，與《續修四庫提要》編纂相始終。「卅載幽燕久滯留，自甘勞苦吏儒兼」，時值中年，精力充沛，學問事功，並臻成熟。1946 年橋川返日後，迫於生計，奔走東西兩京，1958 年後任教東京二松學舍大學，教授以終其生。橋川晚年，對於編纂未竟之《續修四庫提要》稿，

仍念念不忘，深切關注，聞臺灣商務印書館出版《續修四庫提要》，滿懷興奮，賦詩稱慶，並馳函臺北致謝。

（六）各家整理本

由於歷史原因，《續修四庫提要》未能完成最後編纂，僅存初撰、修改、謄清、油印等稿。二十世紀七十年代以來，除個別撰稿人所撰提要已單獨發表外，又先後出現以下整理本：

一、《續修四庫全書提要》十二冊索引一冊 1972 年臺北臺灣商務印書館排印

此本據日本京都大學人文科學研究所（原日本東方文化學院京都研究所）藏《續修四庫提要》油印本排印，句讀整理，計收錄提要稿 11000 篇左右。如前所述，京都大學所藏油印本，係自 1935 年始由北平人文科學研究所據諸家手稿打字油印後分批寄送。據介紹，油印稿寄送至 10080 種停止，占現存《續修提要》稿本三分之一。臺灣商務本不僅內容不足，排印也較粗疏。

二、《續修四庫全書提要·經部》二冊 中國科學院圖書館整理 1992 年北京中華書局排印

此本據中科院圖書館所藏《續修提要》油印本排印，句讀整理，收錄經部提要 4400 篇（按，實際為 4572 篇）。該館原擬分期從事《續修四庫提要》稿整理，「經部」出版後，整理工作中輟，轉而影印全稿。

三、《續修四庫全書提要（稿本）》三十七冊索引一冊 中國科學院圖書館整理 1998 年濟南齊魯書社影印

此本據中國科學院圖書館藏《續修提要》稿本影印，收錄諸家所撰提要原稿 34000 餘篇。影印本具有以下特點：（1）所收提要稿篇數最多（如經部提要稿較油印稿超出五百篇以上）；（2）提要篇目大致依撰稿人集中編排；（3）因篇目編次未經分類，故增編索引（分類、書名、作者）一冊以便檢索，其分類基本沿襲原北平人文科學研究所之圖書分類表。

《續修四庫提要》稿之影印問世，首次公開諸家原稿，厥功甚偉。其不足之處，乃在諸家稿本情況複雜，或為清稿，或為初稿，或為修改稿。修改稿塗改鉤抹之處，經影印筆畫有所失真，致難辨

識。諸稿編次，雖依撰稿人聚合，實際情況，仍多出入。再則影印原稿，雖曰存真，但未經標點整理，閱讀存在困難。又各稿未經分類編排，綜合使用，畢竟不便。此外，《續修四庫提要》原稿與油印稿，非僅形式不同，兩者篇目、內容亦略存差異。篇目加以比勘，兩者可以互補。又油印稿打印時，提要文字似已經修改潤色。此類情況，影印本不能全面反映。

（七）吳、睦整理本特點

《續修四庫提要》新整理本，於篇目收錄、文本形式、校點質量等方面，具有以下特點：（1）以齊魯書社影印之中國科學院圖書館藏《續修四庫提要》稿為工作底本，並據由油印本生成之臺灣商務印書館 1972 年排印本、中華書局 1993 年排印本參校（改動增損處均出校說明）；（2）據油印本增補篇目，以經部稿為例，因兼收《續修四庫提要》原稿本、油印本中經部提要稿，篇目達 5100 餘篇（300餘萬字），較之此前問世之排印本，數量明顯增加（臺灣商務印書館本經部提要 2384 篇，中華書局本經部提要 4500 篇）；（3）全稿採用新式標點，訂補衍脫，改正明顯訛誤，點校質量有所提高；（4）重新編排 34000 餘篇提要稿，按經、史、子、集、方志、叢書六部編次；（5）因全稿篇幅巨大，內容繁富，分工合作，各盡其職，各篇提要整理稿篇末，除附注撰稿人姓名，同時登載點校者與審稿者姓名，以明責任；（6）整理過程中同時完成電子文本，以備製作「四庫提要系列數據庫」之用；（7）編制《續修四庫提要》目錄及書名、作者索引，以便檢索。〔註135〕

《續修四庫提要》叢書部之整理凡例十三則，體例完備，修訂精審，可謂完善之本。《續修四庫提要》經擬定體例，複製底本，釋讀原稿，迻錄文字，標點校勘，專家審讀一系列過程，費時十載，先後獲得二○○二年教育部人文社會科學研究「十五」規劃課題，二○○八年度上海市哲學社會科學規劃重大課題，國家古籍整理出版「十一五」重點規劃項目立項。

需要注意的是，《續修四庫全書總目提要》尚有史、子、集三部分未進行整理，有待後續工作。又，上海古籍出版社出版了《續修四庫全書總目提要》

〔註135〕吳格、睦駿整理：《續修四庫全書總目提要·叢書部》，北京：中華書局，北京：國家圖書館出版社，2010 年，第 1～4 頁。

經、史、子、集四部，此套書與二十世紀二十至四十年代利用日本退還「庚款」
所撰《續修四庫全書總目提要》不同。上古本《續修提要》係根據二○○一年
上海古籍出版社出版的大型叢書《續修四庫全書》（全書一千八百冊，五千二
百十三種）所收之書進行書籍提要的撰述。提要撰寫所依據之本主要是《續修
四庫全書》所收之書，上古本《續修提要》原則上依據《續修四庫全書總目錄·
索引》進行列目。上古本《續修提要》撰寫人員為現在學界有較高學術造詣的
學者，但與二十世紀二三十年代參加撰寫的《續修四庫提要》初稿的學人相較，
不可同日而語。

續修四庫全書總目錄·索引

《續修四庫全書》編纂委員會、復旦大學圖書館古籍部編，上海古籍出版
社，2003 年。

《續修四庫全書》收書五千餘種，共 1800 冊，書目或著者檢索不便。復
旦大學圖書館古籍部為《續修四庫全書》編制目錄索引，這是極為便利的一部
工具書。此書包括兩個部分，第一部分為《續修四庫全書》總目錄，列出每冊
所收書名及著者，本書編有《續修四庫全書》總目錄第二部分為書名索引與著
者索引，索引依照四角號碼檢字法編制，首字相同時，取次字之四角號碼編列。
書名索引中包含卷數、首卷、末卷、附錄等信息。2007 年上海古籍出版社出
版復旦大學圖書館古籍部編的《四庫系列叢書目錄·索引》一書，是書可替代
《續修四庫全書總目錄·索引》。

續修四庫全書總目提要·經部

續修四庫全書總目提要編纂委員會編，上海古籍出版社，2015 年。

續修四庫全書總目提要編纂委員會主編由傅璇琮、趙昌平、劉石、高克勤
四人擔任，分卷主編經部單承彬，史部劉韶軍，子部劉石，集部謝思煒。

《續修四庫全書》1994 年開始編纂，2001 年完成。據《續修四庫全書總
目·總序》云「《續修四庫全書》開始編纂時，已計劃仿《四庫全書》之例，
對所收之書逐篇撰寫提要，一些部類如《經部》易類、《集部》詩文評類等已
請學者著手撰寫。但由於《續修四庫全書》提要工作量大，任務艱巨，編纂工
作並未能正式展開」。直到 2008 年 4 月，上海古籍出版社與清華大學中國古典
文獻研究中心磋商，正式啟動提要編纂工作。2009 年 11 月，在清華大學舉辦
「目錄學與《續修四庫全書總目提要》編纂」學術研討會，邀請二十餘位學者、

出版工作者參加，在研討傳統目錄提要學的基礎上，就《續修四庫全書總目提要》編纂的目的、方法和體例進行了深入研討。《續修四庫全書總目提要》包括全部五千二百十三種古籍的提要，每種提要的內容，均包括著者仕履、內容要旨、學術評價和版本情況等。各部分內容的要求見《總序》所言。

《續修四庫全書總目提要·經部》凡例共二十一則，其中有若干條有助於瞭解提要體例，略作摘錄。第四條，提要正文內容大致包括著者生平、內容要旨、學術評價、版本情況四個方面；第五條，著者生平大抵包括姓名、生卒年、常用字號及別名、籍貫、科第出身、主要宦歷，並擇要略及職業或特長、學術淵源造詣、公私諡號、主要著作。以上各項，視作者之具體情況有所側重或省略；第十條，內容要旨大致包括著述緣起、成書過程、書名由來、體例結構、內容梗概、學術源流、序跋簡介，以及若干書籍特殊性所決定的必須介紹的方面。以上各項視具體情況有所側重或省略；第十一條，學術評價主要點評原書內容及形式特點、成就與貢獻、欠缺與侷限、在學術史上的地位等。觀點以公認的和較為流行的說法為主；第十二條，版本情況主要介紹所收版本基本情況，或略及版刻源流、流傳收藏過程、是書其他重要版本。

單承彬所作《前言》或對瞭解《續修四庫全書》經部書籍及提要內容有重要價值，茲錄主要內容如下：

> 《續修四庫全書》的收錄範圍，包括《四庫全書》以外的現存中國古籍，即補輯乾隆以前有價值的而為《四庫全書》所未收的著述，以及系統輯集乾隆以後至民國元年（1912）前各類有代表性的著作。經部分為十類，凡收書一千二百一十九種，其中易類二百二十二種，書類九十二種，詩類一百零五種，禮類一百七十種，樂類三十四種，春秋類一百三十一種，孝經類十四種，四書類九十五種，群經總義類六十五種，小學類二百九十一種（含訓詁八十五種、文字一百一十八種、音韻八十八種）。各類選目多寡不同，正說明了各學科發展的不平衡。

> 上述一千二百一十九種經部著述，情況又有不同。第一，《四庫全書》已收而換用了新版本的凡十六種。如魏王弼、晉韓康伯注，唐孔穎達疏的《周易注疏》，《四庫全書》收有內府刊本，但南宋初浙東路茶鹽司所刻號稱「越州六經」的《周易注疏》十三卷，是中國歷史上第一個經、注、單疏合刻本，學術價值遠在《四庫》本之

上，故仍予收入。又如唐孔穎達《春秋左傳正義》，《四庫全書》收有六十卷本，而南宋慶元六年（1200）紹興知府沈作賓於任所刻有該書的三十六卷本，也是「越州六經」之一種，被阮元稱為宋刻《正義》之第一善本，故也予收入。第二，列入《四庫全書》存目的有一百六十五種，如《四庫》既收有王夫之《尚書稗疏》，而認為其《尚書引義》「復推論其大義」，且不乏「臆斷之辭」，故入存目，然該書「議論馳騁，頗根理要」，於學術研究尚有可取之處，為全面研究王氏學術思想，還是輯入《續修》之中。又如宋代學者王柏的《書疑》《詩疑》，也因為四庫館臣的排斥宋學，被列入存目，《續修》則予以收入。第三，屬於《四庫全書》應收而未收之書凡二百零五種。如元刊本宋陳大猷《尚書集傳》十卷、《或問》二卷，清修《四庫全書》時只見到《或問》二卷，以為《集傳》已佚，《續修》則將新查檢到的《集傳》補入，使陳著復為完璧。又如蔡傳《書考辨》二卷，是考辨《古文尚書》的一部重要著作，反映了宋人疑古的學術風氣，《四庫》失收，《續修》則補入。第四，屬於《四庫全書》成書以後行世的書八百三十三種，占經部總數的 68.4%，顯示出《續修四庫全書》收錄之重點在清乾隆以後，完全符合《凡例》所謂「冀為中國傳統學術最後二百年之發展理清脈絡」的編纂大旨。另外，《續修四庫全書》還對流傳於海外或後來出土的經學著述十分重視，收錄了近三十種此類圖書，如馬王堆所出帛書《周易》經傳、敦煌所出《經典釋文·尚書》殘卷及法國圖書館藏敦煌《周易》殘卷等，都彌足珍貴。

　　《續修四庫全書》編纂伊始，就有為各書撰寫提要及各類小序的設想。由於種種原因，提要的撰寫工作一直延宕至今。一般說來，因為有二十世紀四十年代中華書局版的《續修四庫全書總目提要》（經部）可供參考，經部提要的編撰相對應該容易一些。不過，中華版《提要》並不符合今天的編纂體例，且許多書籍亦不在其中，仍然需要下大力氣重新做起。在編纂過程中，我們遇到的主要困難在於：首先，目前參與提要編撰工作的許多作者，沒有參與《續修四庫全書》的編纂工作，對《續修四庫全書》的編纂宗旨，以及經部選目的原則和過程沒有確切的瞭解，因而也就難以洞悉某書之所以被收錄《續修》的最初考慮，提要撰寫也因之會流於平泛而不得要領。其次，一部學術

著作的學術價值，必須在該領域的學術發展中體現出來，如果沒有對
《四庫全書總目提要》的深刻領會，沒有對《續修四庫全書》該部類
圖書的總體把握，是很難準確判斷這部書在學術史上的地位。這就對
參與提要編撰的學者提出了極高的學術要求。第三，經部提要的編撰
工作耗時既久，其間出現了各種各樣的情況，參與人員多有更替，這
也必然會影響提要的編纂質量。〔註136〕

　　每篇提要首列書名、卷數、著者及所在《續修四庫全書》的冊數；之後為
提要內容，基本據凡例所作，偶有變化；最後為撰者署名，這與《四庫全書總
目提要》不同，後者只知四庫館臣群體而不知具體人員。

續修四庫全書總目提要・史部

　　續修四庫全書總目提要編纂委員會編，上海古籍出版社，2014年。

　　總序、凡例與經部提要同。史部提要共十七人撰寫，主編劉韶軍，副主編
李勤合。劉韶軍撰寫前言，介紹史部提要情形甚詳，錄文字如下：

　　　　《四庫全書》（以下簡稱為《四庫》）史部為五百六十二種（存
　　目一千五百四十種），本書史部共收書籍一千一百零六種，較前者史
　　部多出近一倍。

　　　　《四庫・史部》分題十五類：正史、編年、紀事本末、別史、
　　雜史、詔令奏議、傳記、史鈔、載記、時令、地理、職官、政書、目
　　錄、史評。本書史部減去《載記》和《史鈔》，而由《目錄類》中析
　　出《金石類》，凡十四類，其排序亦與《四庫・史部》略異，題為正
　　史、別史、編年、紀事本末、雜史、史評、詔令奏議、傳記、地理、
　　職官、政書、時令、金石、目錄。

　　　　本書《正史類》收書四十五種，除《清史稿》一種外，均為對
　　各部正史進行考辨、補正、校勘之作。《別史類》收書三十六種，其
　　中有關宋史、明史者，頗有卷帙浩繁之著，如萬斯同《明史》四百
　　十六卷，於《明史》為重要補充之作。《編年類》四十種，其中較重
　　要者有嚴衍《資治通鑑補》、章鈺《胡刻通鑑正文校宋記》、畢沅《續
　　資治通鑑》、夏燮《明通鑑》以及蔣良騏、王先謙、朱壽朋之《東華

〔註136〕續修四庫全書總目提要編纂委員會編：《續修四庫全書總目提要・經部・前
　　　言》，上海：上海古籍出版社，2015年，第1～2頁。

錄》。《紀事本末類》二十七種，合《四庫》所收，歷代紀事本末於焉大備。此外尚有記述專門史事者，如《平定羅剎方略》《臺灣鄭氏始末》《剿平粵匪方略》《籌辦夷務始末》等，可藉以考察相關史事完整過程。《雜史類》一百二十六種，除考證補釋《國語》《戰國策》者，多為由宋至清的雜史著作，內容繁富，記事專而詳，可補前四類之所未備。《史評類》三十種，除《史通》《文史通義》外，收錄各家評史著作，如王夫之《讀通鑑論》《宋論》等，著名考史之作如《十七史商榷》《廿二史劄記》《廿二史考異》等，又收錢大昕《三史拾遺》《諸史拾遺》，實為《廿二史考異》之續補之作，而崔述《考信錄》則是關於古史之重要考辨著作。《詔令奏議類》七十三種，除宋、明、清代詔令制書，更收有太平天國詔書三種，此外多為各種奏疏，有一代奏疏合集，有某大臣奏疏結集以及專就一事之奏疏，如《河防疏略》《防河奏議》等，以明清兩朝奏疏為多。《傳記類》一百五十二種，有學術等各類人物合傳、人物生卒年考證之作、一代人物言行錄、一代人物合傳、某地人物合傳、專人傳記，此外則為年譜、日記。其中不乏重要或精彩之作，如《王荊公年譜考略》《曾文正公年譜》《求闕齋日記類鈔》《翁文恭公日記》等。《地理類》二百零九種，有天下或一代總志，省、府、州、縣以及鎮、村、衛、關專志，宮殿林都城志，寺廟志，書院志，山川志，水經水道河流志，邊疆或少數民族地區志，地方名勝風景志，邊防海防志以及世界各國遊記及志書。《職官類》四十五種，除記載歷代官制之書外，又有專官制度之書及官箴一類。《政書類》一百六十八種，內容豐富，有歷代會要、典章、會典、禮志、謚法、科舉、財政賦役、漕運海運、錢幣、鹽政、救荒、治河、水利、軍政、馬政、保甲、軍隊駐防、槍炮製造、刑律、造船、園林建築、工程礦業、木工營造、地方治理等文書。《時令類》十三種，有月令節氣、地方風景、歲時節序等。《金石類》六十六種、《目錄類》六十種，收錄各類金石著作彙編、題跋款識，諸家書目考辨、藏書目錄等。

　　《史部》收錄部分《四庫存目》所錄之書。此類《四庫》已有提要，然均較簡略。《史部》輯補及擇要收錄，是對《四庫全書》史部的繼承和補充。

　　《史部》所收諸書，類別既多，內容也豐富翔實，涉及中國歷史各個時期、各個方面，與《四庫》史部合為研究中國歷史的文獻寶庫。

　　《史部》提要之特色，首在重視各書版本情況與價值，有的更以版本源流的介紹為重點。如《正史類》第一種《史記》提要，主要說明所錄為三家注合刻本，此本除最為流行之南宋慶元二年（1196）黃善夫本外，其次則為元至元二十五年（1288）彭寅翁崇道精舍刻本，本書的《史記》提要即著重介紹此一版本特點。此外尚有部分海內孤本，如《宋西事案》《忠文王紀事實錄》《鴨江行部誌》等，其中《忠文王紀事實錄》記述岳飛事蹟，尤顯寶貴；他如經著名學者校勘、題跋之書亦有重要版本價值，此類在史部亦不少見。如《元朝秘史》、元代郭畀《雲山日記》《宋會要》等都出自罕見鈔本，並經名家校勘題跋。凡此，提要均一一抉示。

　　《史部》提要特色之二，是注意清理史書之學術源流或資料來源。如《忠文王紀事實錄》，編纂者謝起岩與岳飛諸孫為太學同學，而當時太學所在地又為岳飛王府舊址，此書內容源於岳珂《鄂國金陀粹編》。《粹編》宋本已佚，傳世元、明本多有闕失，傅增湘據《實錄》校《粹編》，多有訂訛補闕，且書中所載史料可證岳飛確曾有「忠文」之諡。提要於此一一說明，以明二書源流關係，以及於岳飛研究之重要史料價值。又如錢大昕《廿二史考異》作為史學名著為人熟知，又有《三史拾遺》、《諸史拾遺》，撰成於《廿二史考異》之後，就《史記》、前後《漢書》，《三國志》以至《元史》復加考辨，可稱為《考異》之續補，然其刊刻則在錢氏去世之後。提要即著重說明三書之源流關係，以全面反映錢氏史學研究情況。此外如周壽昌《漢書注校補》，參校同人有王先謙、朱一新、李慈銘、繆荃孫等，均為飽學之士，皆曾協助周氏編纂此書；王先謙《漢書補注》，除引用隋蕭該以下四十餘家研究成果外，又有郭嵩燾、朱一新、李慈銘、繆荃孫、沈曾植、王闓運、葉德輝、皮錫瑞、蘇輿、陶紹曾、王先慎諸家參與編纂：二書提要說明了此種情況，由此顯示其書在學術上的源流關係。又如晚清出現的一批邊疆歷史地理名著，如徐松《漢書西域傳補注》《西域水道記》《西域水道記校補》、祁韻士等人之《西

陞總統事略》、松筠《新疆識略》、祁韻士《皇朝藩部要略》《皇朝藩部世系表》、張穆《蒙古游牧記》、何秋濤《朔方備乘》，以上著作存在前後相承、不斷補作之源流關係，提要均一一說明。又如黃遵憲的《日本國志》，提要著重抉示其材料來源，有姚文棟《日本國志》、日本內務省地理寮地志課塚本明毅等人之《日本地志提要》、日本村瀨之熙之《藝苑日涉》等。

《史部》提要特色之三，是重視說明各書學術特色與史料價值。古代史書有不少屬於編纂，以不同的體例分類彙集諸多文獻中相關資料，此類史書雖非獨創，然諸多文獻史料賴以留存，為後人研究之必需，提要均根據各書的史料來源及其內容說明史料價值。對於學者積年研究心得之作，則著重說明其學術價值，如對前代史書作注釋、考證、校勘者，即屬此類。開創性的編纂著作，雖主要採用已有文獻史料，然其體例、編排每有創意，其學術價值也須在提要中說明。如祁韻士曾任國史館纂修官，編纂《蒙古回部王公表傳》，曾據大量檔案文獻資料整理成底稿數十冊，後由其子委託毛嶽生、宋景昌編成《皇朝藩部要略》《皇朝藩部世系表》，提要除說明其間的源流關係，更說明《蒙古回部王公表傳》仿《史記》紀傳體，《要略》仿《通鑑》編年體，從不同角度敘述蒙古各部歷史，且與世系表相配合，從而構成一套完整的蒙古各部綜合史書。

《史部》提要特色之四，是充分參考和吸取相關已有成果。如《四庫全書總目》中有存目書提要，凡收入《續修四庫全書》者，其原提要則必予參考，並在本提要中說明存目提要之相關觀點。此外，如阮元《四庫未收書目提要》、吳承仕《檢齋讀書提要》、胡玉縉《四庫未收書目提要續編》《許廎經籍題跋》、朱希祖《明季史料題跋》、謝國楨《增訂晚明史籍考》、武新立《明清稀見史籍敘錄》、民國時期編纂的《續修四庫全書提要》，以及近年整理出版的有關著作，如《影印珍本古籍文獻舉要》（北京圖書館出版社）、《國家圖書館文獻簡目》、《國家圖書館藏古籍題跋叢刊》、《中國歷史大辭典·史學史卷》及白壽彝《中國通史》等，均在參考之列。《史部》所收書近年已有研究論文或專著發表、出版者，也吸取其最新研究成果，如安平秋等關於《史記》版本之研究論著、王寶平關於黃遵憲《日

本國志》、張其凡關於陳瓘《尊堯集》、王瑞來關於《御試備官日記》之論文以及諸家關於晚清多種日記之研究論著等均然。《史部》所收又有曾經收藏家、圖書館學家鑒識考證而予題跋者，提要亦擇要採納，如《忠文王紀事實錄》即參考傅增湘先生之相關考證及題跋。

　　《史部》提要特色之五，是在撰寫上既注意說明該書體例與內容，又著重以具體例證說明其特點，儘量避免空話套語及主觀評述，使條目真正起到圖書與讀者間的津梁作用。〔註137〕

　　史部提要內容較詳，基本將每部史書的主要內容進行了概述，部分史籍並未考見版本源流。研究者可根據凡例、前言，對照《續修四庫全書》所收之本閱讀提要，自可有所獲。

續修四庫全書總目提要‧子部

　　續修四庫全書總目提要編纂委員會編，上海古籍出版社，2015年。

　　總序、凡例見經部提要。子部提要有五十餘位撰稿者，來自北京大學儒藏編纂中心、華東師範大學子藏研究中心等，劉石所撰子部提要前言有詳細介紹。劉石關於子部數據問題的統計，主要有以下幾個方面：

　　　　《續修四庫全書》子部分儒家、道家、兵家、法家、農家、醫家、天文算法、術數、藝術、譜錄、雜家、類書、小說家、宗教、西學譯著15類，收書近1640種，在《續修四庫全書》四部中數量最多。

　　　　與《四庫全書》相較，15類中末二類為新增，屬別分合增刪變化更多。其中《四庫全書》已收而更換版本者20餘種，存目書290餘種，未收書700餘種，時代後於《四庫全書》者500餘種，總數較《四庫全書》子部986種增加六成左右。各類數量如下：儒家145種，道家27種，兵家25種，法家29種，農家67種，可明顯反映盛行於秦漢的這些學派在清中葉的式微。墨、名、縱橫等所謂雜學、雜說後來一概稱為雜家，加之清代考據學、編纂學發達，叢箚、筆記之屬尤多，雜家遂成為子部第一大類，達352種。其他諸類，醫家261種，藝術195種，天文算法139種，譜錄113

〔註137〕續修四庫全書總目提要編纂委員會編：《續修四庫全書總目提要‧史部‧前言》，上海：上海古籍出版社，2014年，第1～4頁。

種，其餘小說家 74 種，宗教 73 種，術數 69 種，類書 50 種，西學譯著 18 種。

就作者時代論，各類之中明清兩朝占作者總數十之七八或更多，比例最大。以收書種數最多的三類來看，雜家類 352 種近 380 位作者（部分著作有多位作者）中，明清作者近 350 人；醫家類 261 種近 300 位作者中，明清作者達 240 人；藝術類 195 種近 190 位作者中，明清作者達 170 人。明清兩朝之中，有清一朝作者又多於明代一倍左右。

《續修四庫全書》子部的類別劃分、各類收書多寡和作者年代分佈，一定程度上反映出中國古典子學在明清和晚近的流變與學術史面貌。〔註138〕

子部多雜，內容涵蓋各個方面，特別是書畫、篆刻、棋弈、雜技、種植、養殖、天文、曆法、算法、醫書、命書等，非習得且精通者不能撰寫提要。撰稿者人數眾多，提要之間的差異性也較為明顯。

續修四庫全書總目提要・集部

續修四庫全書總目提要編纂委員會編，上海古籍出版社，2014 年。

總序、凡例見經部提要。集部主編謝思煒，撰稿者有九十九位，來自全國各大院校，皆為古代文學研究方向的知名學者。謝思煒先生在集部提要前言中對《續修四庫全書》集部進行了詳細介紹，有關於書籍數量的統計，有關於類目增設的介紹，有關於撰寫工作的事宜。略錄前二者信息如下：

《續修四庫全書》集部選錄圖書共計 1048 種，凡 22390 卷。其中楚辭類 14 種，凡 128 卷；別集類 621 種，凡 10979 卷；總集類 67 種，凡 6708 卷；詩文評類 79 種，凡 1309 卷；詞類 132 種，凡 1091 卷；曲類 61 種，凡 540 卷；戲劇類 44 種，凡 582 卷；小說類 30 種，凡 1053 卷。所涉及的著述者約一千一百餘人，其中明、清兩代的作者占到總數的百分之七十以上。以別集類為例，作者總計 702 人，明、清作者 500 人，超過總數的百分之七十。其中清代作者 342 人，在明、清兩代中又占將近百分之七十。從所收書的構成來看，其中

〔註138〕續修四庫全書總目提要編纂委員會編：《續修四庫全書總目提要・子部・前言》，上海：上海古籍出版社，2015 年，第 1 頁。

有《四庫全書》存目書 114 種、《四庫全書》未收 495 種、《四庫全書》成書後問世著述 421 種，三類合計 1030 種。餘下 18 種則屬於《四庫全書》雖已收而底本不同者。集部所收書的構成和比例情況也體現了《續修四庫全書》編纂「冀為中國傳統學術最後二百年之發展理清脈絡」的學術目標。

……

按照《全書》的總體安排，在子部設小說家類，依循舊例收錄近史、似子的雜事、異聞、瑣事、諧謔之屬；在集部設小說類，收錄故事體的傳奇、話本和通俗小說。不難看出，集部所設小說類實際上更接近於近現代文學中的小說概念。《四庫全書》編纂之時不收通俗小說，固然是囿於傳統，對這些作品頗為輕視，但確實也反映出它們很難被舊有的四部文獻所涵括這一事實。舊時創有「說部」一語，專指此類文獻，也說明人們對其特殊性早已有所覺察。因此，《續修四庫全書》沒有將這些作品放入子部小說家或其他類別，而在集部增設小說類，是充分考慮到這類文獻的特殊性，也可以說是不得不然之舉。之所以沿襲「小說」名目不改，是由於小說在近代學術中已成為通用語，其內涵也經過改造，與此類文獻完全對應，若換用其他概念，恐反滋清亂。

至於戲劇一類，傳統目錄學中原設有曲類或詞曲類，《續文獻通考》甚至著錄《西廂記》等戲曲作品（《四庫全書總目提要》對此曾頗致不滿）。近人編纂的圖書目錄也往往將雜劇、傳奇等附入曲類之中。不過，考慮到元以後的戲劇發展儘管在音樂和演唱方面與散曲有相當程度的關聯性，但畢竟已成為一種獨立的藝術形態，並且《續修四庫全書》要大量收入戲劇作品，並不只是簡單開列目錄，在文獻部類劃分上也必須更切合實際，因此有必要讓戲劇獨立出來。〔註 139〕

《續修四庫全書》集部提要是瞭解清乾隆之後集部文獻的重要資料，研究者可通過對提要的閱讀，瞭解清代乾隆以後中國文學發展史、思想史和學術史。需要指出的是，《續修四庫全書》收錄的明清文獻有限，要系統研究明清文學，不能僅依靠《續修四庫全書》。

〔註 139〕續修四庫全書總目提要編纂委員會編：《續修四庫全書總目提要・集部》，上海：上海古籍出版社，2014 年，第 1～2 頁。

續修四庫全書雜家類提要

司馬朝軍著，商務印書館，2013 年。

司馬朝軍先生主要研究方向為「四庫學」「文獻學」等，著有《〈四庫全書總目〉研究》《〈四庫全書總目〉編纂考》《〈四庫全書總目〉精華錄》《〈四庫全書〉與中國文化》《續修四庫全書雜家類提要》《〈經解入門〉整理與研究》《文獻辨偽學研究》《黃侃年譜》《國故新證》等。

此書為「珞珈國學叢書研究系列」之一，是教育部基地重大招標項目「古代類書的文化歷程」、國家社會科學基金重點項目「清代文人專題研究」、國家社會科學基金一般項目「文獻辨偽的集成與創新」的前期成果。書前有郭齊勇總序，序中介紹了武漢大學國學院的情況，並提出《珞珈國學叢書》分為兩個系列，一是教材系列，另一是研究系列。又有來新夏序，序稱：「朝軍之撰《續修四庫全書雜家類提要》乃受傅璇琮先生之邀，為《續修四庫全書》雜家類所收著述撰提要。該類所收各書，上下古今而以明清為重，即四庫漏收及四庫後之雜著，內容極為龐雜，凡雜學、雜考、雜說、雜品、雜纂等，無所不包。前人於撰《續修四庫全書雜家類提要》一事，曾有所關注。20 世紀 20 年代至 40 年代間，在日人主持下，中日學人曾與其事，分頭撰寫，單篇成文。合成以後，既欠溝通，又不劃一，致使書成眾手，無所統攝，僅存油印本稿。迨 20 世紀 70 年代，臺灣王雲五氏乃就日本京都大學人文科學研究所所藏油印本，由臺灣商務印書館印行《續修四庫全書提要》一書。1996 年，中國科學院圖書館羅琳等人即據館藏提要稿本 219 函，編成《續修四庫全書總目提要（稿本）》37 冊，另索引 1 冊，由齊魯書社影印出版。前二書未能遍加整理，分類編次，較為凌亂。今司馬朝軍在前人基礎上，分撰雜家類提要，逐一批閱，旁參他籍，每讀一書，輒遵向、歆遺規，成一提要，歷時三年始成，可稱辛勞。」又有傅璇琮序，稱此書有三大特點：其一，辨分類，提出「司馬朝軍同志的辨析，並不是對《續修四庫全書》子部雜家類的分類作全面的否定，而是促使人們對這方面的文獻整理進一步通盤考慮，使人們意識到文獻整理與研究有機的結合。這當是本書的學術特色」。其二，別真偽，指出「去偽存真，這既是本書的一大宗旨，也成為全書的一大亮點」。其三，明是非，謂「雜家中不乏有學問的思想家或有思想的學問家。司馬朝軍同志特別注意鉤稽他們有關人生哲學的格言警句，對諸多雜家的觀點做了拾遺補闕的工作」。來序、傅序均提及朝軍

先生準備編纂一部《雜家敘錄》。又有司馬朝軍「自題」一首，「三塗五苦誦詩騷，擬向空林運禿毫。汲井心情羞綆短，吞舟氣象喜潮高。鉤玄有法尖如隼，提要無方鈍似羔。自是雜家評不得，解牛莫忘覓鸞刀」。

是書主要內容為《續修四庫全書》雜家類 350 餘種著作提要，司馬朝軍對每種著作的著作者、內容要旨、主要觀點、學術價值、版本源流等加以記敘，間有考訂，充分吸收古今研究成果，窮搜博採，提要鉤玄。此書是一部提要工具書，是對《續修四庫全書》雜家類著作的一次全面系統的清理，有較高的學術價值。提要先列書名、卷數、朝代和作者，次簡述著者字號、履歷、事蹟等，次為書籍內容評述，最末著錄提要所據版本。

此書內容又見於《續修四庫全書總目提要・子部》（上海古籍出版社 2015年），文字並不完全相同，讀者可比勘閱讀。書後附錄作者詳細簡介，又後記一篇，述此書完成之艱辛。

續修四庫全書總目

中國科學院圖書館編，齊魯書社，1999 年。

1996 年，齊魯書社出版《續修四庫全書總目提要（稿本）》影印本，正文共三十七冊，另索引一冊，共計三十八冊。索引分為三部分：分類索引、書名索引、作者索引。1999 年，齊魯書社又將稿本的目錄索引部分以單冊出版，定名為《續修四庫全書總目》。

《續修四庫全書總目提要・經部》箋證

李士彪著，花木蘭文化出版社，2011 年。

是書收錄於潘美月、杜潔祥主編《古典文獻研究輯刊》第十三編第三冊，獨立書號，依舊單行本發行。作者李士彪先生 2002 年入復旦大學中國語言文學博士後流動站，從吳格先生進行《續修四庫全書總目提要》研究，撰成《〈續修四庫全書總目提要・經部〉箋證》。

《續修四庫全書總目提要》經部提要五千多種，李氏對經部進行箋證，主要做了考源溯流、拾遺補闕、糾謬正訛等工作。對所收書籍的作者生平、書籍版本、書中內容、主要觀點和學術傾向等也有辨證。體例大致是，首列書名、卷數，次列冊數、卷數，次列書籍版本，次列提要原文（或全文，或節略），次作箋證。書中主體內容應為箋證，通閱全書，箋證部分原始材料擇錄較多，

提供諸多信息。箋證文字多寡不一，有則多言無則少言。需要指出的是，《續修四庫全書總目提要》內容駁雜，經部提要撰寫出於眾手，雖有基本體例制定在前，但風格究非一致。對《續修四庫全書總目提要》進行箋證，也是一重要學術點。經學是中國學術的起點，傳承數千年而代代發覆，時遷事移，思想觀念也常出現變化。前代思想與後代思想碰撞所產生的經學觀點，常常不適用於當時的社會境況。儒家思想的統治方式，是皇權與儒學的相互妥協。所以，要對經部書籍進行箋證，不得不瞭解中國經學發展史。例如易學發展史、尚書學發展史、「詩經學」史、禮學史等，所以首先要做足經學提要之外的功課。以《詩經》為例，2003 年學苑出版社出版夏傳才、董治安主編《詩經要籍集成》，2015 年學苑出版社又有夏傳才、王長華《詩經要籍集成二編》，這是「詩經學」研究的重要史料。因此，經部的每一類均屬於「專學」，對「專學」的研究需要專門從事某項工作的人方能做到，所以經部提要的箋證其實難度相當大。從李著所做工作來看，文獻爬疏工作做了很多，頗見功力。對提要出現的舛誤也有所揭櫫，這是值得肯定的。若要繼續研究《續修四庫全書總目提要》經部，則應該梳理《續修四庫全書》收書範圍，再加之《四庫全書》《四庫全書存目叢書》《四庫禁燬書叢刊》等所收經部書，依據時代發展對經學文獻做一整體概觀。

而《續修四庫全書》收錄的是乾隆朝以後至清亡這一時期的著述，這一時期體現的是清代經學思想的集成、轉型、再塑以及發展，頗有研究的價值。李著對某部書進行文獻箋證，範圍雖小，但未有「一葉障目不見泰山」之感。《續修四庫全書》每一部經部書籍均有清朝時代印記，也有歷史積澱的影響，若以宏觀之視野考察，或更有意義。當然，這應該是另一個研究角度的問題了。再退一步講，《續修總目》每一篇提要之後均署有撰寫者名氏，而負責進行提要撰寫的學者，均有一定的學術積累和學術專長，這也將是重要的學術研究點之一。另者，李著或徵引清人、民國學者讀書志或筆記，或徵引書籍前序後跋，或分析提要中的學術觀點，也值得肯定。

續修四庫全書經・史・子・集部選目（稿本）

續修四庫全書編纂委員會編，經部選目，1995 年 10 月；史部選目，1996 年 11 月；子部選目，1998 年 3 月；集部選目，1999 年 3 月。

經、史、子、集四部每部開端統一錄有續修四庫全書編纂緣起，續修四庫全書凡例，續修四庫全書學術顧問、工作委員會、編纂委員會名單。

　　經部選目主要內容包括：續修四庫全書經部編纂工作總結，續修四庫全書經部類目表，續修四庫全書經部各類選目統計（各類種數和卷數統計、各類著作時代統計、各類補續《四庫全書》數量統計），續修四庫全書經部選目（易類、書類、詩類、禮類、樂類、春秋類、孝經類、四書類、群經總義類、小學類訓詁之屬、小學類文字之屬、小學類音韻之屬）。據續修四庫全書經部編纂工作總結知，1994 年 7 月 4 日《續修四庫全書》開始編纂。實際上，在這之前其實打算先編纂《四庫全書補編》，再編《四庫全書三編》，後來考慮到中國學術發展史的實際情況，為避免編纂出版上的脫節，並尋求全面、集中反映中國古代著述的整體風貌，對原來的方案進行了調整，將《四庫全書續編》與《四庫全書三編》進行了合併，定名為《續修四庫全書》。1994 年 8 月 3 日至 7 日，編委會全體會議在北京召開，主持討論了選錄範圍和編纂體例諸問題，確定了經部編纂工作的進程。之後進行意見徵求，編纂室將書面回覆意見編成《續修四庫全書徵求意見彙總》，經部共編發 22 輯，每輯 4～6 人不等，總計約 100 人次以上。編輯室又在《徵求意見彙總》的基礎上，重新摘編成《續修四庫全書徵求意見分類彙總》，以供專家對每條意見進行覆查，務求落實。1995 年 7 月 1 日經部選目大體上排定，10 月 19 日經部十類全部選目最後定稿。經部編纂工作取得了很多成績，上海、南京、復旦大學圖書館與北京的編委合作制定了《分冊目錄及輯封著錄條例》，使得《續修四庫全書》在目錄著錄上更加規範化。經部各類選目總計 1219 種，其中易類 222 種，書類 92 種，詩類 105 種，禮類 170 種，樂類 34 種，春秋類 131 種，孝經類 14 種，四書類 95 種，群經總義類 65 種，小學類 291 種。各類選目多寡不一，這正反映了各學科發展的不平衡。1219 種書目共分四大類：（一）《四庫全書》已收，但卻換用新版本的有 16 種；（二）《四庫全書》存目 165 種；（三）《四庫全書》應收而未收的有 205 種；（四）《四庫全書》編成以後行世的有 833 種。彙總指出經部編纂的經驗有五：（一）編委會與學術界緊密結合；（二）編委會與圖書館界緊密結合；（三）編委會與出版社緊密結合；（四）確定選目與撰寫提要緊密結合；（五）選錄標準要學術價值與版本價值緊密結合。其中第四、第五條，是《續修四庫全書》纂修過程中學術價值的重要體現之一。至於經部各類選目數量統計，對瞭解《續修四庫全書》經部架構有重要作用。需要指出的是，各類補續《四庫全書》的數量統計中，只羅列了統計數字，而無詳目，例如更換四庫版本中，只指出易類更換 5 種，書類更換 3 種等；四庫存目易類著錄 49 種，書類著錄

12 種等，諸如此類的數字則需要仔細比勘《四庫全書》與《續修四庫全書》，方能有所認知，進而全面系統完善地運用《續修四庫全書》。經部選目首列圖書及卷數，次列著者、輯者或編訂校注者，再列版本，最後列出藏書機構。在後記之中，編委會指出「把各類選目彙為一編，無非是想從總體上再一次徵求學術界的意見，趕在付印之前作最後的修訂」，如此一來「正式出版時書目或底本會與此稿有所不同」〔註140〕。如《周易鄭注》十二卷《敘錄》一卷，選目中提供的是國家圖書館分館、天津市圖書館、遼寧省圖書館藏清嘉慶二十四年蕭山陳氏刻湖海樓叢書本，定本《續修四庫全書》則選用復旦大學圖書館藏本。又如李贄《易因》二卷，選目中提供的是蘇州圖書館藏明萬曆二十八年陳邦泰刻本，而定本《續修四庫全書》影印的是「遼寧省圖書館藏清初毛氏汲古閣刻本」，題名也改為「《九正易因》不分卷」〔註141〕。

　　史部選目主要內容包括：續修四庫全書史部編纂工作總結、續修四庫全書史部類目表，續修四庫全書史部各類選目統計（各類種數和卷數統計、各類著作時代統計、各類補續《四庫全書》數量統計），續修四庫全書史部選目（正史類、別史類、編年類、紀事本末類、雜史類、史評類、詔令奏議類、傳記類、地理類、職官類、政書類、時令類、金石類、目錄類）。據史部編纂工作總結知：1995 年 11 月 25 日《續修四庫全書》編委會在天津召開工作會議，回顧經部編纂過程，對史部編纂工作提出設想。歷時一年，1996 年 11 月下旬史部選目最後確定。中國史籍最為繁複，《續修四庫全書》若要體現清代三百年史學發展的成績，至少在著錄體例上就要有所突破。為此，《續修四庫全書》將史部類目確定為正史、別史、編年、紀事本末、雜史、史評、詔令奏議、傳記、地理、職官、政書、時令、金石、目錄等十四類，各類下又分若干屬。與《四庫全書》相較，《續修四庫全書》取消了《四庫全書》原有的史鈔和載記，增加了金石類。對於十四個類目順序的確定，編委會也給出了調整的原因。史學家王鍾翰、蔡美彪、戴逸、田餘慶、張澤咸、陳高華、陳智超、陳祖武等人參與《續修四庫全書》史部類目的選定。而對於傳記類原擬有搢紳錄之屬、家傳之屬，但因記事簡略、品種冗雜，並限於全書篇幅而捨棄，這一決定是否合理尚需時間和實踐檢驗。《續修四庫全書》史部書籍編纂總結有這樣的結論：「不

〔註140〕續修四庫全書編纂委員會編：《續修四庫全書經部選目》（稿本），1995 年 10
　　　　月，第 195 頁。
〔註141〕復旦大學圖書館古籍部編：《四庫系列叢書目錄・索引》，上海：上海古籍出
　　　　版社，2007 年，第 162 頁。

少實例證明《四庫全書》的存目書本身的學術價值、史料價值實在不高，或者說大多是無用之書，這是我們在與各學科專家一道編纂《續修四庫全書》經部、史部選目時所得出的共同認識。」〔註142〕這一判斷是有所據，但所據為何，是否應以「無用之書」蓋棺，尚需斟酌。從1997年齊魯書社出版的《四庫全書存目叢書》來看，存目書的價值與此處所論頗為不合。在筆者看來，史料之鳳毛麟角經歷時間洗滌，流傳愈久，價值愈高，所謂價值高低，不能只看文獻價值、史料價值很高的著述，相反，私家著述、家族譜牒、手札信函等不成規模不成體系的史料，當是文獻家族的重要組成部分，不可小覷，更不容忽視。正如手中所購《續修四庫全書》經、史、子、集選目這種內部資料，體現的是學術進展過程。隨著時間推移，這些曾經作為草創階段的史料會逐漸消失，這對於後世瞭解《續修四庫全書》編纂歷史是一大損失。可以想見，後世通過隻言片語考證《續修四庫全書》成書過程，這些內部資料應該是不可或缺的。

　　子部選目主要內容包括：續修四庫全書子部編纂工作總結，續修四庫全書子部類目表，續修四庫全書子部各類選目統計（各類種數和卷數統計、各類著者時代統計、各類補續《四庫全書》數量統計），續修四庫全書子部選目（儒家類、道家類、兵家類、法家類、農家類、醫家類、天文算法類、術數類、藝術類、譜錄類、雜家類、類書類、小說家類、宗教類、西學譯著類）。據子部編纂工作總結所言，有這樣幾個時間點比較重要。1996年12月7日編委會邀請樓宇烈、倪其心、陳祖武、李零、王樹芬等先生商討子部收書問題，子部編纂提上日程。1997年1月11日至13日編委會在深圳舉辦會議，對子部編纂進行全面部署。1997年12月19日至20日周紹良、史樹青、戴逸、傅熹年、樓宇烈、金維諾、鍾肇鵬、閔宗殿、楊直民、陳祖武等對子部各類選目作了審慎的評議和訂補。後編委會結合專家意見進行研究，最終於1998年2月中旬將子部全部選目敲定。子部在四部之中最為繁雜，《續修四庫全書》在傳統目錄學的基礎上進行了繼承與革新，共設置十五個類目，即儒家類、道家類、兵家類、法家類、農家類、醫家類、天文算法類、術數類、藝術類、譜錄類、雜家類、類書類、小說家類、宗教類、西學譯著類。這與《四庫全書》十四類目，即儒家類、兵家類、法家類、農家類、醫家類、天文算法類、術數類、藝術類、譜錄類、雜家類、類書類、小說家類、釋家類、道家類不同。文中詳細闡述經、

〔註142〕續修四庫全書編纂委員會編：《續修四庫全書史部選目》（稿本），1996年11月，第30頁。

史、子、集四部分類在《四庫全書》《續修四庫全書》中的運用，又引入經、史、子、集、叢五部分類法（張之洞《書目答問》）的討論。又對釋家類、道家類進行思考，提出「宗教類」的類目。西學譯著類則是認識到西學輸入，中國學術發生變化的基礎上，與時俱進的一種思考。子部共著錄書籍 1586 種，較史部 1132 種為多。

集部選目主要內容包括：續修四庫全書集部編纂工作總結，續修四庫全書集部類目表，續修四庫全書集部各類選目統計（各類種數和卷數統計、各類著作時代統計、各類補續《四庫全書》數量統計），續修四庫全書集部選目（楚辭類、別集類、總集類、詩文評類、詞類、曲類、戲劇類、小說類）。據集部編纂工作總結稱，1998 年 2 月 28 日，文史專家陸峻嶺、曹道衡、倪其心、王學泰等討論楚辭類、別集類、總集類選目。4 月 11 日，戲曲類專家鄧紹基、顏長珂、吳書蔭等討論曲類、戲劇類選目。5 月 23 日和 6 月 20 日，詞學專家楊成凱等人討論詞類選目。8 月 29 日文史專家陳祖武、王學泰、尹恭弘等人討論了別集類明清別集之屬的選目。編委會又通過信函方式請教馮其庸、劉世德、戴逸、馬亞中等專家，9 月 19 日明清別集選目最後確定。12 月下旬，集部選目全部完成。關於《續修四庫全書》集部類目的學術問題，著重指出兩點，一是沿用《四庫全書》以《楚辭》為集部開端的成例；二是設置了小說類和戲劇類，補《四庫全書》之未備。集部共分八類，選錄書籍 1048 種，其中四庫未收書 495 種，四庫之後書 421 種，兩者之和占集部總數的 87%。

以上經、史、子、集四部選目，對瞭解《續修四庫全書》的纂修有重要價值。若再配合各種未見的《方案》《簡報》《意見彙總》等內部資料，或可更加全面地瞭解《續修四庫全書》這一宏偉工程。

續修四庫全書·四部珍版藏要

續修四庫全書工作委員會、上海古籍出版社編，線裝書局，2002 年版。

《續修四庫全書·四部珍版藏要》包括經部、史部、子部、集部、總目五卷，合計五冊。

《續修四庫全書·四部珍版藏要·總目》收錄宋木文序，《續修四庫全書》學術顧問，《續修四庫全書》工作委員會，《續修四庫全書》編纂委員會，《續修四庫全書》編纂緣起，《續修四庫全書》凡例，《續修四庫全書》總目錄，為《續修四庫全書》提供底本的圖書館名錄，《續修四庫全書》工作人員名錄。

《續修四庫全書‧四部珍版藏要》經史子集四部，每一本與《續修四庫全書》各部第一本內容一致。

古籍整理出版的宏偉工程──《續修四庫全書》

上海古籍出版社編，上海古籍出版社，2002 年。

據目錄，全書分十個主要部分：

一、「《四庫全書》到《續修四庫全書》」一文，詳細介紹了《續修四庫全書》始末。此文由續修四庫全書工作委員會、續修四庫全書編纂委員會、上海古籍出版社、深圳市南山區人民政府合撰，內多纂修《續修四庫全書》的高層機密之事。

《四庫全書》編成至今已逾二百年，從光緒中葉以來，數代專家學者和有識之士曾多次倡議續修《四庫全書》。光緒十五年（一八八九），翰林院編修王懿榮上書提議「重新開館，續纂前書」；此後，章梫、喻長霖、孫同康等也都有續修之議。一九一九，葉恭綽等赴歐洲考察回國，動議影印《四庫全書》，金梁復以為「書不易續，目則易修」，建議將「二百年來新出書籍」，「始存其目，以待後來」。二者皆因亂世未果。一九二四年，上海商務印書館計劃影印文淵閣《四庫全書》，以銷售贏餘「請海內通人，選擇四庫存目及未收書，刊為續編」。一九二八年，東方文化事業總委員會下屬的北平人文科學研究所，擬利用日本退還的庚子賠款將續修《四庫》之事列為課題，並開始購求古書。同年十二月十五日，當時兼任東北大學校長的張學良將軍，也曾提出「擬墊私財」對《四庫全書》進行影印、增補、續修的倡議。但因其時日軍逐步侵略我國東北、華北，時局動盪，續修之事也就逐漸停息，只有北平的一些中國學者為續修撰寫了相當一部分乾隆以後著述的提要，總算為近百年來未能實現的各種動議、各種籌劃留下來一些實績、一點見證。

續修《四庫全書》之所以必要，是因為隨著時代的發展，從乾隆中期以後至辛亥革命（一九一一）以前，中國學術又積聚了大量極為重要的成果。清中期的「乾嘉之學」是清代學術中最具特色的，在乾隆中期參與編纂《四庫全書》的一大批學問家，如紀曉嵐、戴震、姚鼐、翁方綱、彭元瑞、任大椿、孫希旦、王念孫等，都是乾嘉

學派中的重要人物，而他們的著作一種也沒有收入《全書》，這當然是由纂修體例所決定的；至於後來的王引之、段玉裁、朱駿聲、錢大昕等大家的論著，那就更是不可能在書中出現了。清後期，尤其在鴉片戰爭（一八四〇年）以後，文化學術因受國勢陵替的刺激和西方思想的衝擊而另闢新境，新思潮層出不窮，形成所謂「新學」；加上散失海外的古籍善本回歸本土，考古發掘使竹簡帛書重見天日，秘藏民間和以稿本形式流傳的優秀著作不斷面世。以上這些數量可觀的古籍，都還來不及進行系統整理。通過編纂、出版《續修四庫全書》，既可為《四庫全書》匡謬補缺，又能繼往開來，對清代乾嘉至辛亥革命以前的學術文化發展進行新的歸納總結。

續修《四庫全書》更有其現實的可能性。九十年代中期，我國社會安定，經濟發展，學術繁榮，已趨於空前的盛世，使續修《四庫全書》具備了最有利的社會環境。特別是黨中央、國務院非常重視和支持古籍的整理出版工作。一九八一年九月十七日，中共中央下達「關於整理我國古籍的指示」，指出「整理古籍是一件大事，要搞上百年」；同年十二月十日，國務院頒發「關於恢復古籍整理出版規劃小組的通知」，古籍整理研究及出版事業因之得到了飛躍的發展。至九十年代，一部由文化部主持、網羅國內各藏書單位珍藏善本的《中國古籍善本書目》的編成，以及在這部書目的編纂中，各圖書館的版本目錄學家對全國存世的古籍進行的全面普查，為編纂《續修四庫全書》在圖書情報方面提供了有利的條件。

一九九四年初，中國出版工作者協會多次邀請古籍研究和版本目錄專家以及有關人士，進行醞釀比較和反覆論證，最終提出了編纂《續修四庫全書》的方案。中國版協的此項創意和決策，得到作為主要投資方的深圳市南山區委、區政府的有力支持。上海古籍出版社是整理、出版古籍的專業出版社，八十年代末曾影印出版了文淵閣《四庫全書》，該社的加盟，使這套大書的編輯出版有了可靠的保證。

一九九四年七月四日，由中國出版工作者協會主持，在北京龍泉賓館召開有關各方參加的工作會議，討論《續修四庫全書》的整體面貌與框架、收書範圍與編選原則，確定了全書的編纂出版方

案。這次會議標誌著《續修四庫全書》的編纂、出版工作的正式啟動。

　　為了做好這項巨大的工程，成立了以原新聞出版署署長、中國出版工作者協會主席宋木文為主任，中國出版工作者協會副主席伍傑為常務副主任，由此項出版工程的投資方和各主要參與單位負責人組成的《續修四庫全書》工作委員會，對編纂、出版、發行、財務等工作負責統籌和協調；成立以顧廷龍、傅璇琮為主編，古籍版本專家李致忠為常務副主編的編纂委員會，負責全書的體例、選目、分類、徵求意見、定稿等工作；聘請張岱年、啟功、任繼愈、張政烺、程千帆、周紹良、饒宗頤、錢存訓、柳存仁、王振鵠、戴逸等二十八位著名學者為學術顧問，提供諮詢意見；聘請有關學科的專家擔任特約編委，參與各部類的編選工作。上海古籍出版社成立專門的編輯室，先後由兩任社長李國章和王興康直接指揮，全社各有關方面全力以赴，以保證編輯、出版、印刷質量。

　　《續修四庫全書》的收錄範圍包括：《四庫全書》遺漏、摒棄、禁燬，或列入《存目》而確有學術價值的圖書；《四庫全書》已收而版本殘劣，有善本足可替代的書籍；乾隆中期以後至辛亥革命以前各學術門類、流派的代表性著作；四庫館臣所輕視、所不收的戲曲、小說中確有文學價值的部分；新從海外訪回而合於本書選錄條件的古籍，以及新出土的卷帙成編的竹簡帛書。《續修四庫全書》總共收書五二一三種，比《四庫全書》增加百分之五十一。在編纂、出版過程中，曾向國家圖書館、上海圖書館、南京圖書館、天津圖書館、浙江圖書館等八十二家藏書單位借底本，每種入選圖書，均選取最佳版本影印，其中大量的宋元刻本、名家稿本，為四庫館臣所未能獲睹者，這是繼十八世紀清朝編修《四庫全書》後，又一次在全國範圍內對中國古典文獻進行大規模的清理與彙集。

　　一九九五年八月二十四日，《續修四庫全書》工委會、編委會在人民大會堂舉行出版座談會，隆重推出《續修四庫全書》經部易類四十冊。它的出版，受到海內外學者和圖書館界的關注和歡迎。

　　八年來，經過編纂、出版及各方面的共同努力，《續修四庫全書》這部有史以來最為龐大的百科性質的叢書勝利完成編纂出版工作。

　　《續修四庫全書》沿襲《四庫全書》體例，按經、史、子、集四部分類，用綠、紅、藍、赭四色裝飾封面，十六開本、精裝一八〇〇冊，分經部二六〇冊，史部六七〇冊，集部五〇〇冊，它與《四庫全書》配套，構築起一座中華基本典籍的大型書庫，中國古代即一九一一年以前的重要典籍，可大致齊備。這部巨型叢書的出版，對保存和弘揚祖國優秀傳統文化，必將產生深遠影響。能編纂、出版這部巨型叢書，是我們的光榮；能生活在有條件出版這部巨型叢書的安寧昌盛的時代，則是我們的幸運。

　　——續修四庫全書工作委員會、續修四庫全書編纂委員會、上海古籍出版社、深圳市南山區人民政府，二〇〇二年四月

　　此書收錄新聞出版署文件（新出圖〔1995〕145 號），係關於同意《續修四庫全書》《中國傳世藏書》列入國家「八五」重點圖書出版規劃的批覆，一九九五年二月八日。國家古籍整理規劃小組（國古發〔1995〕第 01 號）在新聞出版署之前，已經下發「關於編纂出版《續修四庫全書》的回覆」，全文云：「中國出版工作者協會：你會 1994 年 12 月 26 日的報告（《關於〈四庫全書補編〉、〈四庫全書三編〉合編改稱〈續修四庫全書〉的報告》）收悉。經研究，同意《續修四庫全書》在國家古籍整理出版規劃小組立項。1994 年 3 月 8 日，國古發〔1994〕第 2 號文已指出，這是一項規模巨大地文化建設工程，對於保存我國古代文化遺產，弘揚中華民族優秀的傳統文化，具有十分重要的意義。現在《續修四庫全書》的編纂出版工作既已展開，希望與全國學術界、出版界和圖書館界通力合作，集思廣益，圓滿完成編纂出版工作，為古籍整理研究事業提供有益的經驗。——國家古籍整理出版規劃小組 1995 年 1 月 22 日。」

　　一九九五年一月四日，《續修四庫全書》主編顧廷龍致國家古籍整理規劃小組組長匡亞明信函一封，信內容如下：「亞明先生大鑒：一九九二年春，全國古籍整理出版規劃會議時，忝為古籍小組顧問，實未能有所貢獻，至為慚惶。今者中國出版工作者協會主席宋木文同志等創議編纂《續修四庫全書》，此乃吾國古典文獻整理之一大偉績，亦為改革開放以來宏（弘）揚優秀傳統文化，促進學術研究之重大舉措。廷龍被推舉為全書主編，雖已年逾九十，亦當奮力，共襄盛業。吾公主持全國古籍整理、研究，德高望重，素所欽仰。今謹轉奉出版工作者協會函件以達左右，亟盼有以指導、扶持。並望先生擔任全書總監纂，祈請俯允，謹候冬祺。顧廷龍一九九五年一月四日。」當月二十二日，匡亞明

先生回函：「顧老廷龍先生大鑒：惠函及所附上海古籍出版社報載《續修四庫全書》報導等文件材料，敬悉。此一出版界宏偉工程，能在五年內陸續問世，其速度之快，將遠非清王朝以三代皇帝、歷時數十年，方克蕆事之《四庫全書》可比擬。現代學術科技飛速發展，無論在出版速度、質量，以至內容豐實上，均提供有利條件，並有宋木文、顧老諸先生及大批專家學者主持或參與共事。深信在黨中央、國務院關懷支持下，此宏偉工程定能圓滿完成。至於誠邀鄙人任全書總監纂一事，非常感激。但因最近連續兩次大病之後，體腦虛弱，實難勝任。為事業順利開展計，謹懇另請高明，感甚！幸甚！非工作上鄙人能服務者，定當盡力為之。關於《續修四庫全書》在規劃小組立項事，已電告傅璇琮秘書長，就近在京辦理。顧老高齡，時在隆冬，萬請顧老，勿勞來寧，實不敢當。至懇。不一一。專此敬祝春節愉快！萬事如意！匡亞明一九九五年一月二十二日。」

二、《本世紀古籍整理出版的巨大工程續修四庫全書編纂出版工作開展——宋木文、顧廷龍答記者問》一文，該文原刊載於《人民日報》一九九五年一月七日。文中問及三個問題：為什麼要編纂《續修四庫全書》；編纂「續修」這一巨大文化工程難度會是很大的，你們是怎樣下決心編纂的；《續修四庫全書》作為一項巨大古籍整理出版的文化工程，它究竟包括哪幾方面書籍。

三、《續修四庫全書》學術顧問名單：王世襄、王振鵠、王鍾翰、田餘慶、史念海、任繼愈、李學勤、周紹良、柳存仁、胡道靜、侯仁之、徐蘋芳、宿白、啟功、張岱年、張政烺、程千帆、傅熹年、湯志鈞、楊明照、樓宇烈、蔡美彪、劉乃和、劉起釪、錢存訓、錢仲聯、戴逸、饒宗頤。

四、《續修四庫全書》工作委員會名單：主任宋木文。副主任梁道行、伍傑、孫顒、杜克。委員王鶴鳴、文玄、伍傑、杜克、李國章、李鋒、宋木文、周和平、范振江、徐引篪、徐福生、高明光、孫顒、許邦、梁道行、傅璇琮、趙昌平、劉耀東、顧廷龍。

五、《續修四庫全書》編纂委員會名單：主編顧廷龍、傅璇琮。副主編李致忠（常務）、許逸民、王興康。委員王興康、水賚佑、李致忠、李國慶、李偉國、吳格、吳旭民、沈乃文、沈燮元、谷輝之、周玉山、宮愛東、徐小蠻、陳秉仁、崔建英、許逸民、章行、張力偉、陽海清、傅璇琮、齊運通、薛英、韓錫鐸、顧廷龍。經、史、子、集四部又有特約編纂委員，經部特約編纂委

員有：王文錦、王世舜、王煦華、朱伯崑、朱祖延、沈文倬、邵榮芬、修海林、洪湛侯、倪其心、陰法魯、曹道衡、黃錫全、馮蒸、張林川、張湧泉、張善文、褚斌傑、廖名春、劉起釪、錢玄。史部特邀編纂委員有：王世襄、王鍾翰、史念海、史金波、田餘慶、侯仁之、倪其心、徐蘋芳、陸峻嶺、陳公柔、陳智超、陳祖武、陳高華、宿白、張傳璽、張澤咸、鄒逸麟、蔡美彪、劉乃和、戴逸、龔延明。子部特邀編纂委員有：王世襄、王樹芬、王渝生、史樹青、白永波、李零、余瀛鰲、呼素華、金維諾、周紹良、胡道靜、修海林、郭書春、馬宗申、馬繼興、倪其心、陳祖武、程毅中、閔宗殿、傅熹年、楊直民、樓宇烈、薄樹人、戴逸、鍾肇鵬。集部特邀編纂委員有：王學泰、尹恭弘、吳書蔭、倪其心、陸峻嶺、陳祖武、馬泰來、曹道衡、馮其庸、楊成凱、鄧紹基、劉世德、戴逸、顏長珂。

六、續修四庫全書編纂緣起（作於一九九五年三月），此文與第一部分「從《四庫全書》到《續修四庫全書》」內容相近，惟情節稍詳。

七、續修四庫全書凡例。

（一）本書主要收錄清修《四庫全書》以後迄於清末的學術著述，收錄下限以成書年代計，大體止於民國元年（一九一二），冀為中國傳統學術最後二百年之發展理清脈絡。

（二）本書收錄範圍包括以下方面：（1）《四庫全書》失收（遺漏、摒棄、禁燬）而確有學術價值者；（2）《四庫全書》列入「存目」而確有學術價值者；（3）《四庫全書》已收而版本殘劣，有善本足可替代者；（4）《四庫全書》未及收入的乾嘉以來著述之重要者；（5）《四庫全書》所不收的戲曲、小說，取其有重要文學價值者；（6）新從域外訪回之漢籍而合於本書選錄條件者；（7）新出土的簡帛類古籍而卷帙成編者。在此七項之中第四項是全書重點。

（三）本書注重學術，凡屬一般性資料，如曆書、家譜、登科錄、鄉試錄、會試錄、縉紳錄之類，概不輯錄。兵書、志書及醫藥方劑之書，遴選從嚴。佛教典籍僅取中土著述之精者。敦煌遺書之零篇斷簡，凡未能成編者，悉從省略。

（四）本書於現存古籍，本博覽約取、去粗取精原則，首取其學術價值，次取其版本價值。入選各書皆選擇善本作影印底本。

（五）本書體例大抵仿照《四庫全書》，以經、史、子、集部分類編錄。凡部類分合有所增損時，則參考《中國古籍善本書目》《中國古籍總目》處理。

（六）本書不收跨部類之叢書，凡同一部類之書彙刻彙印為叢編者，俱按子目編入所屬部類。獨家撰述之全集，凡未以全集編入集部者，其子目諸書亦得入選所屬部類。總集所含子目諸書不再單列。

（七）本書各部類之編次，以作者時代先後為序。各朝作者之先後，以生卒及科第年代為準。凡無生卒及科第年代可考者，參照前代書目通則酌處。朝代更替時期人物，則依循成說而定。

（八）本書遵循《四庫全書》成例，為入選各書一一撰寫提要。各書提要及各部類小序總彙為《續修四庫全書總目提要》一書，另冊出版發行。其編撰細則詳見該書卷目。

（九）本書在所收各書之前，悉冠以書牌，說明所據底本刊刻年代，版框原有規格及底本現今藏所。

（一〇）本書每一分冊有分冊目錄。經、史、子、集各部出齊後，分別編制各部書名、著者總目索引，以便查檢。

八、續修四庫全書總目錄。按冊編排，每冊列出書目、著者及朝代。

九、為《續修四庫全書》提供底本的圖書館名錄。共計 82 家圖書館。

十、續修四庫全書工作人員名錄。包括編審：王興康、李祚唐、李國章、李偉國、李夢生、李劍雄、吳旭民、徐小蠻、高章采、章行、黃益元。編輯：王海根、李震宇、周小虹、府憲展、姜俊俊、袁嘯波、郭子建、凌皞、曹中孚、曹光甫、馮菊年、蔣維崧、劉景雲、顧美華。資料人員：水賚佑、朱關祥、陳德明。技術編輯：王建中、呂立強、朱天錫、孫瑞中、富強、趙志顯、蔣國瑛、戴弘、顧友傑。美術編輯：何暘、姜明。辦公室人員：高興國、張振啟、張靜山、龍輝。財務人員：王超、唐砥中、張立鵬、趙東鳴、潘人燕、姜慶、陳琳、焦妍、趙維怡、趙繼紅。發行人員：向賢菁、任佩炯、束元龍、鄒斌、褚惠鈞、欒天英。編務人員：呂珍、朱祥福、成芹、汪善斌、季承凱、孟鞋英、陳棟卿、徐音。

文瀾閣與《四庫全書》

顧志興著，杭州出版社，2004 年。

　　此書為「西湖全書」之一種。文瀾閣是清代乾隆間藏《四庫全書》之所。《四庫全書》共計七部，分別藏於北京宮內文淵閣、北京西郊圓明園內的文源閣、奉天故宮的文溯閣、熱河避暑山莊的文津閣，此為北四閣，又叫內廷四閣。另三部分別藏於鎮江金山寺的文宗閣、揚州大觀園的文匯閣、杭州西湖聖因寺的文瀾閣，此為南三閣，也叫江浙三閣。這其中，最具有傳奇色彩的就是文瀾閣。

　　江浙三閣中，文宗閣、文匯閣燬於太平天國戰火。咸豐十一年（1861）十一月太平軍第二次攻克杭州時，當地流民趁火打劫，搶出後散於市上。杭州藏書家丁丙、丁申兄弟大力收購，並進行第一次補鈔，仍將書送回文瀾閣。進入民國後，錢恂進行第二次補鈔，此次補鈔始於民國四年（1915），終於民國十二年（1923），歷史八年之久。因民國四年係乙卯年，故稱此次補鈔為「乙卯補鈔」。後張宗祥主持文瀾閣《四庫全書》補鈔工作，此為第三次補鈔。始於民國十二年（1923），終於民國十三年（1924），因民國十二年為癸亥年，因稱此次為「癸亥補鈔」。這三次補鈔均有文獻記載，眾多史料尚待挖掘。顧志興先生的《文瀾閣與〈四庫全書〉》一書，集史料與文獻，用通俗兼學術之語對文瀾閣《四庫全書》進行了研究，這是一個很好的嘗試。書中有大量珍貴圖片，可以使讀者直觀瞭解文瀾閣《四庫全書》。

　　全書從「建閣文瀾，庫書入藏」肇端，至「欣逢盛世，珍護庫書」結束，分七個部分詳細論述了文瀾閣《四庫全書》的前世今生。此書圖文並茂，可讀性強，亦不乏學術性。再參《文瀾閣四庫全書史》一書敘錄。

文瀾閣四庫全書史

　　顧志興著，杭州出版社，2018年。

　　此書係2004年《文瀾閣與〈四庫全書〉》的修訂增補本，加入了十幾年的研究成果，並就文瀾閣《四庫全書》整理過程進行了補述，書名更為《文瀾閣四庫全書史》。此書前有尚佐文序，序中介紹了顧志興先生在文瀾閣《四庫全書》方面的研究，並對《文瀾閣與〈四庫全書〉》和《文瀾閣四庫全書史》兩書的淵源進行了介紹。

　　全書分為六章內容：第一章，乾隆皇帝的重大文化工程纂修《四庫全書》；第二章，四庫編纂成書，浙江貢獻巨大；第三章，文瀾閣的建成和庫書入藏，為江南士子提供了一個大型的公共圖書館；第四章，咸豐兵禍，閣燬書散，浙

人奮起，重建書閣補鈔庫書；第五章，民國時期文瀾閣《四庫全書》的補鈔和抗戰中的西遷；第六章，中華人民共和國時期庫書的保護和重印。是書對浙江獻書、藏書家事蹟有較為詳細的介紹，如鮑士恭、汪啟淑、吳玉墀、孫仰曾、汪汝瑮、趙昱、趙信、朱彝尊、范懋柱、盧址、鄭大節等。作者將上述藏書家的私印進行了部分彙集，印章與釋文並存，對研究四庫底本源流有重要參考作用。鮑廷博藏書印三枚「老屋三間賜書萬卷」「鮑以文藏書記」「知不足齋藏書」；汪啟淑藏書印三枚「開萬樓藏書印」「啟淑私印」；吳焯、吳玉墀藏書印三枚「吳焯字尺鳧印」「瓶花齋」「吳玉犀印」；汪憲、汪汝瑮的振綺堂藏書印兩枚「振綺堂兵燹後收藏書」「汪魚亭藏閱書」；「趙氏」二林小山堂藏書印兩枚「小山堂」「小山堂書畫印」；盧址抱經樓藏書印兩枚「抱經樓」「四明盧氏抱經樓藏書印」。書中穿插書影，有一些是四庫進呈本或四庫底本，這得益於作者與浙江省圖書館的合作。如四庫底本書影《胡澹庵先生文集》〔註143〕，孫仰曾進呈的《琬琰集》，後發還本人，書後封底鈐有木戳「乾隆三十八年十一月浙江巡撫三寶送到孫仰曾家藏琬琰集壹部計書拾陸本」。對浙江籍的四庫館臣王際華、汪如藻、陸費墀、祝德麟、邵晉涵、吳壽昌、金甡等人的獻書或修書工作有所考察。關於浙本《總目》的介紹較為詳實，中華書局影印本《總目》即是根據浙本影印，傅璇琮、陳乃乾均參與此書整理事宜。

此書輯錄江南名儒學者入文瀾閣鈔書之事，汪中、孫星衍、阮元、劉鳳誥、朱緒曾、陳奐、胡培翬、謝啟昆、張金吾、錢熙祚、錢泰吉、陸心源、孫衣言、吳騫、陳文述、馬浮、張壽鏞、端木或等人皆曾入閣觀書、鈔書。

關於文瀾閣補鈔之事是此書的重點，也是學術性最強的部分，然限於書之體例，史料出處多省去。第一次補鈔，丁丙所為，自光緒八年（1882）五月至十四年（1888）十一月，前後歷時約七年。顧著對協助補鈔的藏書家的背景材料予以披露，對參與補鈔庫書的 30 人事蹟予以輯錄，頗有助於歷史還原。第二次補鈔，錢恂所為，民國四年（1915）開始，十二年（1923）結束，前後歷時八年。因民國四年為乙卯年，而錢恂主持補鈔的庫書左下魚尾處鈐有「乙卯補鈔」，因此第二次補鈔亦稱「乙卯補鈔」。第三次補鈔，張宗祥所為，始於民國十二年（1923），終於十三年（1924）。民國十二年為癸亥年，同樣，鈔本左下魚尾處有「癸亥補鈔」紅字，因而此次補鈔又稱「癸亥補鈔」。經過三次補鈔，文瀾閣《四庫全書》「稱全」。

〔註143〕顧志興：《文瀾閣四庫全書史》，杭州：杭州出版社，2018 年，第 34 頁。

關於抗戰時期，文瀾閣《四庫全書》播遷西南之事，顧書介紹亦詳。此書是瞭解文瀾閣《四庫全書》前世今生的重要著作，雖然很多問題還有待研究或證實，但迄今為止，此書確是介紹文瀾閣《四庫全書》的實力之作。

有關文瀾閣《四庫全書》研究的史料，有周慶雲《補鈔文瀾閣四庫缺簡記錄》〔註144〕，毛春翔《文瀾閣四庫全書戰時播遷紀略》〔註145〕，張宗祥《補鈔文瀾閣四庫全書史實》〔註146〕等。

文瀾閣《四庫全書》密藏貴陽檔案輯錄

貴州省圖書館、中國第二歷史檔案館、貴州省圖書館學會編，貴州人民出版社，2018年。

文瀾閣庫書西遷一事的相關檔案散藏於中國第二歷史檔案館、貴州省圖書館、浙江省圖書館、貴州大學圖書館、貴州省檔案館等單位〔註147〕，私家記載則見於陳訓慈、竺可楨二人日記。這尚屬不完全統計。自一九三七年八月至一九四六年七月，文瀾閣《四庫全書》經歷了九年時間重回杭州，這段歷史足以在中華文化保護史上留下厚重的一筆。今從日記和檔案入手，揭櫫諸多細節，勾勒抗戰時期多方力量守護文瀾閣庫書的傳奇歷史。

今中國第二歷史檔案館、貴州省圖書館等所藏檔案，見證了文瀾閣《四庫全書》遷往貴州複雜而艱險的過程。貴州省圖書館藏文瀾閣《四庫全書》檔案始於一九三八年三月十八日，止於一九四五年五月十五日。第二歷史檔案館亦藏有部分檔案，為貴省圖所未見。貴州大學檔案館則存有當時貴大傳鈔《四庫全書》的相關文件，亦彌足珍貴。以上史料形成了一個完整的關係鏈，系統揭示了文瀾閣《四庫全書》在黔秘藏之諸多情形。需要著重說明的是，庫書抵達貴陽後，日軍轟炸加劇，為防不虞，儲藏之所不斷變更。現依據檔案，將庫書在貴州遷移情況作一簡述。一九三八年四月三十日庫書抵達貴陽，首先藏於貴州省立圖書館一間平房內。之後，貴陽遭受空襲，為保庫書安全，九月二十八日黔省圖將庫書移至威清門外張家祠堂內儲藏。「（民國）二十八年二月四日，

〔註144〕周慶雲：《補鈔文瀾閣四庫缺簡記錄》，民國15年（1926）。
〔註145〕毛春翔：《文瀾閣四庫全書戰時播遷紀略》，《圖書展望》，1947年第3期。
〔註146〕張宗祥：《補鈔文瀾閣四庫全書史實》，《光明日報》，1961年10月23日。
〔註147〕按，貴州省圖書館檔案，「編號二2，題名《代管〈四庫全書〉書庫建築及經費開支》，正文257頁，附錄16頁」，共計273頁檔案。中國第二歷史檔案館所藏檔案，全宗號5。

敵機十八架襲擊貴陽，自城南開始投彈，至城中心，彈盡，逸去，燬建築物無數，死人數千，張家祠堂在西郊，幸免於難」（毛春翔語）。慮及此情，一九三九年四月八日不得不將庫書再次轉移，秘密遷往鹿衝關的地母洞中。文瀾閣庫書在地母洞儲藏至一九四四年十二月十八日，後運往重慶青木關，由教育部直接管理。抗戰勝利後，庫書於一九四六年五月十五日自重慶起運，七月五日抵達杭州。

　　厚重的檔案及鮮活的日記，將抗戰時期文瀾閣《四庫全書》遷黔一事完整地呈現出來。這長達九年的時間線條，竟完好地保存於檔案和日記之中，亦是難得的奇蹟。在中華文化保護史上，各界人士為守護文瀾閣《四庫全書》付出的努力也將永載史冊。拙稿《抗戰時期守護文瀾閣〈四庫全書〉檔案編年輯考》即對此書的釋讀、編年、箋證。

文宗書韻：文宗閣與《四庫全書》

　　徐蘇著，鎮江金山風景區編，江蘇大學出版社，2011 年。

　　全書分兩章內容，一為文宗閣與《四庫全書》，二為《四庫全書》與鎮江城。書中既有嚴謹的考證，也有類似文學作品的描述。史料文獻與歷史故事結合，筆法輕盈流暢，欲瞭解文宗閣者可從此書入手。另，書中有「珍貴的四庫底本」「幸存的四庫禁書」兩段論述，史料價值很高。提到《夷齊志》（《清節廟志》）一書，書頁上有「翰林院印」滿漢文大方印，但不知是否確為四庫底本，抑或只是四庫進呈本。又有《忠節錄》一書，係四庫進呈本；《嘉靖倭亂備鈔》係清乾隆間翰林院鈔本，亦即四庫館臣從《永樂大典》輯佚出的本子。這一殘本的價值很大，或可做深入研究。書中「幸存的四庫禁書」一段，提到了鎮江所藏的四庫禁燬書《古今全史》，頗有文獻價值。學者可按圖索驥，尋書研究。

　　文宗閣留下的史料甚少，研究文宗閣者，或可先讀此書瞭解基本概況。

文宗閣暨《四庫全書》與鎮江學術研討會論文集

　　鎮江市歷史文化名城研究會，鎮江市園林管理局主編，江蘇大學出版社，2012 年版。

　　此書收錄論文十八篇，文宗閣復建綜述五篇，共計二十三篇文章。鎮江文宗閣乾隆四十四年（1779）建成，咸豐三年（1853）燬於太平天國戰火，文宗閣存續七十五年。在《四庫全書》藏書史上，「文宗閣」也存在著各種謎團，

其中包括「文宗閣題名之謎」，其他六閣文瀾、文匯、文淵、文津、文源、文溯皆有「水」旁，為何文宗閣獨無。徐蘇的《文宗閣考略》一文提出了一些見解。文宗閣存世文獻不多，加之藏書燬於火燹，蕩然無存，因此是書中所收論文較少能夠發現新的史料。

四庫全書研究

孫彥，王姿怡，李曉明選編，國家圖書館出版社，2010 年。

此書係「民國期刊資料分類彙編」叢書之一種。書前出版說明稱是書「彙輯民國時期三十餘種期刊中有關《四庫全書》的文章七十多篇，按照文章內容，分為綜述、七閣、總目提要、影印等四部分編排，影印出版」。此書定價較高，發行數量又少，今將收文目錄分列於下，以備查考：

上冊・綜述 17 篇：（1）《四庫全纂修考跋》（《東方雜誌》一九二四年二十一卷第九號）；（2）《四庫全書述略》（《小說月報》一九二五年十六卷第十二期；（3）《四庫分類法之研究》（《圖書館學季刊》一九二六年第一卷第三期）；（4）《四庫全書一瞥記》（《東北文化月報》一九二八年八月）；（5）《四庫全書編纂與其環境》（《文字同盟》一九二八年第十五號）；（6）《四庫全書史表》（《浙江省立圖書館月刊》一九三二年第一卷第三期）；（7）《四庫全書之歷史》（《女師學院期刊》一九三三年第一期）；（8）《從莊氏史案說到四庫全書》（《中央時事週報》一九三三年第二卷第三十八期）；（9）《清四庫全書平議》（《金陵學報》一九三三年第一卷第二期）；（10）《四庫全書大典本別集補詞》（《國風半月刊》一九三三年第三卷九期）；（11）《從學者作用上估計四庫全書之價值》（《國立北平圖書館館刊》一九三三年第七卷第五號）；（12）《清高宗之禁燬書籍》（《國立北平圖書館館刊》一九三三年第七卷第五號）；（13）《四庫全書中永樂大典輯本之缺點》（《國立北平圖書館館刊》一九三三年第七卷第五號）；（14）《書于文襄論四庫全書手札後》（《國立北平圖書館館刊》一九三三年第七卷第五號）；（15）《四庫全書之編輯及其功罪論》（《民治月刊》一九三八年第二十二期）；（16）《乾隆修書與清代學術之影響》（《再建旬刊》一九四〇年第一卷第十六期）；（17）《乾隆禁燬書籍考》（《協大學報》一九四九年第一期）。

七閣 17 篇：（1）《文淵閣四庫全書缺本之發見》（《現代評論》一九二五年第十七期）；（2）《文溯閣四庫全書運奉記》（《圖書館學季刊》一九二六年第一卷第一期）；（3）《補鈔文瀾閣四庫闕簡記錄記》（《文字同盟》一九二七年第五

號）；（4）《文津閣四庫全書冊數頁數表》（《文字同盟》一九二八第十五號）；
（5）《丁氏鈔補文瀾閣四庫全書闕簡追紀》（《浙江省立圖書館月刊》一九三二
年第一卷第二期）；（6）《丁氏興覆文瀾閣書紀》（《浙江省立圖書館月刊》一九
三二年第一卷第七、八期合刊）；（7）《文瀾閣四庫全書史表》（《浙江省立圖書
館月刊》一九三二年第一卷第七、八期合刊）；（8）《宛委別藏現存書目及其板
本》（《圖書館學季刊》一九三二年第六卷第二期）；（9）《七閣四庫成書之次第
及其異同》（《國立北平圖書館館刊》一九三三年第七卷第五號）；（10）《關於
文溯閣四庫全書舊檔史料（一）（偽滿）》（《國立奉天圖書館季刊》一九三四
年第一期）；（11）《西湖文瀾閣規制徵故》（《浙江省立圖書館館刊》一九三四
年第三卷第二期）；（12）《文瀾閣四庫全書史稿》（《文瀾學報》一九三五年第
一期）；（13）《浙江文瀾閣賦》（《文瀾學報》一九三五年第一期）；（14）《文
淵閣藏書全景後記》（《圖書館學季刊》一九三六年第十卷第二期）；（15）《覆
勘文淵文源二閣所貯四庫全書檔（乾隆五十二年五月）》（《文獻叢編》一九三
七年第二十六卷第三期）；（16）《文溯閣四庫全書要略及索引》（一九三八年）；
（17）《文瀾閣四庫全書戰時播遷紀略》（《圖書展望（復刊）》一九四七年第
三期）。

　　下冊·總目提要 17 篇：（1）《四庫提要校訂》（《亞洲學術雜誌》一九二二
年第四期）；（2）《孤本四庫全書薈要之發見》（《中華圖書館協會會報》一九二
五年第一卷第一期）；（3）《四庫全書總目索引評》（《圖書館學季刊》一九二六
年第一卷第四期）；（4）《四庫總目索引與四庫撰人錄》（《輔仁學誌》一九二八
年第一卷第一期）；（5）《四庫總目韻編勘誤》（《輔仁學誌》一九三〇年第二卷
第一期）；（6）《評四庫總目史部目錄類及子部雜家類》（《文華圖書館專科學校
季刊》一九三〇年第二卷第一期）；（7）《文瀾閣目索引序》（《燕大月刊》一九
三〇年第二期第六卷）；（8）《四庫全書詞曲類提要校議》（《中國文學會集刊》
一九三三年第一期）；（9）《四庫全書目錄板本考》（《圖書館學季刊》一九三三
年第七卷第一——四期，一九三四年八卷第一——四期，一九三五年第九卷第
一、三、四期，第十卷第二——四期，《金陵學報》一九三三年第三卷第二期）；
（10）《四庫提要中之周亮工》（《文獻論叢》一九三六年第十期）；（11）《四庫
全書目錄類小序注》（《教育學報》一九四一年第八期）；（12）《四庫提要〈宣
室志〉考證》（《輔仁學誌》一九四一年第十卷第一、二期合刊）；（13）《記四
庫提要辨證》（《志學》一九四四年第一五期）；（14）《四庫提要之正統觀念》

（《國立女子師範學院學術集刊》一九四五年第一期）；（15）《四庫提要與〈宋史·藝文志〉之關係》（《圖書季刊》一九四六年新第七卷第三、四期合刊）；（16）《四庫全書簡明目錄箋迻》（《浙江學報》一九四七年第一卷第一期）；（17）《四庫提要之論西學》（《上智編譯館館刊》一九四八年第三卷第一期）。

　　影印24篇：（1）《影印四庫全書之經過》（《圖書館學季刊》一九二六年第一卷第一期）；（2）《景印四庫全書原本提要緣起》（《中華圖書館協會會報》一九二七年第三卷第三期）；（3）《景印四庫全書原本提要緣起》（《文字同盟》一九二七年第十一號）；（4）《影印四庫全書之經過》（《圖書評論》一九三二年第二卷第二期）；（5）《選印四庫全書平議》（《國風半月刊》一九三三年第三卷第四期）；（6）《影印四庫全書之諸家意見》（《廣州大學圖書館季刊》一九三三年第一卷第二期）；（7）《影印四庫全書往來箋》（《青鶴》一九三三年第一卷第二十期）；（8）《選印四庫全書平議》（《青鶴》一九三三年第一卷第二十二期）；（9）《關於影印四庫全書之管見》（《浙江省立圖書館館刊》一九三三年第二卷第四期）；（10）《最近景印四庫全書三種草目比較表》（《浙江省立圖書館館刊》一九三三年第二卷第五期）；（11）《選印四庫全書目錄》（《浙江省立圖書館館刊》一九三三年第二卷第六期）；（12）至（17）《選印四庫全書問題專號》（《國風半月刊》一九三三年第三卷第六期）之《選印四庫秘書擬目》《致教育部函、復傅沅叔函》《編訂四庫全書未刊珍本目錄委員會油印四庫孤本叢刊擬目》《袁同禮致時代公論記者書》《對於影印四庫全書輿論之評議》《簽注景印四庫全書未刊本草目》六篇；（18）《答君羽先生「對於四庫全書輿論之評議的讀後感」》（《國風半月刊》一九三三年第三卷第十期）；（19）《景印四庫全書罕傳本擬目》（《國立北平圖書館館刊》一九三三年第七卷第五號）；（20）《景印四庫全書未刊本草目》（《國立北平圖書館館刊》一九三三年第七卷第五號）；（21）《四庫孤本叢刊目錄》（《國立北平圖書館館刊》一九三三年第七卷第五號）；（22）《四庫全書珍本初集目錄》（《國立北平圖書館館刊》一九三三年第七卷第五號）；（23）《選印四庫全書問題文獻目錄》（《國立北平圖書館館刊》一九三三年第七卷第五號）；（24）《影印四庫全書目錄》（《青鶴》一九三四年第二卷第四期）。

　　全書所選印的論文，對研究二十世紀二三十年代「四庫學」發展有重要意義。部分史料至今還被學者引用，陳垣《書于文襄論四庫全書手札後》，葉啟勳《四庫全書目錄板本考》等學術價值極高。

四庫全書研究文集

甘肅省圖書館編，敦煌文藝出版社，2005 年。

此書為論文彙編，上編《四庫全書》的纂修與概述，收錄陳垣、任繼愈等人論文 37 篇；中編《四庫全書》的庋藏與流傳，收錄乾隆《御製文源閣記》等文 15 篇；下編《四庫全書》的目錄與版本，收錄夏承燾、余嘉錫等人論文 24 篇。書前有任繼愈序，易雪梅序。

四庫全書研究文集──2005 年四庫全書研討會文選

甘肅省圖書館、甘肅省四庫全書研究會編，敦煌文藝出版社，2006 年。

此書為論文彙編，共分四編。一編為《四庫全書總目》研究，收錄杜澤遜等人論文 22 篇；二編《四庫全書》文化研究，收錄來新夏等人論文 15 篇；三編《四庫全書》版本研究，收錄白莉蓉、周新鳳等人論文 14 篇；四編文溯閣《四庫全書》收錄趙逵夫《蘭州文瀾閣〈四庫全書〉藏書館記》等 6 文。書前有李致忠弁言，郭向東序。附錄《〈四庫全書〉大事年表》等 4 文。

四庫全書研究文集（2006～2015）

甘肅省圖書館、甘肅省四庫全書研究會編，甘肅人民出版社，2016 年。

此書為論文彙編，共分七個主題。第一為四庫學研究，收錄論文 8 篇；第二為四庫全書館研究，收錄論文 6 篇；第三為藏書閣建築考，收錄論文 9 篇；第四為七閣研究，收錄論文 20 篇；第五為人物考論，收錄論文 12 篇；第六為《四庫全書總目》及書前提要研究，收錄論文 12 篇；第七為四庫底本、進呈本研究，收錄論文 14 篇。書前有郭向東序，稱「2012 年，甘肅省《四庫全書》研究會面向全國各地（含港澳臺）及海外專家學者徵文，得到海峽兩岸《四庫全書》研究者的響應和支持，收到專業論文 23 篇。同時，研究會甄選出 2006 年至 2015 年及部分以前發表具有典型代表性文章 80 餘篇，編成《四庫全書研究文集》第三輯。論文涉及四庫學理論研究、四庫全書館研究、藏書館建築考、七閣研究、人物考論、四庫全書總論及書前提要研究、四庫底本及進呈本研究。我們期望通過論文集推薦給廣大學者一些富有建樹的學術觀點，起到『窺一斑而知全豹』的作用，為檢索與研究提供便利和幫助」〔註 148〕。

〔註 148〕 甘肅省圖書館、甘肅省四庫全書研究會編：《四庫全書研究文集（2006～2015）・序》，蘭州：甘肅人民出版社，2016 年，第 3 頁。

四庫全書研究——中國首屆《四庫全書》學術研討會論文集

海南大學中國四庫學研究中心編，1994 年。

海南大學中國四庫學研究中心 1993 年成立，並於當年 12 月舉行首屆《四庫全書》學術研討會。此次會議成為「四庫學」研究史上較為重要的會議，之後「四庫學」研究機構陸續建立。此次論文集共收錄論文 44 篇，附錄材料 3 篇。目錄如下：

劉乃和《〈四庫全書研討會論文集〉序——要充分利用〈四庫〉和〈薈要〉》《陳垣對研究〈四庫全書〉的貢獻》，周偉民《〈四庫全書〉乃乾隆皇帝建立清王朝文化典律說》，毛毓松《乾隆「稽古右文」與〈四庫全書〉的編成》，陳祖武《論〈四庫全書〉的編纂》，楊宗禹《論〈四庫全書〉編纂的歷史評價》，賀忠輝《略論〈四庫全書〉的作用與價值》，黃愛平《翰林院〈四庫全書〉底本考述》，王懿之《關於纂修〈四庫全書〉的幾個問題》，陳紹棣《文源閣與〈四庫全書〉》，肖夢龍《鎮江金山寺文宗閣藏〈四庫全書〉始末》，鄭麥《〈永樂大典〉與〈四庫全書〉》，馮天瑜《明清類書叢書編纂述評》，徐有富《辦理〈四庫全書〉組織管理工作述要》，張新民《論〈四庫全書總目〉的學術批評方法》，周積明《〈四庫全書總目〉研究方法論》，徐國定、林巨興《略論〈四庫全書〉研究方法》，姚偉鈞《中國古代目錄學的里程碑——〈四庫全書總目〉》，王西梅《研究〈四庫全書總目提要〉，編寫〈新中國教育書錄〉》，吳以寧、顧吉辰《〈四庫全書總目提要〉新撰構想》，華世銚《略評〈四庫全書總目〉及其〈提要〉》，黃懷信《新撰〈四庫全書總目〉提要三則》，曹永年《〈四庫全書〉史部所輯〈永樂大典〉書述略》，陳國強《〈四庫全書·史部〉關於臺灣高山族的記述》，張承宗《利用〈四庫全書〉，深化魏晉南北朝史研究》，張大可《中國古代史籍與〈四庫全書〉史部目錄》，程喜霖《論〈四庫全書〉史部對研究歷史的意義》，李爾鋼《論〈四庫總目提要〉的辭典學意義》，劉世俊《言簡意賅的傳統訓詁小結——評〈四庫全書總目·經部總敘〉》，李家驤《〈四庫全書〉中的文藝起源論》，唐玲玲《論〈四庫全書〉關於詞的典籍著錄的思想軌跡》，胡大雷《〈四庫全書〉的小說分類與小說觀念》，謝志寧《〈四庫全書〉中清代西北史籍概述》，黃淑美《對〈四庫全書總目〉中集中古農書的辨證》，周生春《〈四庫提要〉史部地理類補正》，李裕民《〈四庫全書〉方志提要訂誤》，李泉《〈四庫全書〉校勘續修瑣議》，呂名中《〈嶺表錄異〉所反映的漢越民族文化上的可貴貢獻》，呂一燃《關於西域回回炮東傳的研究》，王煒民《從〈四庫全書〉看

焦竑》，牛春生《編修〈四庫全書〉重要學者述略》，寸崇德《〈四庫全書〉總纂官之一——紀昀》，陳志明《浙江省的〈四庫全書〉研究》，黃志輝《〈四庫全書〉對開拓地方文史研究的重大作用》。

這其中不乏後來在「四庫學」領域出類拔萃者，黃愛平、徐有富、周積明、李裕民等均是「四庫學」研究大家。附錄之中有大會秘書處所撰《〈四庫全書〉首屆學術研討會簡報》《〈四庫全書〉首屆學術研討會創議書》，但後來海南大學四庫學研究中心並未有學術活動，這或許與人才梯隊未形成有關。

四庫全書研究——海南大學學報增刊

此為海南大學（社會科學版）增刊《四庫全書研究專輯》，海南大學中國四庫全書研究中心，海南大學學報編輯處編，1992 年。

此書收錄「四庫學」論文 21 篇，分四庫學論壇、開發與利用、古籍專論、學術爭鳴、四庫春秋、哲學園地、心得劄記等主題專欄。顧吉辰《乾隆編纂〈四庫全書〉述論》，王瑞明《〈四庫全書〉編纂方法初探》，熊鐵基《略談〈四庫全書總目〉的子部雜家類》，杜華平《論〈四庫全書總目〉集部〈提要〉》，王酉梅《論〈四庫全書〉與清代官府圖書館之研究》，朱傑人《〈四庫全書〉與〈詩經〉研究》，朱仲玉《評四庫全書對明代史學的偏見》，王諾臣《〈四庫全書〉館江西採進書與禁燬書》等論文有一定的學術價值。此專輯部分論文參考文獻缺失，史料來源難以得窺，特別是王諾臣《〈四庫全書〉館江西採進書與禁燬書》一文，並未將江西省採進書的文獻來源介紹清楚，難知其所據。

薪與火的傳承——紀曉嵐與《四庫全書》

《紀曉嵐全集》編纂委員會，韓金國、何香久、魏新民選編，中國文聯出版社，2000 年。

此書的編選者意將「紀學」「四庫學」進一步向前推進，收錄研究紀昀與《四庫全書》論文十六篇。包括仰彌《關於紀文達——為公著〈四庫全書總目提要〉成書百六十年作》（原載《中和月刊》第二卷第六期 1931 年 6 月），紀果庵《談紀文達公》，路拴洪《紀昀與〈四庫全書〉》（原刊於《河北師範大學學報》1984 年第 3 期），陳垣《四庫抽燬書原委》（此文見於 1931 年王重民編《四庫抽燬書提要稿》，1982 年《陳垣學術論文集·第二集》，1993 年臺灣新文豐出版社《陳援菴先生全集》，2009 年安徽大學出版社《陳垣全集》等），周

積明《〈四庫全書總目〉與十八世紀批判理學思潮》《〈四庫全書總目〉批評方法論》《〈四庫全書總目〉的史學觀》《〈四庫全書總目〉的經學論（一）》《〈四庫全書總目〉的經學論（二）》五篇文章，黃裳《關於「提要」》（原載《讀書》1982年第 12 期），朱家濂《讀〈四庫提要〉劄記》（原載《圖書館學通訊》1987 年第3 期），《讀〈四庫提要〉劄記（續）》（原載《圖書館學通訊》1988 年第 4 期），郭文瑞《四庫鈐鍵，古籍津逮——談〈四庫全書總目提要〉及其他》（原載《河北大學學報》1987 年第 3 期），邵毅平《評〈四庫全書總目〉的晚明文風觀》（原載《復旦學報（社會科學版）1990 年第 3 期》），張宏生《從〈四庫提要〉看紀昀的散文觀》（原載《中國古典文學論叢》第 2 輯，人民文學出版社 1985年），吳承學《論〈四庫全書總目〉在詩文評研究史上的貢獻》（原載《文學評論》1998 年第 6 期）。這些文章跨越近七十年，在上世紀有一定的代表性。

是書附錄四項內容：其一，紀昀與《四庫全書》檔案史料七十二則，包括了乾隆、嘉慶兩朝《四庫全書》纂修及後續相關工作，所選史料較為詳實，有一定的參考意義。其二，時賢對紀昀總纂《四庫全書》的評價若干條，有劉權之《紀文達公遺集序》，阮元《紀文達公遺集序》，陳鶴《紀文達公遺集序》，江藩《漢學師承記》，王昶《蒲褐山房詩話》，朱珪《五老會詩》，法式善《試墨齋詩集序》。其三，清人筆記中的紀昀總纂《四庫全書》資料，包括陳康祺《郎潛紀聞》卷八，徐錫齡《熙朝新語》卷十三，陸敬安《冷廬雜識》卷一，梁章鉅《南省公餘錄》卷七，李詳《媿生叢錄》卷一、卷二，梁恭辰《北東園筆錄初編》卷一，笑跋《清代外史》（見《清代野史》第一輯），趙慎畛《榆巢雜識》卷上，梁章鉅《浪跡續談》卷二，梁章鉅《退庵隨筆》卷十二、卷十三、卷十六、卷十七，昭槤《嘯亭雜錄》，陳康祺《燕下鄉脞錄》卷六。其四，現當代學者對紀昀總纂《四庫全書》的評價。

此書著錄文獻皆有來源，因此是書利用者較少。但據此書可查找相關史料，瞭解紀昀、《總目》等原始資料及相關研究文獻。

兩岸四庫學：第一屆中國文獻學學術研討會論文集

淡江大學中文系編，臺灣學生書局出版，1998 年。

是書係臺灣淡江大學主辦的第一屆中國文獻學學術研討會論文集。一九九八年五月廿三、廿四日，在淡江大學舉辦第一屆文獻學研討會，以「四庫學」為會議主題，兩岸與香港等地研究者約五十人參會。

書前有昌彼得序、張紘炬序。書中收錄十四篇論文（另有昌彼得《「四庫學」展望》一文），皆有很高的學術價值，茲將目錄鈔錄如下：

魏白蒂《〈四庫全書〉纂修外一章：阮元（1764～1849）如何提挈與促進嘉道時期的學術研究》，周積明《〈四庫全書總目〉與十八世紀中國文化的流向》，黃愛平《〈四庫全書總目〉的經學觀與清中葉的學術思想走向》，杜澤遜《四庫存目書進呈本之亡佚及殘餘》，羅琳《〈四庫全書存目叢書〉的徵訪及其著錄》，張建輝《編印〈四庫全書存目叢書〉側記》，殷善培《中法西法，權衡歸一？——讀〈四庫全書總目〉天文算法類提要》，林慶彰《四庫館臣改〈經義考〉之研究》〔註149〕，馬銘浩《〈四庫全書〉所表現出的藝術觀——以〈四庫全書〉藝術類書目為觀察對象》，劉薔《「四庫七閣」始末》，何廣棪《〈四庫全書〉本〈直齋書錄解題〉館臣案語研究——以〈解題〉經錄之部館臣案語為限》，吳哲夫《清四庫館臣對文獻文物管理方法之探尋》，楊晉龍《〈四庫全書〉訂正析論：原因與批判的探求》，胡楚生《楊家駱教授對於〈四庫學〉的貢獻》。上述論文涉及到《總目》研究、館臣研究、存目書研究、《四庫全書》研究、七閣研究、《四庫全書》本書籍研究、「四庫學」學者研究等。論文內容至今依然具有啟發性，很多觀點經過歷史檢驗或已成為定論。需要一提的是，二十多年前，這些與會者很多是青年學者，二十年後的今天則成為「四庫學」的專家。

需要指出的是，杜澤遜《四庫存目書進呈本之亡佚及殘餘》一文，涉及四庫進呈本（採進本）、四庫底本、四庫發還本等概念，有很多值得思考的問題，至今學界依然在討論。關於有「翰林院印」的進呈本，杜澤遜指出書籍判定的問題，除了根據印章來判斷，還要依據書籍中的其他印鑒進行判斷。林慶彰《四庫館臣改〈經義考〉之研究》發現了很多問題，這些問題是在精細研究《經義考》基礎上發現的，裏面諸多細節或可進一步研究。張建輝《編印〈四庫全書存目叢書〉側記》一文中有很多編纂《存目叢書》的重要史料，據此可瞭解《存目叢書》的編印過程、文獻價值以及印刷錯訛等問題。

四庫文叢

此為以書代刊雜誌，共出版兩卷。《四庫文叢》編委會、成都圖書館編，上海交通大學出版社，2013 年第一卷，2014 年第二卷。

〔註149〕林慶彰、蔣秋華、楊晉龍、馮曉庭主編過《經義考新校》（上海古籍出版社，2010 年版），書前有林慶彰《經義考新校序》，可參看。

　　吳格、胡建強任主編，卷首語稱「《四庫文叢》範圍限於中國古代和近代歷史文獻的整理、研究，並有一些館藏及出版成果介紹，不涉及其他專題文史研究和介紹，刊發文章，皆本文獻而談。整理與研究，兩者並重」，第一卷「圍繞《四庫全書》及其衍生文獻的研究文章共有五篇……本次有杜澤遜、陳福康、江慶柏、李國慶等先生的文章，或談《四庫提要》刪改，或訂《四庫提要》疏誤，研究路徑，多有啟迪」。

　　第一卷分「四庫全書研究」「文獻家學述」「文獻研究」「文獻整理」四個專欄。「四庫全書研究」收錄杜澤遜《讀〈四庫提要〉瑣記》，江慶柏《關於〈四庫全書〉的刪改問題》，李國慶《紀曉嵐刪改貶義文句舉例》，陳福康《乾隆、四庫館臣與鄭思肖〈心史〉》，劉德重、魏宏遠《〈續修四庫全書〉詩文評編目疏誤析例》五篇。杜文《讀〈四庫提要〉瑣記》辨證《四庫提要》二十一條，皆為明人別集提要。江文《關於〈四庫全書〉的刪改問題》比對了文淵閣、文津閣、文溯閣、殿本《總目》、浙本《總目》中關於周亮工的有關內容，通過刪改內容出現的參差與齟齬，提出了諸多思考點。其他諸文亦值一讀。

　　第二卷與第一卷欄目相同。「四庫全書研究」收錄李國慶《談各本〈四庫全書〉卷前提要的出版價值》，戴建國《〈四庫〉館臣對類書的學術考辨》，肖嬌嬌《〈四庫全書總目·詩品〉辨證》，胡建升《〈知不足齋叢書〉中的〈四庫提要〉稿輯考》，李福標《顧廷龍與〈續修四庫全書〉》五篇論文。李文作為序收入《四庫全書卷前提要四種》之中，兩文有文字出入。戴文通過解讀《四庫全書總目》中的類書，考察四庫館臣對類書的學術考辨。肖文對《總目》詩品提要的辨證，考究諸多細節。胡文輯考《知不足齋叢書》中的四庫提要稿，頗有文獻價值，文中比對相關信息，總結稱：「鮑廷博的《知不足齋叢書》共收錄各類《四庫全書總目》稿二十八篇，其中十四篇與武英殿本和浙江書局本《四庫全書總目》所收內容相同，分別是《洞霄圖志》《世緯》《南窗紀談》《清波雜志》《耆舊續聞》《蘆浦筆記》《五總志》《鑒戒錄》《藏海詩話》《吹劍錄外集》《林霽山集》《負暄野錄》《古刻叢鈔》《梧溪集》。四篇同《武英殿聚珍版叢書》書前提要，如《朝野類要》《五代史纂誤》《灊山集》都注明為『武英殿聚珍本原本』；《知不足齋叢書·蘇沈良方》以程永培刻本為底本，校以武英殿聚珍本，乾隆五十八年癸丑（1793）十月四日鮑廷博跋云：『殿本輯自《永樂大典》，大概詳沈而略蘇，程刻較完而承訛襲謬，無從是正。往時程君過予，語次及之，若有歉然於中者，蓋慮其貽誤較他書所繫尤重也。今證以殿本，盡刊其誤，其

為愉快當何如耶？刊成，謹冠提要於簡端，以還殿刻本之舊。」可知《知不足齋叢書·蘇沈良方》書前提要乃同《武英殿聚珍版叢書》書前提要。另外，《知不足齋叢書·畫墁集》書前提要與文淵閣《四庫全書》本提要相同。除去以上十九篇，《知不足齋叢書》中還有九篇提要與武英殿本、浙江書局本《總目》及文淵閣《四庫全書》提要文字不同。」（第 26 頁）這九篇提要分別為《江南餘載》《伯牙琴》《逍遙集》《百正集》《袁氏世範》《錢塘先賢傳贊》《嶺外代答》《益古演段》《湛淵遺稿》。李文主要回顧了《續修四庫全書》編纂史，探討了顧廷龍與《續修四庫全書》之間因緣，此文資料翔實，頗有文獻價值和意義。

《四庫文叢》僅出版兩卷，未成為連續出版物。

皇帝的四庫：乾隆朝晚期的學者與國家

〔美〕蓋博堅（R. Kent Guy）著，鄭雲艷譯，中國人民大學出版社，2019年。

是書為「海外中國研究文庫」一種。

據鄭譯本介紹，蓋博堅（R. Kent Guy），係華盛頓大學歷史系和東亞研究中心教授，曾任中國研究項目負責人和歷史系主任。耶魯大學學士、碩士，哈佛大學博士。著有《清代督撫及行省》（Qing Governors and Their Provinces: The Evolution of Territorial Administration in China, 1644～1796）和《皇帝的四庫》（The Emperor's Four Treasuries : Scholars and the State in the Late Ch'ien-lung Era）。發表論文主要是清史研究，曾在香港中文大學任教。鄭雲艷就職於中國政法大學歷史研究所。

是書前有中文版序，蓋博堅先生 2018 年所作。據作者介紹，《皇帝的四庫》一書寫於美國對近代中國歷史研究的轉型時期，這部書被視為清史研究的新一代作品。《皇帝的四庫》這一研究主題受到了俄羅斯歷史研究的影響。在俄羅斯歷史上，學者（知識分子 intelligentsia）對國家的態度轉變問題是重要的研究話題。對於此書作者而言，其研究乾隆朝學者，目的是探究在西方武力到達中國之前，學者對清朝的態度如何。而余英時給他的建議就是研究一下《四庫全書》的纂修。在編纂《四庫全書》過程中，學者與國家之間進行互動，並體驗國家的支持和控制。此書的結論，作者如是說：

> 18 世紀晚期中國最傑出的學者都自願，甚至熱情地參與了這一帝國項目。事實上，他們開始想象他們最重要的一些目標可能會通

過《四庫全書》編纂項目得以實現，包括重建中國的古代黃金時代的目標。我強調了該項目成果在多大程度上反映了參與者的標準和目標。其中肯定存在審查。許多存世圖書未被收入《四庫全書》之中，因此該叢書並沒有很好地反映清朝和滿族的治理。但中國國家在學術界所扮演的角色已經被廣泛接受了；事實上，這種角色是中國傳統國家的本質。我試圖突出這個角色。當然，我不是有意為該政權的許多殘忍行為做辯護。

自《皇帝的四庫》成書以後，人們對《四庫全書》的瞭解也越來越多……隨著相關知識的增多，學者也開始提出與 1980 年代不一樣的問題。學者和當權者之間存在著一個特殊而又珍貴的關係，我希望我在《皇帝的四庫》中所提出的這一觀點，在 21 世紀仍然為人所認可。

致謝中，蓋博士羅列了孔飛力（Philip Kuhn）、白彬菊（Beatrice S. Bartlett）教授、陳捷先教授、康浩（Paul J.A. Clark）、杜敬軻（Jack L.Dull）、艾爾曼（Benjamin Elman）、傅禮初（Joseph Fletcher）、費正清（John K. Fairbank）、柯偉林（William Kirby）、韓書瑞（Susan Naquin）、史景遷（Jonathan Spence）、鈴木中正（Suzuki Chusei）、吳哲夫、吳才德（Al-exander B. Woodside）和尹講義（Yin Chiang-yi）等知名研究者對此書的建議和想法，上述研究者很多都是清史研究專家，吳哲夫更是在「四庫學」研究領域有很深的造詣。

全書共七章內容，第一章引言直指問題的核心，封建時代「中華帝國知識分子在政府中充當的角色」如何。中西方研究者均試圖勾勒知識分子的政治和社會功能，但均未將問題闡述清楚。這個問題可研究的空間包括，各王朝對學術和文獻享有的特權是怎樣的，知識分子對學術和文獻的態度是怎樣的。就《四庫全書》纂修而言，上述兩個問題可以得到部分解答。蓋博士提出的知識分子與皇帝之間的關係、皇權與儒家經典的關係，是值得深入思考的問題。另外，知識分子在這其中起到的作用，特別是對「先例文本」「歷史先例」的追溯，是很有意思的話題。第二章「帝國的動機」與第三章「學者的回應」形成一種聯動，宏觀把握與細節分析結合是研究的重點，特別是對朱筠的個案研究，將時代背景中與朱筠有過聯繫的知識分子進行了史料發掘，這種研究手法是「接地氣」的，也是歷史研究者包括文學研究者可以借鑒的。第四章對《四

庫全書》的編纂進行研究，所站的角度是四庫館臣。第五章對《總目》所表現
出的學術派別進行研究，切入點是「對審稿人的考察」。第六章對《四庫全書》
纂修之時的禁書運動進行研究。第七章的結論部分提出很多觀點，對傳統的
「寓禁於徵」進行了徹底否定，「學者之所以熱心地參與這項工作，是因為他
們認為，此項目給他們提供了個人能力範圍之外的資源，可以幫助他們實現自
己的目標」〔註150〕，而且「沒有任何證據表明，清政府曾經試圖用審查制度
來改變中國其他思想領域的基本方向」〔註151〕。官方學術思想與皇權存在著
必然的聯繫，蓋博士指出相比於同時期的西方學者，中國學者在表達社會和政
治觀點時，受到了更多約束。那麼評價中國學者的成就，包括評價《四庫全書
總目》，應該從不同角度理解四庫館臣所受到的「約束」，而不是譴責統治者的
專制。這一問題尚需深入討論，有著很大的學術空間。是書是海外學者研究《四
庫全書》的第一書，中國人民大學黃愛平教授說「這是一部視角獨特的研究專
著……尤其是 20 世紀 80 年代，本書的出版反映了美國學界對近代中國歷史
研究從 19 世紀到 18（20）世紀的轉向。作為美國新一代清史研究的代表作，
本書的研究成果，不僅在當時具有開拓性，在今日也不乏參考價值和借鑒意
義」。北京師範大學周少川教授稱「20 世紀至今，海外中國學界對《四庫全書》
的關注和利用頗多，但如該書專門以《四庫全書》為研究對象者，卻寥寥無幾。
該書是英語世界『四庫學』研究的上乘之作，頗有創新」〔註152〕。

〔註150〕〔美〕蓋博堅（R. Kent Guy）著，鄭雲艷譯：《皇帝的四庫：乾隆朝晚期的學
　　　　者與國家》，北京：中國人民大學出版社，2019 年版，第 195 頁。
〔註151〕〔美〕蓋博堅（R. Kent Guy）著，鄭雲艷譯：《皇帝的四庫：乾隆朝晚期的學
　　　　者與國家》，北京：中國人民大學出版社，2019 年版，第 195 頁。
〔註152〕按，參見《皇帝的四庫：乾隆朝晚期的學者與國家》封底。

第三編　四庫關聯文獻（廣四庫文獻）

　　「關聯」即有聯繫，有相關度。「四庫關聯文獻」是一個相對陌生的概念，曾想以「大四庫」「廣四庫」「續四庫」「類四庫」等詞語予以概括，但均不甚恰當。換言之，「大」「廣」「續」「類」或範圍過大，或範圍過小，或語意不明，需要進行煩瑣的說明，或無法界定概念的邊緣，以至於走向更為寬泛的無邊界之地。如此便會導致「四庫學」成為雜學，而非一門之學。自 20 世紀 80 年代至今，「四庫學」概念沒有進行過深入探討，學界對此也多保持沉默。「四庫學」本身沒有完備的概念，內涵和外延都在不斷延展，近幾年甚至走向「大雜燴」，包括歷史文獻學、文學、情報學、圖書館學、文化學等研究成果，甚至是某本單書，因為被收錄於《四庫全書》之中，其研究也被納入「四庫學」領域，這是不甚合適的。儘管已然進行數年思考，還是無法將「四庫學」的相關成果進行嚴格分類。因而，此處所用「四庫關聯文獻」也並非是一個成熟的概念。現試將「四庫關聯文獻」進行界定，並略微舉例收錄範圍。因本書編寫初衷是給研究生提供「四庫學」參考文獻，所以兼顧了教學相長的部分內容。

　　「四庫關聯文獻」首先是與「四庫學」相關的文獻，這種相關包括直接相關和間接相關。其中間接相關是指在《四庫全書》編纂之後，接續《四庫全書》進行的研究，如《販書偶記》及其《續編》。其次，「關聯」是指與「四庫學」研究相關的成果，雖然全書並非「四庫學」研究，但有部分成果與「四庫學」有關。再次，部分關於四庫館臣的研究，也將其納入「四庫關聯文獻」。這部分書籍相對駁雜，也是因為「四庫學」概念含混，加之無法兼顧各方所論，又限於搜集能力，待日後增補。當然，判斷「關聯」的相關度頗有主觀意味，因而有部分文獻未被納入，讀者諒之。

宮中檔乾隆朝奏摺

臺灣故宮博物院文獻處文獻科編，臺灣故宮博物院影印本，1982 年。

據臺灣故宮博物院官網介紹，其所藏宮中檔奏摺與軍機處檔摺件係清代特有之公文書。清代公文書起初沿用明制，例行公事使用題本，個人私事則用奏本。為加強君臣間之聯繫，歷康、雍、乾三朝，逐漸發展出一套由地方官員直接向皇帝奏報政務、私事及所見所聞的奏摺。奏摺由具奏官員繕寫、封固、遞送京城，直呈皇帝，不必像題奏本章層層上奏。奏摺經皇帝批示後，發還原具奏人遵奉批示處理後，原摺繳回宮中懋勤殿儲存，故稱為「宮中檔奏摺」。雍正年間，軍機處成立後，經皇帝批閱後的奏摺，發交軍機處謄鈔副本備查，稱為「奏摺錄副」。臺灣故宮博物院所藏軍機處檔摺件多為「奏摺錄副」，少數為原摺中之附件如清單、繪圖貼說及諮呈、諮會、諭旨、私函、揭帖、照會之原件。由於原本保存情況是按月捆紮成包，故亦有「月摺包」之稱。臺灣故宮博物院藏宮中檔奏摺有十五萬餘件，軍機處檔摺件有十九萬餘件。前者包含康熙至宣統朝的漢文、滿文及滿漢合璧摺，由於內容豐富，又為地方官員直接向皇帝的稟報，並經由皇帝朱批。後者雖係鈔件，但史料價值並不遜色，因原摺內所附呈清單、供單、圖表等件多移夾於錄副之中；此外，錄副又記錄了皇帝珠批日期，故參考價值極高。《宮中檔乾隆朝奏摺》共計 75 冊，第 1～74 冊漢文，第 75 冊滿文。

故宮博物院圖書文獻處宮中檔的數量如下：康熙朝漢文三一五四件、滿文八一〇件；雍正朝漢文二二三七五件、滿文八九八件；乾隆朝漢文五九四四六件、滿文六九件；嘉慶朝漢文一九九三六件；道光朝漢文一二四九二件、滿文一五五件；咸豐朝漢文一七〇九二件、滿文四三四件。光緒朝漢文一八七五九件、滿文四三一件（內含部分同治、宣統兩朝硃批奏摺）。

乾隆朝上諭檔

「上諭」係指皇帝的命令和指示，又稱「諭旨」。它是清代高級的下行文書之一，具有權威的法律和行政約束作用。清代自雍正年間設立軍機處以後，「上諭」由軍機大臣秉承皇帝的意旨撰擬，經皇帝閱後封發。上諭在封發之前，均鈔錄一份存根，原稿則逐日檢齊銷燬，這份留存的底冊，就是「上諭檔」。「上諭檔」具有與正本同樣的法律效力和史料價值。軍機處的「上諭檔」實際上是清代皇帝所發布的日常政令的總彙。清王朝對國家各項重要事務的最後

決策及終極處置情況都在「上諭檔」內。它是研究清代政治、經濟、軍事、外交、文化、民族、宗教等方面不可缺少的第一手資料。

　　《乾隆朝上諭檔》共 18 冊，主要載錄從乾隆元年至乾隆六十年期間乾隆皇帝發布的日常政令（上諭），其中缺失乾隆十三年一至七月份及乾隆三十六年六月份原檔，還有與上諭有關的奏摺、奏片、說貼、咨文、清單和供詞等文件，共計 50467 件。這些檔案文件涉及到乾隆一朝的政治、軍事、外交、經濟、文化和民族關係的各個方面。《纂修四庫全書檔案》關於乾隆上諭即輯錄於上諭檔。

清內府刻書檔案史料彙編

　　翁連溪編，廣陵書社，2007 年。

　　《清內府刻書檔案史料彙編》是故宮博物院圖書館與中國第一歷史檔案館從事古籍、檔案工作者經多年搜集整理，較為系統地揭示清代內府出版印刷事業的第一手資料。這批檔案數據均選自清宮舊藏檔案（包括已出版的檔案數據）。中國第一歷史檔案館所編《清宮武英殿修書處檔案》《活計檔》《軍機處錄副奏摺·圖書文教類》《奏銷檔》《宮中檔康熙朝奏摺》《明清檔案》《清實錄》《康熙朝滿文朱批奏摺全譯》《雍正朝滿文朱批奏摺全譯》《乾隆朝起居注》《乾隆朝上諭檔》《清會典》等，對研究清代歷史、文化有重要價值。

　　書前有章宏偉「序言」，對此書介紹甚詳，文繁不錄。章氏談及此書優缺點，云「翁連溪先生鈔錄的清代內府刻書檔案資料，依其史實的先後，以時間為經加以編排，就突出了內府圖書次第發展的通程。缺點是沒有注明每條檔案資料的出處，編者出於統一體例及其他考慮，把每條檔案資料的出處都刪掉了」，因而使用此《彙編》需要再檢原檔，否則容易造成史料誤讀。又可參翁連溪《清代內府刻書圖錄·附清代內府刻書總目錄》〔註1〕，圖錄部分共收錄清代內府刻書書影三百餘幅，總論部分對清代內府刻書的有關問題做了認真的考證與探索，總目部分共收錄清代內府刻書近七百餘種，是目前收錄最為詳備的清代內府刻書目錄。再參《清代內府刻書目錄解題》一書〔註2〕。

〔註 1〕翁連溪：《清代內府刻書圖錄·附清代內府刻書總目錄》，北京：北京出版社，2004 年。

〔註 2〕故宮博物院圖書館、遼寧省圖書館編：《清代內府刻書目錄解題》，北京：紫禁城出版社，1995 年。

清代文字獄檔（增訂本）

上海書店出版社編，上海書店出版社，2011 年。

《清代文字獄檔》是原北平故宮博物院文獻館據館藏史料所編輯的一部檔案資料彙編，自 1931 年至 1934 年陸續排印出版了九輯，計編入雍正朝文字獄一起、乾隆朝文字獄六十四起。上海書店出版社所編《清代文字獄檔》係在原故宮博物院文獻館刊印之《清代文字獄檔》的基礎上，充實內容、校讀整理、并加新式標點而成。全書共分十輯〔註 3〕，舉清朝軍機處檔案、朱批奏摺、雍乾實錄及其他出處，依專題分別輯錄清代前期近七十宗文字獄的原始文獻，舉凡立案經過、審訊供錄、結案文件，以及辦案過程中的上諭朱批、樞垣廷寄、督撫奏摺，一應俱全，為今人研究清代思想文化史以及政治、司法、教育、出版等各種相關專題，提供了豐富翔實的第一手資料。

此書「出版說明」對此書的利用頗有助益，茲將其「編輯略例」摘錄如下：

一、本編用紀事本末體分案編纂，每一案中材料之順序以年月為次。

二、本編材料取之於本館所藏下列三種清代文書之中：一軍機處檔、二宮中所存繳回朱批奏摺、三實錄。編印時逐件於標題之下注明出處。

三、本編內容約有上諭、奏摺、咨文、供狀等數種。

四、本編材料凡已採入雍正《朱批諭旨》《上諭內閣》及《聖訓》《東華錄》等書者均低一格排印，並分別注明曾見各書，至散見於其他載籍者即不列舉。

五、凡一案之中上諭、奏摺、咨文詳文等已見於前復經它文引用者，茲為便利起見，省略其文，第用小字注明已見本案某頁。

〔註 3〕按，上海書店出版社 2007 版在民國原版基礎上增錄「徐述夔《一柱樓詩》案」「偽孫嘉淦奏稿案」等五案作為第十輯。三案輯自原故宮博物院掌故部 1928 年所編《掌故叢編》，一案輯自中國第一歷史檔案館編《纂修四庫全書檔案》（上海古籍出版社 1997 年出版），一案輯自《歷史檔案》雜誌 1998 年第 1 期至 1994 年第 4 期發表的整理材料，均在該案起首的腳注中標明所出。除《掌故叢編》所載無標點外，其他兩案各件已經標點整理，但在編入本書整理本時，均按上述整理體例進行重整，以歸一律。以上五案還根據其他材料進行了補充（尤其是《歷史檔案》雜誌所發表的「乾隆年間偽孫嘉淦奏稿案史料選」，未編入《高宗實錄》所載的相關材料，此次亦一一檢出補入），均在該補充件後加添說明。（見是書「出版說明」第 3 頁。）

六、軍機處存檔係當時移錄之副本，字句每有訛奪，茲為慎重起見，姑仍其舊不擅加改訂，遇有蟲蝕殘缺之處則以□符代之。

七、本編頁數均每案自為起訖，以期醒目。

八、此項文件因散在各朝檔案之中，一時搜集容未能備，以後倘續有發見當再補刊。〔註4〕

清代檔案史料叢編

中國第一歷史檔案館編，中華書局，1978～1990年。

此書以公布比較零散、新鮮的清代檔案為主，並酌情發表一些有關清代文書檔案的名詞解釋、內容介紹和研究文章。中華書局1978年開始按輯依次編輯出版。每年1～2輯，每輯20萬字左右，至1990年已出版14輯。此書頗具史料價值，與《四庫全書》編纂有關者如第七輯第七專題《乾隆四十八年銷燬書目》。此書研究類文章亦有學術價值，如第三輯《清代歷史檔案名詞解釋》，第四輯《清代歷史檔案名詞解釋》（續一），第七輯《清代歷史檔案名詞解釋》（續二）、《明清誥敕文書簡述》等。

掌故叢編（《文獻叢編》）

故宮博物掌故部編，故宮博物院，1928～1943年。

《掌故叢編》也稱《文獻叢編》。《文獻叢編》是中國故宮博物院文獻館最早公布明清檔案史料的出版物，明清檔案史料叢刊之一，原稱《掌故叢編》。因故宮博物院文獻館原稱掌故部，故稱《掌故叢編》。《掌故叢編》1928年1月創刊，出版10輯後，自第11輯起改稱《文獻叢編》，並增加篇幅。至1943年，共出版62輯（包括6輯增刊），線裝，約220餘萬字。共公布134個專題的明清檔案3300餘件，另有附圖90幅。此書史料價值極高，是研究明清史不可或缺的參考文獻。

《掌故叢編》第一輯有傅增湘序一篇，云：「夫夏殷相因，損益可知，文武之道，方策具在。是以龍門修史，網羅舊聞；蘭臺著書，採纂前記。掌故之學，淵源遠矣。舊宮深嚴，歷世數百，文籍紛羅，號為冊府。徵員設館，檢點頻年。笢領圖書，群相誼諉。緣夙好之所寄，敢孟晉而不辭。竊維文淵四庫，

〔註4〕上海書店出版社編：《清代文字獄檔·出版說明》，上海：上海書店出版社，2007年，第1頁。

鈔校獨精；天祿琳琅，佚存各半。自餘簡冊。」〔註5〕

　　此書所選史料以外界少見或未見、內容能引起讀者興趣者，編者採取遇到什麼就發表什麼，收集多少就公佈多少，以後再有發現再續補的方針，無統一選材計劃，不求完整和系統，也不編制目錄或索引。故所刊史料比較零碎，有的專題多達數十件、數百件，有的僅一二件，有的是按鈔本公布，錯漏較多。

　　1964 年臺北市國風出版社曾影印出版，內容按專題歸類，重新編排，並編有目錄，精裝，凡二冊。2008 年國家圖書館出版社編輯「民國文獻資料叢編」，將此書影印，題名《〈文獻叢編〉全編》，全十二冊。

　　這裡提及「故宮學研究」，此學問是從故宮博物院成立開始並逐步發展的。故宮博物院成立後，主要精力用於清點、整理清宮藏品，包括檔案、圖書，同時注重向社會公布。在檔案史料方面，出版了《掌故彙編》（後改稱《文獻叢編》），編印《史料旬刊》，彙編了《籌辦夷務始末》《清代文字獄檔》《故宮俄文史料——清康熙間俄國來文原檔》等史料。據不完全統計，新中國成立前，共編輯出版各類檔案史料書刊達 54 種、358 冊，約 1200 萬字，發表研究文章 80 餘篇。故宮博物院發展及學術研究的黃金時代是 1928 年至 1933 年文物南遷之前，這期間創辦了《故宮週刊》。《故宮週刊》從 1929 年 10 月 10 日創辦，連續出了 510 期，該刊圖文並重，文字部分有專著、考據、史料、筆記、校勘、目錄、劇本等。

清實錄

　　中華書局編，中華書局，1987 年。

　　《清實錄》全稱《大清歷朝實錄》，係清代歷朝的官修編年體史料彙編，共四千四百八十四卷。主要是選錄各時期上諭和奏疏，已編成的十二朝實錄。內容涉及政治、經濟、文化、軍事、外交及自然現象等眾多方面，是研究清代歷史必須憑藉的重要文獻。在清代，實錄從未刊布，只繕寫若干部藏書於京師、盛京兩地的宮禁之中，極少有人能夠閱讀。1986 年 11 月，中華書局根據中國第一歷史檔案館收藏的皇史大紅綾本、上書房小黃綾本、北京大學圖書館收藏的定稿本、故宮博物院圖書館收藏的乾清宮小紅綾本、遼寧省檔案館收藏的盛京崇謨閣大紅綾本等版本，相互補充，出版了比較完整的《清實錄》影印本。

〔註 5〕故宮博物掌故部編：《掌故叢編・傅增湘序》，北京：故宮博物院，1928 年，第 1 頁。

《清實錄》是清代歷朝官修史料的彙編，由於歷史的原因《清實錄》存有多個版本，而且各版本在不同程度上有過明顯被篡改的痕跡，對照各版本對同一事件不同的記述有助於研究人員進一步深入瞭解清代重大歷史事件發生的背景和後世當權者對待某些具體歷史事件的真實態度。另者，由於實錄主要記載封建帝王的言論和活動，涉及最高統治者的切身利益，監修總裁官、總裁官和副總裁官等高級官員多為皇帝的親信重臣，以保證實錄的編纂工作按照皇帝的意願進行。《四庫全書》纂修亦可在《清實錄》中查詢相關史料。

王際華日記

清王際華著，張昇整理，鳳凰出版社，2021 年。此書為「中國近現代稀見史料叢刊（第八輯）」之一種。

《王際華日記》為殘本，上海圖書館藏四冊，收入《上海圖書館藏稿鈔本日記叢刊》第三冊；國家圖書館藏二冊，《歷代日記叢鈔》第三十冊據以影印，《中華歷史人物別傳集》第四十冊也有影印本。《王際華日記》涉及乾隆三十五年（1770），三十七年（1772），三十九年（1774）三年。四庫全書館開館於乾隆三十八年（1773），存世日記與《四庫全書》纂修時間點有所重合。整理本書前有張昇先生所撰詳細「前言」，揭櫫此日記的學術價值。張昇先生指出日記中有關四庫學史料，如辦理《四庫全書薈要》、辦理聚珍本書籍、薦人、選取謄錄、助校、《永樂大典》餘紙的頒賜、與于敏中手札相互印證等〔註6〕，詳情參看該書前言及張昇先生所撰相關論文。

書後附有王際華詩文輯存、王際華傳記資料，是研究王際華及《四庫全書》纂修的重要史料。

陶廬雜錄

《陶廬雜錄》有清嘉慶二十二年大興陳預刻本，中國國家圖書館有藏，《中華再造善本》清代編子部據以影印。1959 年中華書局出版涂雨公先生根據嘉慶陳氏刻本斷句排印本，收入「歷代史料筆記叢刊」之中。1984 年、1997 年、2008 年重印。中華本較為易得。

《陶廬雜錄》也稱《陶廬雜詠》，六卷，清法式善撰。據書前嘉慶丁丑（1817）冬十二月廿有二日翁方綱序知，法式善，姓孟氏，內府包衣，蒙古世

〔註6〕王際華著，張昇整理：《王際華日記・前言》，南京：鳳凰出版社，2021 年，第4～8 頁。

家，原名運昌，因與關帝字音相近，乾隆詔改法式善。法式善，滿語「奮勉」。法式善，室名詩龕，號陶廬。法式善父廣順（字熙若，號秀峰），受業於翁方綱。著錄記述，什倍於人，詩論造詣深厚，有《存素堂詩集》。翁氏云「今得見笠帆陳中丞以是編付梓，屬為一言，則其中有繫乎考證有資於典故者，視其詩更為足傳也」〔註7〕。書前又有嘉慶丁丑十一月陳預序，「《陶廬雜錄》上自內府圖書，下至草茅編輯，罔不詳其卷帙，考厥由來。其中如歷代戶口之盛衰，賦稅之多寡，職官之沿襲，兵制之廢興，一切水利農桑，鹽茶鈔幣，治河開墾，弭盜救荒，與夫讜論名言，零縑佚事，參稽臚列，語焉能詳。就所見聞，足資掌故」〔註8〕。

法式善係乾嘉時期重臣，是書記載乾隆修纂《四庫全書》相關事宜，特別是對明修《永樂大典》、清內府藏書、明清以來叢書的刊刻以及宋元明清詩文選集的目錄等記載尤詳。茲錄相關信息如下：

> 十年前，余正月遊廠，於廟市書攤買《宋明實錄》一大捆。雖不全之書，究屬秘本。未及檢閱，為友人攜去。至今悔之。又得宋元人各集，皆《永樂大典》中散篇採入《四庫》書者。宋集三十二種，元集二十三種，統計八百二十三卷。北宋人《文莊集》三十六卷，夏竦撰。《金氏文集》二卷，金君卿撰。《都官集》十四卷，陳舜俞撰。《鄖溪集》三十卷，鄭獬撰。《王魏公集》八卷，王安禮撰。《雲溪居士集》三十卷，華鎮撰。《日涉園集》十卷，李彭撰。南宋人《初寮集》八卷，王安中撰。《橫塘集》二十卷，許景衡撰。《莊簡集》十八卷，李光撰。《忠穆集》八卷，呂頤浩撰。《紫微集》三十六卷，張嵲撰。《相山集》三十卷，王之道撰。《大隱集》十卷，李正民撰。《澹齋集》十八卷，李流謙撰。《北海集》十六卷，附錄三卷，綦崇禮撰。《浮山集》十卷，仲並撰。《方舟集》二十四卷，李石撰。《香山集》十六卷，喻良能撰。《宮教集》十六卷，崔敦禮撰。《尊白堂集》六卷，虞儔撰。《東塘集》二十卷，袁說友撰。《涉齋集》十八卷，許綸撰。《緣督集》二十卷，曾丰撰。《山房集》九卷，周南撰。《鶴林集》四十卷，吳泳撰。《東澗集》十四卷，許應龍撰。《澗泉集》二十卷，韓淲撰。《臞軒集》十六卷，王邁撰。《敝

〔註7〕法式善：《陶廬雜錄·翁序》，北京：中華書局，1959年，第3頁。
〔註8〕法式善：《陶廬雜錄·陳序》，北京：中華書局，1959年，第4頁。

帚稿略》八卷，包恢撰。《梅埜集》十二卷，徐元傑撰。《碧梧玩芳集》二十四卷，馬廷鸞撰。元人《牆東類稿》二十卷，陸文圭撰。《青山集》八卷，趙文撰。《紫山大全集》二十六卷，胡祗遹撰。《青崖集》五卷，魏初撰。《養吾齋集》三十二卷，劉將孫撰。《雙溪醉隱集》八卷，耶律鑄撰。《東庵集》四卷，滕安上撰。《畏齋集》六卷，程端禮撰。《陳秋巖詩集》二卷，陳宜甫撰。《蘭軒集》十六卷，王旭撰。《西巖集》二十卷，張之翰撰。《勤齋集》八卷，蕭㪺撰。《槼庵集》十五卷，同恕撰。《伊濱集》二十四卷，王沂撰。《積齋集》五卷，程端學撰。《瓢泉吟稿》五卷，朱晞顏撰。《子淵詩集》六卷，張仲深撰。《吾吾類稿》三卷，吳皋撰。《性情集》六卷，周巽撰。《樗隱集》六卷，胡行簡撰。《庸庵集》六卷，宋禧撰。《外附廬山集》五卷，元董嗣杲撰。《英溪集》一卷，不著撰者姓氏。書寫不工，似未及校對之本。余維物少見珍，什襲藏之。有人許易二千金，靳弗予也。

　　余纂唐文，於《永樂大典》暨各州縣志內採錄，皆世所未見之篇。而纂《四庫》書時，唐賢各集，實未補入。如王勃、楊炯、盧照鄰、駱賓王、陳子昂、張說、張九齡、李邕、李白、杜甫、王維、高適、元結、顏真卿、吳筠、劉長卿、獨孤及、蕭穎士、韋應物、李華、顧況、陸贄、權德輿、韓愈、柳宗元、劉禹錫、錢起、呂溫、張籍、皇甫湜、李翱、歐陽詹、李觀、沈亞之、李紳、李德裕、元稹、白居易、杜牧、李商隱、劉蛻、李頻、李群玉、孫樵、王棨、皮日休、陸龜蒙、司空圖、韓偓、吳融、徐寅、黃滔、羅隱、韋莊、杜光庭，凡五十五家。《全書》皆已著錄，而原集漏略，今一一補載。其李百藥、長孫無忌、魏徵、蘇頲、孫逖、常袞、梁肅、令狐楚、符載九家，《全書》未著錄，見於內府《全唐文》原本。今採各書補載，亦復不少。余別錄為書，乃知元明以來，古籍銷燬於兵火播遷者，大可慨歎也。

　　《永樂大典》，宋人著錄為備，余採蘇叔黨詩文，而補趙味辛所刻《斜川集》之遺漏。惟《永樂大典》中《斜川集》繫以蘇邁。按邁字伯達，坡公長子。過字叔黨，坡公季子。世稱《斜川集》為過作，而不曰邁。史傳亦然，豈有誤歟。

南宋大家尤、楊、范、陸，惟尤延之集，世無行本。尤西堂所輯《梁溪遺稿》，詩四十三首，文二十五篇，亦採自詩文選本及志乘諸書，《永樂大典》各韻。時時遇之，余錄成帙，付孫編修平叔。平叔意欲刻行，延之蓋其鄉前輩也。

《辛稼軒詩文集》，世無行本。汲古閣刻其詞四卷，今收《四庫》書中。余採自《永樂大典》詩文，各體俱備，篇幅寥寥耳。奏議文散見於各韻。世傳《美芹十論》，即在其中。詞多汲古閣所遺，零金碎玉，深足寶貴。萬載辛啟泰鐫版於江西，題曰《稼軒集鈔存》，共九卷。予為之序。〔註9〕

……

《江湖後集》二十四卷。四庫全書館除《兩宋名賢小集》一百五十七卷《江湖小集》九十五卷著錄外，復採自《永樂大典》，勒成此編。顧修既刻《南宋群賢小集》於杭州，並此梓行。其已刊入《群賢集》者不錄。仍次第元題，以備考核。誤入他家集者，詩刪之而存其題。可謂繁簡不紊。〔註10〕

……

余既鈔《江湖小集》九十五卷（舊本題宋陳起編，凡六十二家），《江湖後集》二十四卷（宋陳起編，原本久佚，今從《永樂大典》錄出。按《大典》有前集有後集有續集有中興江湖集。較世傳《江湖小集》多四十七家。詩餘二家，又有人已見小集中而詩未載者十七家），《兩宋名賢小集》一百五十七卷（舊本題宋陳思編，元陳世隆補），復借鈔**四庫底本**宋人楊億《武夷新集》詩五卷，陶弼《邕州小集》一卷，釋重顯《祖英集》二卷，鄭俠《西塘集詩》一卷，趙鼎忠《正德文集》詩一卷，葉夢得《建康集》詩一卷，黃彥平《三餘集》詩一卷，潘良貴《默成集》詩一卷，吳可《藏海居士集》二卷，羅從彥《豫章文集》詩一卷，阮閱《郴江百詠》一卷，呂本中《東萊詩集》二十卷，歐陽澈《歐陽修撰集》詩三卷，高登《東溪集》二

〔註 9〕法式善著，涂雨公點校：《陶盧雜錄》卷三，北京：中華書局，1959 年，第 62～64 頁。

〔註10〕法式善著，涂雨公點校：《陶盧雜錄》卷三，北京：中華書局，1959 年，第 66 頁。

卷，胡銓《澹庵集》六卷（文在內），胡宏《五峰集》詩一卷，胡寅《斐然集》詩四卷，汪應辰《文定集》詩一卷，陳長方《唯室集》詩一卷，林之奇《拙軒集》詩一卷，周紫芝《太倉稊米集》詩三十九卷，鄭樵《夾漈遺稿》詩一卷，趙公豫《燕堂詩稿》一卷，周麟之《海陵集》詩一卷，羅願《鄂州小集》詩一卷，尤袤《梁溪遺稿》一卷，喻良能《香山集》十六卷，劉鑰《雲莊集》詩二卷，洪邁《野處類稿》二卷，洪适《盤洲集》詩三卷，劉應時《頤庵居士集》二卷，張鎡《南湖集》詩九卷，楊冠卿《客亭類稿》詩二卷，史堯弼《蓮峰集》詩二卷，廖行之《省齋集》詩八卷，周南《山房後稿》詩一卷，高翥《菊澗集》一卷，高鵬飛《林湖遺稿》一卷，高似孫《疏僚小稿》一卷，度正《性善堂稿》詩四卷，劉過《龍洲集》詩十五卷，洪諮夔《平齋集》詩一卷，汪晫《康範詩集》一卷，鄭清之《安晚堂詩集》七卷，詹初《寒松閣集》一卷，李曾伯《可齋雜稿》詩六卷，方大琮《鐵庵集詩》一卷，游九言《默齋遺稿》詩一卷，趙孟堅《彝齋文編》詩二卷，張侃《拙軒集》詩四卷，吳錫疇《蘭皋集》三卷，張堯同《嘉禾百詠》一卷，趙必瑑《覆瓿集》詩二卷，舒岳祥《閬風集》十卷，衛宗武《秋聲集》四卷，董嗣杲《廬山集》五卷，《英溪集》一卷，《真山民集》一卷，方鳳《存雅堂遺稿》詩一卷，于石《紫巖詩選》三卷（以上五十九家，二百二十七卷，存素堂墨格紙鈔）。《元風雅》二十四卷（前集十二卷，元傅習輯。孫存吾為之編次。後集十二卷，則存吾所編輯也。前集劉因以下一百十四家，後集鄧文原以下一百六十家），《乾坤清氣集》十四卷（明偶桓編。所錄上該金宋之末，下逮明初，朱彝尊極稱之）。復借四庫底本鈔元人艾性夫《剩語》二卷，張觀光《屏巖小稿》一卷，王奕《玉斗山人集》三卷，楊弘道《小亨集》六卷，程端禮《畏齋集》六卷（文三卷附），陳宜甫《秋巖詩集》二卷，尹廷高《玉井樵唱》三卷，釋大訢《蒲室集》詩一卷，侯充中《艮齋詩集》十四卷，劉鶚《惟實集》四卷，宋無《翠寒集》一卷，洪焱祖《杏亭摘稿》一卷，唐元《筠軒集》詩八卷，李存《俟庵集》詩一卷，朱晞顏《鯨背吟集》一卷，周伯琦《近光集》三卷，《扈從詩》一卷，納新《金臺集》二卷，張仲深《子淵

詩集》六卷，陳鑑《午溪集》十卷，李繼本《一山集》詩二卷，沈夢麟《花溪集》三卷，趙汸《東山存稿》詩一卷（以上二十二家，八十二卷，皆用存素堂墨格紙鈔）。借鈔官書，不得過多時日，攜歸又恐污損。是年因謄寫七閣書甫畢，書手閒居京師者甚多，取值特廉。余以提調院事，小史亦有工書之人，揀《永樂大典》中世所罕見而卷帙較略者，分日鈔繕，受業生徒十餘人亦欣然相助，閱三月而功蕆。鉅集則不暇及矣。粗校一過，底本即歸大庫。其中缺略訛舛極多，卷數與原書亦有不符處，則小史之所為。何日得同志排纂勘閱，補缺刪複，勒為成書，亦學士大夫所樂觀厥成者也。〔註11〕

　　大興朱竹君學士請裒集《永樂大典》散篇，勒成定本，俾還舊觀。經部易類廿四種，一百九十二卷。書類十三種，一百五十二卷。詩類五種，五十七卷。禮類九種，一百二十卷。春秋類十九種，二百一卷。孝經類一種，一卷。四書類二種，十卷。樂類三種，九卷。小學類四種，十八卷。史部正史類二種，一百五十五卷。編年類五種，八百六卷。別史類三種，一百一十五卷。雜史類十種，十七卷。詔令奏議類一種，五卷。傳記類十八種，五十卷。載記類三種，十三卷。地理類十二種，七十四卷。職官類五種，三十三卷。政書類十二種，一百五十六卷。目錄類三種，四十二卷。史評類四種，十一卷。子部儒家類十八種，五十三卷。農家類三種，三十一卷。醫家類十九種，六十六卷。兵家類四種，七卷。法家類五種，二十九卷。天文算法類十一種，五十八卷。術數類三十三種，一百四十四卷。藝術類六種，四十三卷。譜錄類三種，四卷。雜家類二十九種，一百四十二卷。類書類二十種，一百三十五卷。小說家類十九種，四十二卷。道家類一種，十二卷。集部別集類一百六十六種，二千一百九十九卷。總集類九種，一百卷。詩文評類九種，十五卷。詞曲類一種，二卷。共成書五百一十四種，五千三百一十三卷。薈萃之功，千古不朽矣。〔註12〕

〔註11〕法式善著，涂雨公點校：《陶廬雜錄》卷三，北京：中華書局，1959年，第66～69頁。

〔註12〕法式善著，涂雨公點校：《陶廬雜錄》卷三，北京：中華書局，1959年，第114～115頁。

上述材料對研究《四庫全書》著錄書籍頗有助益，特別是「四庫底本」的提出，這應該是最早記錄「四庫底本」的史料。值得注意的是，法式善雇傭寫手鈔錄的四庫底本書現存情況尚不明確，但據史料知，這些鈔本係用存素堂墨格紙鈔成。

天祿琳琅書目　天祿琳琅書目後編

于敏中、彭元瑞等撰，上海古籍出版社，2007 年。

中國清代官府藏書目錄。清乾隆九年（1744）開始在乾清宮昭仁殿收藏內府藏書，題室名為「天祿琳琅」乾隆四十年（1775）指派于敏中等編出《天祿琳琅書目》10 卷嘉慶二年（1797）彭元瑞等又編《天祿琳琅書目後編》20 卷《天祿琳琅書目》著錄清宮所藏宋元以來精刻精鈔善本書籍 1000 餘部。同一書兩刻或同一版兩印皆精者均收錄在內。按版本時代順序編排，同時代版本以經史、子、集為序。明代影宋鈔本和影遼鈔本分列於宋版、遼版之下。每書不僅著錄書名、卷數、著者時代、著者姓名著作方式篇目、版本等，而且收入重要序、跋、題、識、牌記，此外還用楷書摹寫書中鈐印的藏書印記。該目錄對以後版本目錄的編制有一定的影響。《天祿琳琅書目》已收入《四庫全書》。光緒十年（1884）長沙王先謙合其前後編刊行。嘉慶二年（1797）乾清宮遭火，宮內又把一部分圖書分賞個人該目錄所收圖書今已殘缺其後，施廷鏞編有《天祿琳琅查存書目》〔註13〕，張允亮編有《天祿琳琅現存書目》，1932 年故宮博物院輯印《天祿琳琅叢書》。遺存圖書現藏於臺北故宮博物院圖書文獻處。

販書偶記

孫殿起著，上海古籍出版社，1959 年一版，1960 年二印，1962 三印，1982 年新一版。《民國叢書》第四編第 100 冊收錄，上海書店 1992 年版。1999 年上海古籍出版社將《販書偶記》與《販書偶記續編》合為一冊出版，題名《販書偶記（附續編）》。是書 1936 年臺灣刊印過一次，印數不多且版已燬失，1984 年臺灣世界書局將《販書偶記》更名為《四庫書目續編》出版。余除藏上海古籍出版社 1982 年本外，另有民國二十五年（1936）刻本，二十卷八冊，係借閒居線裝排印本，藏書家杜衛初舊藏。書中有「黃岡藏書家」「知道齋主人杜衛初舊藏」，卷末印有「黃岡杜衛初七十三歲所得書籍 甲午（1954 年）重三

〔註13〕施廷鏞：《天祿琳琅查存書目》，《圖書館學季刊》，第一卷第三期。

清明日」「知道齋藏書」及「黃岡杜氏藏書」藏書印，首冊和第二冊封面尚有另一位藏書印。

《販書偶記》，原名《見書餘閒錄》。著者孫殿起編著之作甚多，除《販書偶記》外，另有《叢書目錄拾遺》《清代禁燬書知見錄》《琉璃廠小志》《琉璃廠書肆三記》《販書傳薪記》《清人北京竹枝詞選集》《庚午南遊記》《丙子南遊記》《記藏書家倫明先生》《煙草稿》《臺灣風土雜詠》《慈仁寺志》《茶譜》《各省竹枝詞彙編》等〔註14〕。

《販書偶記》相當於《四庫全書總目》未收書的彙編，孫氏在北平開設通學齋書店，經營古籍販賣事業數十年之久。在經營期間，其隨手將目睹手經的書冊逐一做詳細記錄，包括書名、卷數、作者、籍貫、版刻年代等，卷數、版刻等存在差異的書籍，也偶有備註。書籍的著錄以清代著述為主，兼及辛亥革命以後至抗戰以前（約止於1935年）有關古代文化的著作。也有不少明代人著作，大多是《四庫全書》未收錄者。孫氏在《略例》中提及，凡見於《四庫全書總目》者概不著錄，但卷數、版本等不同者，有所著錄；著錄單刻本，不著錄叢書，「間有在叢書中者，必係初刊單行之本，或是抽印本」。全書分經、史、子、集四部，共二十卷，分類之法或依《總目》。

是書關於書籍版本的考證，有重要參考價值。如史部卷五古史類著有嘉慶戊寅（嘉慶二十三年，1818）琳琅仙館刊秦嘉謨撰《世本輯補》四卷，孫氏云「案封面及目錄皆作十卷，查書中實四卷，非細檢則不知其全也。曩聞人言，此係陽湖洪飴孫所著，終未敢深信。近考此書非秦氏撰，明證有四，武進李兆洛刊《三國職官表序》，稱洪氏著有《世本輯補》，以其稿請質於孫伯淵，遂留其齋中，孫後以其稿付江都秦氏刻之，遂冒秦名，於原書前後不易一字，但分卷不依原目，又於序中竄入數語，以附其名耳，其明證一也。吳縣鈕樹玉〔註15〕《匪石遺文》載洪孟慈《世本輯補跋》云，釐為十卷，甚詳言之，其明證二也。鄱陽陳方海《計有餘齋文稿》載《洪孟慈傳》云，著有《世本輯補》十卷，其明證三也。瑞安黃體芳《江蘇採進書目》載洪飴孫著有《世本輯補》十卷，其明證四也。」〔註16〕考證所涉史料非熟悉不易得，孫氏檢索

〔註14〕按，參馮漢才《孫殿起〈販書偶記〉研究》，河北大學碩士論文，2011年。
〔註15〕按，鈕樹玉（1760～1827），江蘇吳縣人，字藍田，自號匪石山人，人稱非石先生。精於音律、金石、古文字，藏書家、版本家。
〔註16〕孫殿起：《販書偶記》，上海：上海古籍出版社，1982年，第120～121頁。

之功可由此見。收有《總目》禁燬書書目，如屈大均《明季南都殉難記》無卷數，光緒間鉛字排印本；《皇明四朝成仁錄》無卷數，傳鈔本；錢謙益《列朝詩集小傳》，康熙三十七年誦芬堂刊；李清《歷代不知姓名錄》十四卷，舊鈔本；《歷代不知姓名錄》十卷，傳鈔本。另，所著錄清人著述之外，臚列其他著述，以便全窺該著者之著述。如集部著錄皮錫瑞《師伏堂駢文前集》二卷《後集》四卷《詩草》六卷《詠史》一卷《詞》一卷，小字詳云皮錫瑞其他著述「錫瑞著有《今文尚書考證》《尚書大傳疏證》《禮記淺說》《左傳淺說》《春秋講義》《發墨守疏證》《箴膏肓疏證》《釋廢疾疏證》《孝經注疏》《漢碑引經考》《漢碑引緯考》《皮氏經學》八種」〔註17〕，閱者可按圖索驥，尋皮氏著述以窺。又如著錄王仁俊底稿本《正學堂集內篇》二十卷《外篇》二卷《附篇》一卷，後小字云「任俊著有《格致古微》《毛詩草木今名釋》《敦煌石室真蹟錄》《倉頡篇輯補校斠證》《說文引漢律令考》《周秦諸子敘錄》《淮南萬畢術輯證》《存古學堂叢刻經史詞章學》《存古學堂叢刻經學》《遼文萃》《西夏文綴》《正學編》《闢謬篇》《孔子集語補遺》。餘未刊者凡二十餘種，見稿本」〔註18〕，考王仁俊著述，或可從此入手。

　　是書中所錄之書，常與《總目》比較，述版本差異。例如指出其經眼的萬曆世經堂刊本王世貞《弇州山人四部稿》與《四庫》本不同，「校四庫著錄多《燕語》三卷，《野史家乘考誤》三卷」〔註19〕。經眼書籍中，有很多四庫存目著錄之書，均予以標注。

　　原中華上海編輯所本有書名著者索引，後之再版本均附錄索引。書後另有雷夢水所輯《〈販書偶記〉正誤並補遺》，並有「〈販書偶記〉正誤並補遺書名著者四角號碼索引」。

販書偶記續編

　　孫殿起著，上海古籍出版社，1980年。

　　是書1959年原中華書局上海編輯所重印過其次。其性質與《販書偶記》一致。孫殿起在《販書偶記》1936年初版刊刻之後，又陸續經眼記錄書目六千餘條。孫氏1958年去世，其助手雷夢水將書稿進行了整理，題名《販書偶

〔註17〕孫殿起：《販書偶記》，上海：上海古籍出版社，1982年，第488頁。
〔註18〕孫殿起：《販書偶記》，上海：上海古籍出版社，1982年，第490頁。
〔註19〕孫殿起：《販書偶記》，上海：上海古籍出版社，1982年，第323頁。

記續編》。據書前《略例》，此書特點如下：一，是書繼《販書偶記》輯錄，故稱《續編》；二，收錄單行本書籍；三，著錄書籍不見於《總目》和《販書偶記》，偶有見於者，卷數或刊本互異。《續編》分經、史、子、集四部，共二十卷。

是書在版本學中有一定的地位。每部書著錄書名、卷數、著者、版本、刊刻時間，如「《古趣亭易說》一卷，清會稽范家相撰，底稿本，墨格，板心下有『古趣亭藏書』五字」「《周易邵注》無卷數，清餘姚邵晉涵集，原稿本，墨格，板心下刊『水層軒』四字」〔註20〕。偶有按語，如「《聖廟樂釋律》四卷，清嘉定錢塘撰，原稿本，墨格。版心下刊『四益齋』三字，首有乾隆五十年四月朔日江寧府儒學教授錢唐自序。案錢唐傳載著有《泮宮雅樂釋律》四卷，即是書。」〔註21〕也偶然錄有序跋，對考察書籍版本來源有重要價值，如「《明鑑舉要》五十卷，清鄞縣萬言撰，傳鈔本，紅格，每半頁十四行，行三十字，小字雙行。最後跋云：四明萬季野先生伯兄祖繩先生之子管村先生言，康熙初聘入史館，纂修《明史》，因忤貴臣，出令五河，罷官論罪。其子西郭，狂走數千里，哀金論贖，乃得歸鄉里。窮年鍵戶，編纂《明鑑舉要》一書。其卒也，未及校讎也。應徵士潛齋先生為補校閱，歷時二年而全書始畢。其後季野重為刪訂。及九沙先生經歸自貴陽學使任，復於是書缺者補之，繁者芟之，乃成有明一代之信史，惜乎力無能刊也。書中潛齋用硃筆，季野用墨筆，其黃筆乃九沙也。九沙之子承天以是書歸余，欲資有力者梓行於世，因述其顛末如此。乾隆戊寅冬董浦記」〔註22〕。也有部分書籍錄有大致內容，如「《玉梅絃歌集》六卷，清偃源胡之燦撰，原稿本。首有光緒丁未自序，卷一楚隱先生傳，卷二琴旨賦，卷三醉漁佳趣、醉漁唱晚凡十二段，卷四風流自賞、普陀禪思琴譜、多心經琴譜凡五段，卷五關雎樂趣，卷六猴山琴話，又另一冊卷三卷四琴學粹言」〔註23〕。如「《五七言古詩聲調》一卷，清曲阜桂馥撰，底稿本。卷首題云：昆明王生二厚，從余問古詩聲調，時未攜趙飴山舊譜，口說難明，遂標唐宋諸家詩示之，略引端緒，所貴隅反。自念年及七十，猶不厭此瑣瑣，未忍棄去，付胥鈔兩本，一贈二厚，一自存，使兒孫輩知吾老不廢學也。甲子端午。

〔註20〕孫殿起：《販書偶記續編》，上海：上海古籍出版社，1980年，第4頁。
〔註21〕孫殿起：《販書偶記續編》，上海：上海古籍出版社，1980年，第15頁。
〔註22〕孫殿起：《販書偶記續編》，上海：上海古籍出版社，1980年，第43頁。
〔註23〕孫殿起：《販書偶記續編》，上海：上海古籍出版社，1980年，第153頁。

桂馥記於永平縣齋」〔註24〕。偶錄名家題簽、藏書家鈐印、序跋，如「《剪梅詞》四卷附一卷，清鄱陽陳宇撰，原稿本。首有陸繼輅署簽，陳□□少香、吳蘭修、宋翔鳳、程紹芳、齊彥槐、金望欣、汪鈞等題字，並鈐有諸家之印。次周濟序，次管繩來、鄧廷楨、高望曾、戴彥升、董國華、錢國珍諸題詞，後有周儀暐跋」〔註25〕。偶有考證，部分考證較為詳細，學術性強，如「《新編十一經問對》五卷，元何異孫撰，元至正戊戌刊，每頁二十八行，行二十五字，書名占雙行，四周雙欄，版心上下黑口，雙魚尾，每冊首尾鈐有毛晉二字印一方，毛辰之印一方，斧季二字印一方，汲古主人四字印一方，臣筠二字印一方，三晉提刑四字印一方，李一字印一方，仲約二字印一方，李文田三字印一方，元本二字印一方，最後有順德李文田跋云：此書於光緒甲午十一月流轉廠肆，以十八金收得之，以校顧氏彙刻目，方知汲古毛氏原有兩元刊，初收者無序，故通志堂本缺序文，後收得此本。有序。即陳仲魚所云，鮑以文據以補缺者也。十二月十日」〔註26〕。

書後有附錄一篇，注云「孫殿起先生手錄殘稿，多係明末、清初罕傳本，而又較《四庫存目》著錄為詳，現分經史子集四部，並附篇末」〔註27〕。將《四庫存目》所收錄者單列，題為「四庫存目有」。附「《販書偶記續編》書名著者名四角號碼綜合索引」，方便查找所收書籍。

鄭堂讀書記

七十一卷。清周中孚撰。周中孚（1767～1831），字信之，別號鄭堂，浙江烏程（今吳興）人。少即好學，遍求諸史藝文志，致力目錄校勘，尤重漢唐存佚考證。嘉慶元年（1796）被選為貢生，後屢試不第。客居上海時為李筠嘉編《慈雲樓藏書考》，書成別錄副本，即是此記，係分類搜輯所閱諸書的解題目錄。

《鄭堂讀書記》體例仿照《四庫全書總目》，有《四庫全書總目》續編之譽，不僅對《四庫》有一定的增補、修正，更創立了讀書記體裁的新型目錄形式。是書分經、史、子、集四部四十一類，卷一至十四經部，共十類，包括易類、孝經類、五經總義類、禮類、樂類、詩類、書類、春秋類、四書類、小學

〔註24〕孫殿起：《販書偶記續編》，上海：上海古籍出版社，1980 年，第 321 頁。

〔註25〕孫殿起：《販書偶記續編》，上海：上海古籍出版社，1980 年，第 327 頁。

〔註26〕孫殿起：《販書偶記續編》，上海：上海古籍出版社，1980 年，第 343～344 頁。

〔註27〕孫殿起：《販書偶記續編》，上海：上海古籍出版社，1980 年，第 336 頁。

類。卷十五至三十五史部，共十六類，包括政事類、編年類、紀事本末體類、別史類、雜史類、詔令類、奏議類、傳記類、史鈔類、載記類、時令類、職官類、政事類、目錄類、史評類、地理類。卷三十六至六十九子部，共十四類，包括儒家類、兵家類、法家類、農家類、醫家類、天算類、術數類、藝術類、譜錄類、雜家類、類書類、小說家類、釋家類、道家類。卷七十、七十一集部，只一類，為別集類。現在通行之本，正編七十一卷，補逸三十卷，共收錄古籍四千餘種，每書均撰有內容提要，詳其源流得失，也有周氏個人觀點，對所考古籍真偽多有發現。《鄭堂讀書記》是繼《四庫全書總目》之後，收錄內容豐富、編纂體例完備的古籍書錄提要。

據戴望所撰《外王父周先生述》記載，周氏「見《四庫書提要》，謂為學之途徑在是，於是遍求諸史藝文志，考自漢迄唐存佚各書，以備搜輯古籍」。一生所著甚多，「有《孝經集解》《逸周書注補正》《顧職方年譜》《子書考》《鄭堂讀書記》《金石識小錄》《鄭堂劄記》諸書」。《鄭堂讀書記》一書在周氏在世時並未刊刻，周氏去世後，書稿歸其弟周聯奎（戴望《外王父周先生述》稱其為「教諭君」）保存。然「教諭君客山東，其次子不肖，以先生藏書及草本鬻諸他氏，朱比部為弼得其《讀書記》」。據戴望所言，此稿「有百餘冊」。趙之謙在《鄭堂劄記·跋》中稱「《讀書記》歸平湖朱氏，庚辛亂後，聞為粵東鉅公某取去，遂不得見」〔註28〕。粵東鉅公係丁日昌，其《持靜齋書目》記載「《鄭堂讀書日記》，稿本三十四冊，鈔本，國朝周中孚撰」。莫友芝曾校訂過丁日昌書目，其在《宋元舊本書經眼錄》與《邵亭知見傳本書目》記述「《鄭堂讀書記》三十四冊，稿本，國朝烏程周中孚撰。蓋嘉道間人，讀一書必為解題一篇，條得失，議論頗能持平，亦好學深思之士也。經部十四卷，諸經皆略具，惟缺易及小學、雅故、字書。史部二十二卷，子部三十三卷，尚無大缺逸。集部則僅本朝二卷。計亡佚當十之二三，不知更有副本否。亂後蓋無從訪求矣」。又據劉承幹撰《鄭堂讀書記跋》所言「是編初歸朱椒堂侍郎，稿本百餘冊，後歸洪鷺汀觀察，觀察復以歸予，僅存七十一卷，似從椒堂侍郎所藏本傳鈔而有脫佚者，非先生之舊矣。本多漫漶，復假王學岑廉訪廣雅書局本校之。昔張文襄刻《廣雅叢書》，欲入是編而未果，原鈔遂留廉訪許，予故假得之」〔註29〕。

〔註28〕周中孚：《鄭堂劄記·跋》，北京：中華書局，1985年，第1頁。
〔註29〕周中孚，《鄭堂讀書記》中冊，北京：北京圖書館出版社，2007年，第1429頁。

可見，《鄭堂讀書記》一書傳至劉承幹嘉業堂，從百餘冊到三十四冊，稿本散佚嚴重。關於《鄭堂讀書記》稿本流傳情況可參見陳乃乾所撰《〈鄭堂讀書記〉源委》一文〔註30〕。

　　《鄭堂讀書記》刻本有兩個版本系統。一為七十一卷本，二為正編七十一卷《補逸》三十卷本。

　　《鄭堂讀書記》的刻本，最早係民國十年（1921）劉承幹所刻《吳興叢書》本，共七十一卷。後王雲五主編《萬有文庫》本收錄此書，1937 年商務印書館出版。1960 年臺灣新文豐出版社出版《叢書集成續編》，收入《鄭堂讀書記》七十一卷本，係據《吳興叢書》本影印。1965 年臺灣世界書局出版《鄭堂讀書記》，亦係七十一卷本，分上下兩冊。1986 年文物出版社據《吳興叢書》影印。2002 年安徽教育出版社據年劉承幹的《吳興叢書》本影印，收入《中華漢語工具書書庫》。2002 年北京圖書館出版社據《吳興叢書》本影印，收入《國家圖書館藏古籍題跋叢刊》第十至十四冊。2003 年上海古籍出版社據《吳興叢書》本影印，編入《續修四庫全書》第九二四冊。

　　正編七十一卷《補逸》三十卷本係周子美所輯。周子美就職於嘉業堂，考證《慈雲樓藏書志》與《鄭堂讀書記》實為一書，又自嘉業堂所藏《慈雲樓藏書志》稿本六十卷中，輯出《鄭堂讀書記》所缺之書，釐為三十卷，以為《補逸》，刻入國學基本叢書，題《鄭堂讀書記·附補逸》，全六冊，1940 年商務印書館出版。1959 年商務印書館出版《鄭堂讀書記·附補逸》，編為三冊。1968 年臺灣商務印書館將原北京商務版全八冊合訂為二冊出版。1978 年臺灣商務印書館將原北京商務版全八冊合訂為四冊出版，收入《人人文庫》中。1993 年中華書局將原北京商務版縮印出版，收入《清人書目題跋叢刊》第八種。2007 年北京圖書館出版社亦據原北京商務版影印，分裝三冊。2009 年上海書店出版社出版黃曙輝、印曉峰標校本，所據之本為《吳興叢書》本及商務印書館排印本。

　　據陳曉華統計，正編據吳興劉承幹刊《吳興叢書》卷本，補逸卷源於《慈雲樓藏書志》的稿本，總計卷，收錄古籍 4762 種。其中與《四庫總目》相同者有 1324 種，收錄《四庫總目》未著錄的古籍 3438 種，包含有清人著作 910 種，乾嘉及道光時期的 673 種，《四庫總目》不見著錄的清代欽定書 75 種〔註31〕。

<hr>

〔註30〕陳乃乾：《陳乃乾文集》，北京：國家圖書館出版社，2009 年。
〔註31〕陳曉華：《續〈四庫全書〉之〈鄭堂讀書記〉》，《首都師範大學學報（社會科學版）》，2007 年第 3 期，第 36 頁。

關於《鄭堂讀書記》的文獻價值，可參看陳曉華一文，吳超楠碩士論文《〈鄭堂讀書記〉研究》，樊文亞碩士論文《〈鄭堂讀書記〉文獻學價值初探》等。

邵亭知見傳本書目

十六卷。清莫友芝撰。莫友芝（1811～1871），字子偲，號邵亭，又稱邵叟，貴州獨山人。自幼好學，又喜藏書，後因屢試不第，遂絕意功名，出京南遊，著述頗多。其對所知所聞古籍版本時有記錄，經後人莫繩孫整理遺稿，編成此目。依四部編排：經部十類、史部十五類、子部十四類、集部九類，類目設置一般，但著錄格式及事項較為完備。經部見於「四庫」者三種，未收者一百一十八種；史部見於「四庫」者二十八種，未收者二百一十種；子部見於「四庫」者十四種，未收者一百九十八種；集部見於「四庫」者一種，未收者一百二十一種，顯見絕大部分為「四庫」未收之書，足可彌補邵懿辰《四庫簡明目錄標注》所未備，是考察古籍版本十分重要的工具書。有清宣統元年（1909）日本東京田中氏北京鉛印本、民國間上海國學扶輪社鉛印適園所藏本、江安傅氏鉛印大字本、山陰吳隱西冷印社鉛印本、民國十二年（1923）上海掃葉山房石印本，2010年國家圖書館出版社影印本等〔註32〕。

附：邵亭知見傳本書目【鈔本】

《邵亭知見傳本書目》十六卷，清莫友芝撰。鈔本。二冊。莫棠跋。題「獨山莫友芝子偲」。前有莫繩孫序。

《四庫全書簡明目錄》行世後，即有仁和邵懿辰創為標注，以所知一書之版本，詳加羅列，以資考稽。繼起者則以莫友芝、朱學勤為最著，三人各注見聞，輾轉傳鈔，多所增益。莫氏於同治初年曾領書局，搜訪文宗、文匯、文瀾三閣遺籍，又盡見上海郁氏藏書。其客丁日昌幕府時，得讀丁氏持靜齋藏書，並以所見各書版本列之於四庫簡目條下，間及存目，四庫未收者亦記諸上下方，自題曰《邵亭知見傳本書目》。

同治十年（1872），友芝卒。《傳本書目》乃由其子繩孫寫定，宣統元年（1909），為日人田中慶太郎在北京排印以傳，田中本乃為後來各種印本之祖。後有傅增湘大字排印本、張氏適園小字排印本、

〔註32〕李學勤、呂文郁主編：《四庫大辭典》上冊，長春：吉林大學出版社，1996年，第1474頁。

掃葉山房石印本、北京中國書店縮印傅增湘本等，較之邵懿辰標注本傳播更廣。二三十年代時，研簿錄之學者，咸奉此書及邵懿辰《標注》為金科玉律，其津逮後人，實非淺鮮。

莫棠跋於是書源流敍述甚詳，有云：「伯父邵亭徵君，生平於所見所知四部書籍傳本，輒隨時箋記於《四庫簡明目錄》之欄外、上下端，間及存目，又採仁和邵位西先生《經籍筆記》入焉。伯父既沒，先從兄仲武觀察繩孫，乃依手跡寫為四冊，分十六卷，以當日特為便省覽，非欲勒書行世，故無畫一體例。光緒辛卯，棠向兄逤錄，為言如此。棠得本後，偶遇所得，亦稍稍補記。湖州坊客吳申甫，曾假以浙中勞季言格所批《簡目》，竭半日擇錄還之，字極草率，亦未及標明孰為勞氏語。時蘇州書友侯駝子念椿者，年七十餘，再四乞過錄一部，言業書六十載，遠見黃蕘圃，近見袁漱六，咸同兵燹，古籍日湮，不圖垂暮，覩此鈔刻板本薈萃之書，倘能抱守一編，夕死可也。余鑒其誠、閔其老，允之。無何而侯死，其本遂為都中收書估人所得，互相傳鈔，以售重價。余方流滯嶺南，不及知也。戊申歲，廣東提學沈子封廉訪曾桐，忽視余以都市日本人排印本，審之即從余本出。余所添注者亦亂而為一，謬誤滿紙，蓋余書有未真之字，遞經轉寫，遂至不可解釋。高雷道王雪澂觀察秉恩亦有新本，因假余本校正。未幾，余重管廣雅書局，擬以付刊，提學贊從，因更假原本為審定刻例。用是余本留提學許。辛亥正月，余渡瓊臺，二月提學遷雲南提法，余啟賀索書，迄未得報。其年冬，余遺提學滬上，言書櫝悉致京邸，不及檢還。迨余甲寅入都，則謂粵裝倉卒，既徧求不可得。從此，余本絕歸來之望，所幸者誤本正有流傳，雪澂先生所校猶無恙也。當書局議刊之初，余寓書仲武兄，求所編初本。兄鄭重致粵，故今尚謹藏篋中。日本排本余亦有之，為楊星吾廣文守敬借觀未還。此本海上某氏據以重印，其中補案云云，即其中所加，而奪誤終不能改。癸丑，傅沅叔太史增湘借余初本以校所得新鈔，後以鉛本印行，字體較大，視此為勝矣。從來大亂之世，燬棄典籍，有如糞土，今則反是，舊書之值，遠倍承平時。光宣之際，古書出世，已有在乾隆朝求書之外者，如敦煌之石室、內閣之大庫、海東之流入，比比皆是。辛亥以後，宮府之藏，故家之守，

流落散見者更不可以勝計。奇篇秘籍，日益有聞，兼以舟輿利通，豪強競取，因利聞風者，無間於偏鄉僻壤，上海、京師，實為聚處。而估客之分道蒐集者，復窮其所往，計取巧偷寧波天一閣，抱經廬且以搆訟。故凡家有尺書而欲售者，但見紙墨渝敝，無論為何，即索千百，視昔所詠宣綾包角藏經箋，不敵當時裝訂錢者，固敻乎異矣。溯其稱貴之由，殆緣日本之購皕宋樓書，法人之囊括石室古本，其他東西求書之使，更交錯都邑，國人乃憬悟譁趨翔貴，遂至於今日。然而三綱則墜敗，五禮則銷亡，亙古以來，未有甚於此時者，抑又何也。豈天心未厭，知喪亂之未可遽終，而又不忍聖人之道、文化之原，絕於中國，特聳亂世人心之所好，假強有力者以保守之，不必其人之能述能作也。不然辛壬之交，橫流放決，挾其凶梟猛捍之性，佐之以兵革，禍有烈於秦火者，充其所至，安能使人間尚有充棟列架之事哉？顧收書之人，正不一類，讀者之與賞鑑，論久著矣。夫昔之賞鑑家，文采固燦然也，今乃有識字不必多、而不吝數萬金收宋槧書將百本者，豈非鬼神誘之作典守乎？十餘年中，訪書者奉此目為津梁，售書者挾此目為軒輊，而新見之書，溢於此者正復未已。余嘗為雪澂先生、沅叔太史言，宜本此編，增廣附益，著明續錄，不相淆雜，校訂刊木以傳，合之葉鞠裳太史《藏書紀事詩》、葉奐彬吏部《書林清話》（頃以印樣見示），則古今典冊流傳之緒、刊鈔存佚之源，皆可貫穿而得，在目錄一家之言，足稱淵藪。而由此求數千年名教學術，不至絕滅於變亂之餘，留以待景祚昌明之會者，所關係甚鉅也。獨余窮老，無能為役，先代世學，遂以失墜。記此書，第絕媿戾增重爾。己未九月十二日獨山莫棠。」

莫棠，字楚生，祥芝子，友芝從子，繩孫從弟。清末需次廣東知府，辛亥後棄官，寓居蘇州。1929 年卒於滬。己未，為民國八年（1919）。

莫氏此書稿本當不止一種，1937 年時，莫氏藏書在蘇州散出，為書賈柳蓉春所得。潘師景鄭（承弼）先生其時收得《傳本書目》四冊，審為「先生父子群從遞校之稿」。又取校各本，時有出入，故有「千羊之裘，不如一狐之腋」之歎。潘師又藏有孫毓修手校《傳本書目》，書眉上朱墨爛然，拾遺補缺，不下百數十條。

　　按，北京國家圖書館有莫繩孫鈔本，又有王國維校注本。臺北
《「國家圖書館」善本書志初稿》中著錄有藍格鈔本，為日人田中慶
太郎刻本之底本，書中有傅增湘校筆。按，田中本前有董康序，序
云：「日本田中慶太郎，劬書耆古，雅有同志，從南中獲邵亭目，就
所經見輒標簡耑，謂宜先付印行，更竣補輯。始事於戊申之冬，經
三月告成。」末又有牌記，云「明治四十二年二月即宣統元年正月
東京田中氏刊行於清國北京」，為北京德興堂印字局排印。

　　此本今藏上海圖書館。然《中國古籍善本書目》未著錄。

　　鈐印有「銅井文房」「獨山莫棠」「楚生第三」。〔註33〕

書目答問（附《書目答問箋補》）

　　清張之洞撰，民國石印本，雷懌過錄葉德輝批註本。此書版本較多，不贅
述。

　　張之洞（1837～1909），字孝達，號香濤，河北南皮人，同治二年（1863）
一甲三名進士，官至兩廣總督、湖廣總督、軍機大臣，卒謚文襄。該書為其督
學四川時，令其幕僚繆荃孫等編纂而成。該書分類雖然依四部之舊，卻又於經、
史、子、集之外另立「叢書」一部，總為五部分類。每部類下雖再分小類，卻
不標目，僅用「鉤乙」符號為區分標誌。所著錄的書籍，以時代先後為序。只
是經部有「群經總義」、史部有「古史」、子部有「周秦諸子」等目，使讀者漸
識門徑。其經部著錄，多主東漢經學之說；史部著錄，去歲時類，以子部小說
類入雜史；子部著錄，以雜家入儒家，儒家又分經濟、理學、考訂；集部著錄，
存歷代名家有傳本者。記錄版本，不拘泥於宋、元刻本、鈔本，而以明、清以
來各家校刻善本為主，斷自光緒元年（1875）以前。該目因是指導學子讀書治
學，故所著錄之書皆為重要書籍，共二千二百餘種。其中，十之三四為「四庫
全書」所未收，而校本、注本晚於「四庫」者更有十之七八，又有一定數量的
中外科技圖書。五部類之後，又有別錄，相互配合，更有利於指導學子讀書。
書後附錄《清代著述諸家姓名略》，列舉姓名、籍貫，便於瞭解清代學術源流。
該書目記錄刊刻、版本，舛誤較多，集部全不載刊本。雖有缺陷和不足，卻不
失為讀古書、治舊學的一部有價值的工具書。

〔註33〕沈津：《中國珍稀古籍善本書錄》，桂林：廣西師範大學出版社，2006年，第
　　　　179～181頁。

傳本先有四川原刊本，後有《張文襄公全集》本。民國年間，趙祖銘有校勘記一卷，收「慎始基齋叢書」。關於此書又有補正本，如范希曾《書目答問補正》，來新夏、李國慶、韋力《書目答問彙補》等。後者彙集諸家校本（含校刻本、批校本及校語），增補張之洞的《書目答問》，選用清光緒五年貴陽校刻本作為底本，以每一種書作為一個條目，先錄貴陽本正文，次列諸家校語。書後附錄四種：附錄一、《書目答問》版本圖釋；附錄二、《書目答問》刊印序跋；附錄三、《書目答問》題識；附錄四、《書目答問》通檢表三種。此外，還編制了綜合索引，對《書目答問彙補》正文及附錄中之書名、作者進行檢索。

附《書目答問箋補》

是書四卷，清江人度撰，江氏，生平不詳。該書以張之洞的《書目答問》為底本，分類和編次均依照《書目答問》，對其加以補充，校正其中的錯誤。第一，補充《書目答問》沒有記載的版本；第二，補充《書目答問》中遺漏的作者姓名及書籍卷數；第三，補充說明《書目答問》中圖書版本的優劣情況；第四，在書後補充了部分外國著作譯本及光緒二年（1876）以後出版的重要圖書。此書傳存不多，現有清光緒三十年（1904）漢川江氏刊本。

木樨軒藏書題記及書錄

李盛鐸著，張玉範整理，北京大學出版社，1985年。

據張玉範在是書「前言」中所云，北京大學圖書館藏李盛鐸木犀軒舊藏九〇八七種，五八三八五冊。李盛鐸本人為自己的藏書寫有題記和書錄，這是利用李氏藏書極為重要的參考文獻。李氏題記寫於個人藏書之中，趙萬里主編《北京大學圖書館藏李氏書目》時，曾提出要把李盛鐸手跋輯錄出來，1979年開始張玉范用四年時間輯錄完成。

此書分為兩個部分：一、《木犀軒藏書題記》。《題記》從李氏書中輯錄出來，按經、史、子、集排列，共173篇。主要內容是記述得書經過，書籍流傳始末，考證版本源流和與它本的文字差異並確定該本優劣。《附錄》共13篇，是李盛鐸為袁克文（字寒雲）藏書所寫的題記，原為北京大學圖書館蔡成瑛輯錄，張氏又進行了校訂。二、《木犀軒藏書書錄》，是名為張氏所擬。此為李盛鐸的手稿，先為科學院圖書館購得，1963年科學院圖書館轉讓北京大學圖書館。《書錄》收書1464種，分經、史、子、集四部，共二十冊。內容記述原書序跋、鈔校流傳原委、前人題記、收藏印記、卷帙編次、行格字數、版心題字、

刻工姓名、諱字、牌記等。1963 年，北大圖書館編目時稱《李盛鐸藏書書目提要》，張氏改稱「書錄」，就內容來看，確實「書錄」較為妥當。《書錄》增收李氏原稿未收的前人有關題記。是書凡例六則，前兩則為：一，《題記》按趙萬里編《北京大學圖書館藏李氏書目》分類排序；二，《書錄》依作者原來順序，對書葉裝訂錯誤予以訂正。

此書記錄了很多「四庫底本」「四庫進呈本」的相關信息。如《題記》中有：

《春草齋集》五卷　明烏斯道撰　附錄一卷　明萬曆蕭基刻本（四庫底本）

此集刊本不多見。此為《四庫》底本，中有分校李棻校籤可證。寶之，寶之。〔註34〕

《書錄》中有：

（1）《李元賓文集》五卷〔唐李觀撰〕舊鈔本〔明鈔本〕

半葉九行，行十八字。前有陸希聲序，末附詩四首。四庫採進本。書面有「乾隆三十八年十一月浙江巡撫三寶送到汪汝瑮家藏李元賓文集壹部計書壹本」等字朱記。〔註35〕

（2）《李群玉詩集》三卷　後集五卷〔唐李群玉撰〕舊鈔本〔清鈔本（四庫底本）〕

《後集》五卷末有朱筆題字：「借五雲樓宋本鈔出。重光。」

有「重白」白文方印，「子宣」朱文方印，「古潭州袁臥雪廬」白文方印；又《進詩表》上有翰林院印，跳行處皆用墨筆勾勒，知為《四庫》底本。〔註36〕

（3）《游鷹山先生集》四卷　舊鈔本

前有《宋史》本傳暨遊公傳略並贊，末附《年譜》。傳贊後墨筆標「欽定」等，《年譜》中校籤有「分校陳木」朱記，前有翰林院印，當為《四庫》副本。〔註37〕

〔註34〕李盛鐸著，張玉範整理：《木樨軒藏書題記及書錄》，北京：北京大學出版社，1985 年，第 45 頁。

〔註35〕李盛鐸著，張玉範整理：《木樨軒藏書題記及書錄》，北京：北京大學出版社，1985 年，第 267 頁。

〔註36〕李盛鐸著，張玉範整理：《木樨軒藏書題記及書錄》，北京：北京大學出版社，1985 年，第 270～271 頁。

〔註37〕李盛鐸著，張玉範整理：《木樨軒藏書題記及書錄》，北京：北京大學出版社，1985 年，第 289～290 頁。

（4）《摘文堂集》十五卷 宋慕容彦逢撰 附錄一卷 鈔本 清翰林院鈔四庫底本

庫鈔紅格底本。前有淳熙十四年〔1187〕劉興祖序。後有淳熙丁未〔1187〕下元日第四孫朝奉郎知象州軍兼管內勸農事借子綸識語，略謂：先大父少師公有《文集》二十卷、《內制》十卷、《外制》二十卷、《講解》五卷、《奏議》五卷，兵火之後，散失幾盡。近於親舊間搜訪所得尚及千篇，分為三十卷、命工鏤板云。前有翰林院印，又「古潭州袁臥雪廬收藏」白文方印。〔註38〕

（5）《竹軒雜著》六卷〔宋林季仲撰〕四庫鈔本

庫鈔紅格底本，前有翰林院印。中有夾紙錄《四庫提要》，為孫澄之所書。〔註39〕

（6）《馬石田文集》十五卷〔元馬祖常撰〕附錄一卷 明刊本〔弘治刻本（四庫底本）〕

大黑口。半葉十行，行二十一字。四周雙邊。字帶行體。有至元己卯〔1339〕王守誠序，蘇天爵序，陳旅序，至元五年〔1339〕九月牒並江北淮東道肅政廉訪使等銜名七行。前有翰林院印，又有校籤。中有「分校潘奕雋」楷書朱記。蓋《四庫》底本也。〔註40〕

（7）《靜庵張先生詩集》不分卷 舊鈔本

明張羽撰。《四庫》底本，有勾勒處及校改之字，分為四卷，次序亦間有更易。首有翰林院印。〔註41〕

（8）《文選顏鮑謝詩評》四卷〔元方回撰〕四庫鈔本

庫鈔底本，首有翰林院印，「古潭州袁臥雪廬收藏」白文方印。〔註42〕

〔註38〕李盛鐸著，張玉範整理：《木樨軒藏書題記及書錄》，北京：北京大學出版社，1985年，第290頁。

〔註39〕李盛鐸著，張玉範整理：《木樨軒藏書題記及書錄》，北京：北京大學出版社，1985年，第296頁。

〔註40〕李盛鐸著，張玉範整理：《木樨軒藏書題記及書錄》，北京：北京大學出版社，1985年，第316頁。

〔註41〕李盛鐸著，張玉範整理：《木樨軒藏書題記及書錄》，北京：北京大學出版社，1985年，第328～329頁。

〔註42〕李盛鐸著，張玉範整理：《木樨軒藏書題記及書錄》，北京：北京大學出版社，1985年，第346頁。

　　(9)《晁無咎詞》五卷〔宋晁補之撰〕舊鈔本〔清乾隆翰林院
鈔四庫底本〕

　　《四庫》底本。前有「欽定四書庫全書」一行並「翰林院典籍
廳關防」。〔註43〕

　　上述四庫底本、四庫進呈本有利於研究《四庫全書》纂修過程。

清人別集總目

　　李靈年、楊忠主編，全三冊，安徽教育出版社，2000 年。

　　李靈年就職南京師範大學古文獻研究，楊忠就職北京大學中文系。著者王
欲祥、陸林、陳敏傑三人亦就職南京師大。首列兩篇序，分別為錢仲聯、程千
帆所撰。錢仲聯，時年九十歲，作序稱「承學之士，俱受厥惠」，「爾後編《全
清文》者，必問津於是；編《全清詩》者，必取徑於是；為清人別集考訂版本、
補佚者，亦必資此：其為功固非一端矣」。錢氏序中提及其主編兩套書《歷代
別集序跋綜錄》《廣清碑傳集》，此二書均部分涉及到清人別集。程千帆，時年
八十四歲，也為此書作序，序中提到「《清人別集總目》一書，所著錄作者凡
一萬九千五百餘人，書凡數萬部，歷時近十年」，贊李、楊諸君所著之作可與
王重民《清人文集篇目分類索引》相媲。程千帆夙好目錄校讎之學，亦曾為山
東大學王紹曾著《清史稿藝文志拾遺》作序。

　　是書凡例詳瞻，其中數條有助於瞭解是書作為工具書的價值所在。其一，
是書係第一部全面反映現存清代詩文別集著述、館藏及其作者傳記資料的大
型工具書，共著錄近兩萬名作家所撰約四萬部詩文集，旨在為清代及近代文史
整理研究提供目錄傳記類文獻的基本線索。其二，是書所收別集，以海內外公
藏書目為主要依據，兼及私人收藏。為保證所錄別集的現存可靠性，國內館藏
書目儘量選用 1949 年建國後編成者；為提高著錄涵蓋面，對部分未編書目的
重要圖書館，則鈔錄其有關藏書卡片。其三，是書以人繫書。同一作者不同著
作的著錄順序，大致依次為詩集、文集、詩文合集、全集。所著錄的別集，皆
注明所知的現存各種版本，並儘量保留各館藏書目及卡片提供的有關該書的
序跋、題詠、輯鈔、校注、編選、刊印等時間、地點、人名資料。其四，是書
對一作者同一體裁的不同作品，或同一作品不同版本的著錄順序，大致以所據

〔註43〕李盛鐸著，張玉範整理：《木樨軒藏書題記及書錄》，北京：北京大學出版社，
　　　　1985 年，第 381 頁。

資料提供的問世時間為準，並適當照顧版本的傳承系統。無具體時間者，一般按稿本、鈔本、刊本（木刻、木活字、石印、鉛印、排印、油印）編排。其五，是書著錄版本，凡涉及《四庫全書》《四部叢刊》《四部備要》《叢書集成初編》《近代中國史料叢刊》等常見大型叢書及建國後整理出版單行者，一般不括注藏書處，但讀者可據叢書名或單行冊名搜求所需之書。其六，是書所收作者，凡知見所及者，均附編小傳，其內容包括生卒、字號、籍貫、科第、仕履、親友、師承、封諡等，並於其後附錄傳記資料索引。作者小傳附錄傳記資料，首重散見於文集中的碑傳資料，次及正史、碑傳合集、詩文、儒學、尺牘、書畫家小傳、年譜及圖像資料。除年譜外，皆以建國前出版者為主。傳記引用文獻詳細至卷數。其七，是書正文前有《別集作者姓氏目錄》，按照姓氏可直接索引別集等相關信息。全書後附索引三種《別集書名索引》《別集序跋題詠輯鈔校注編選刊行者名號索引》《別集人名書名首字繁簡對照索引》，檢索也至為方便。如查找「毛先舒」，其名之下所有著述皆可尋得，見此書上冊 206～207 頁，著述條目後附作者小傳文獻來源，也一併可得，且詳盡非常。

此書前言由李靈年、楊忠合撰，首述先賢整理清集所做的工作，如王重民《清代文集篇目分類索引》、張舜徽《清人文集別錄》、孫殿起《販書偶記》《販書偶記續編》、袁行雲《清人詩集敘錄》、《中國叢書綜錄》、《中國古籍善本書目》、《中國歷代詩文別集聯合目錄》、《臺灣公藏普通線裝書目》、《日本現存清人文集目錄》、《皖人書錄》、《山東文獻書目》、《山西文獻總目提要》等。其次，述《清人別集總目》一書五大特點，即著錄廣泛、多列版本、詳注館藏、書傳結合、便於使用。再次，編撰此書的難點，收集書目難，編目工作難，廣列版本難，撰寫小傳難。第四，此書存在的問題，書目未能盡收，分合不盡允當，館藏或有誤記，人名著錄或不準確，人物傳記或有訛誤。利用此書時，先行閱讀凡例和前言，自然會有所得益。

此書附錄有四，包括《明萬曆至民國中西歷史紀念表》《別集版本著錄所據書目》《別集藏書單位簡稱全稱對照說明》《別集作者傳記參考書目》。特別是《別集版本著錄所據書目》《別集作者傳記參考書目》，這些文獻對於研究清代文史有重要價值，清代文學、文獻學、歷史學等方向的碩士研究生或可據此入門。加之四庫系列叢書、《清代詩文集彙編》以及近年各大出版社出版的系列叢書，可大致瞭解清集的存世情形。

清人詩文集總目提要

柯愈春著，全三冊，北京古籍出版社，2001 年。

柯愈春，武漢大學圖書館學專業畢業，師從徐家麟。徐氏指導其畢業論文時，提及清人別集沒有進行系統整理。徐氏留學於美國哈佛大學與哥倫比亞大學，曾任哈佛大學燕京圖書館主任，任內對清人詩文集有所搜羅（見此書後記）。1972 年柯愈春開始撰寫此書，歷時三十年方告竣。柯先生寫作此書付出之艱辛，亦見於後記之中，其中深夜工作四五個小時，睡夠後就去北京圖書館（今國家圖書館）古籍書庫及其他圖書館去讀清人詩文集，風雨無阻，從不間斷，頗讓人敬佩。此書著錄存世的清人詩文別集甚夥，以一人之力完成，實屬難得。研究清代文學者，可將此書與《清人別集總目》互參。

書前有戴逸所作序，戴序詳細羅列了各家目錄所收清人別集數量，其云：「王重民先生編《清代文集篇目分類索引》僅收書四百二十八種；張舜徽先生著《清人文集別錄》，收書六百七十種，其自序稱『所得寓目者，才一千一百餘家』。鄭振鐸先生性好聚書，節衣縮食以至典物舉債，竭力搜求，所得清人文集八百多種，並多次慨歎收藏清集艱難；陳乃乾先生從清人文集中錄成《清代碑傳文通檢》一書，所見清人文集極多，他說：『南北各大圖書館所藏的清人文集，當在三千種以上。』徐世昌所輯二百卷本《晚晴簃詩彙》，是迄今最宏富的清人詩選，收詩人六千一百家，應是接觸到了相當多的清人詩文集；孫殿起的《販書偶記》與《續編》，著錄清人詩文集約有四千種；《清史稿·藝文志》著錄的別集一千六百八十五部，加上武作成《清史稿藝文志補編》所收二千八百九十部，兩者合計為四千五百七十五部（其中尚應剔除輯錄古人的散佚文集及重複著錄者）；鄧之誠先生去世前一年，撰成《清詩紀事初編》一書，據他本人所藏順、康時詩文集，著錄作者六百人，所寫介紹多有得之言。關於清集數量最多的記載，是東莞倫明，藏清人集子，幾乎達到萬種，不到三十年，都轉賣散失（《周叔弢六十生日紀念集》）。這一記載是否確實，有待查考。外國人也早已注意到了清人文集的價值，七八十年前，日本有位藏書家搜集清代順康以至嘉道時期的集子很多，有「清詩萬卷樓」之稱（葉德輝《藏書十約序》）。日人西村元照於一九七二年編成《日本現存清人文集目錄》，收錄詩文別集二千六百五十餘家。」其中，鄭振鐸《清代文集目錄》一書未刊，但鄭氏有《清代文集目錄》序跋。另，除《清史稿·藝文志》《清史稿藝文志補編》外，又

有王紹曾《清史稿藝文志拾遺》（2000 年版），見該書敘錄。上述這些信息，對初入清代文學、文獻研究者而言，頗為重要。

凡例十則，重要者有四，一，是書收清代有詩文別集傳世者一萬九千七百餘家，四萬餘種；二，書名力求標出足本或定本。為求簡明，所傳諸集凡一人數種，或十數種，甚至數十種者，皆在文中介紹，不再一一標題，只在全書所附《書名索引》中分別列出，以便檢索；三，全書按作者生年排列；四，全書後附《著者姓名索引》《書名索引》《人物索引》。著者姓名以晚年常用者為準，原名或別名用互見之法標出。《書名索引》收錄範圍限於存世詩文別集，異名亦予標出。《人物索引》包括序跋者、編刻者、評注者、交遊者、私家收藏者及其他有關人物。以上可見是書大致輪廓。只是若索引一人所著詩文集，不能像《清人別集總目》一樣，名下所有別集皆可得；如據提要，也只能知其部分著述。

全書共計五十八卷，按著者生年順序分卷，起於隆慶六年至萬曆二十三年（1572～1595），迄於光緒二年至二十年（1876～1894）。這樣可直觀看出作者所處時代，對於文學史斷代研究頗有助益。書中正文以書名肇端，按《四庫全書總目》所撰提要之法進行提要撰寫。

清代詩集敘錄

袁行雲，文化藝術出版社，1994 年；人民文學出版社，2016 年。

作者生前以三十餘年時間與精力，遍歷國內眾多藏書機構，先後閱讀清人詩集四千餘種，日積月累，陸續寫成此書。是書共計八十卷，敘錄清代兩千五百餘家詩人別集，以證明史事、提供資料為主。所錄詩人均撰有小傳；詩中山川、名蹟、政治、經濟、文化、民俗等線索，悉舉其要，並附錄價值較高之佚文；清詩源流派別及作者評價，亦輯採成說，間作評騭。此書對於清代文學研究具有重要參考價值，二十世紀九十年代初版以來，頗受學界好評。此書依敘錄詩集作者名、號編制索引，便於讀者查閱檢索。四庫館臣相關著述可由此入手查找，再尋原書。

清史稿藝文志拾遺

王紹曾主編，中華書局，2000 年。

是書係王紹曾主編，杜澤遜副主編，王承略、李豔秋、沙嘉孫、苗同圃、張長華、劉心明、劉澤民、魯軍等人參與編纂而成。書前有顧廷龍序、程千帆

序、王伊同序、胡道靜先生書函一封。顧、程、王、胡均為文獻歷史大家，對
《清史藝文志拾遺》稱讚有加。《清史稿藝文志》（章鈺等編）及《清史稿藝文
志補編》（武作成編），再加之《清史藝文志拾遺》，有清一代藝文則大略備矣。
據顧序，「一九八三年，吾友王紹曾先生創議編《清史稿藝文志拾遺》，欲使一
代史志臻於完備，以為異日重編《清史藝文志》之張本」。顧廷龍先生云武作
成《清史稿藝文志補編》增書萬餘種，而除去《清史稿藝文志》及《補編》，
《拾遺》則增加五萬四千餘種（實際數字為五萬四千八百八十八種，見《古籍
整理出版情況簡報》第 280 期第 7 頁）。王紹曾先生早年就讀於無錫國學專修
學校，從唐蔚芝（文治）、錢子泉（基博）兩先生遊，其所著《目錄學分類論》
得唐、錢二人賞識。先生從張菊生（元濟）助校《百衲本二十四史》，對版本、
校讎深有研究。程千帆先生提及王紹曾先生稱《校讎廣義》與《拾遺》乃枹與
鼓，今觀兩書，確實為文獻學中兩部巨著。王序詳述紹曾先生學術成長史，云
及與張元濟先生之交甚深，並作有《近代出版家張元濟》一書，整理張元濟遺
著《百衲本二十四校勘記》。王紹曾撰有長篇前言，總結《清史稿藝文志》脫
漏大量清人著述的原因四點：一，出於主稿者之偏見，取捨由己，不予甄錄；
二，囿於主稿者之識力，不能明辨去取，廣為搜採；三，《清史稿藝文志》著
錄，以存書為限，然未見之書，耳目難周，以此自封，一代藝文勢必無從考見；
四，所據之公私簿錄，為數寥寥，民間未刊之稿本、鈔本，長期沉獲，不獲一
見，子孫為其先德請宣付史館所齎呈之稿本、鈔本，亦未據以錄入。書前《凡
例》十五則，發凡起例，頗見目錄學家功力。目錄歸類依《四庫全書總目》，
無類可歸者則增列類目。又有據《中國古籍善本書目》者，亦有創新。凡例後
附「徵引書目」二百八十五種，這些書目，這些書目亦可視為入門之徑，習清
代目錄學者，可詳讀徵引書目。

　　據《清史稿藝文志拾遺》可全面瞭解有清一代文獻。全書三冊，含索引一
冊，可按作者和書名檢索，頗為便捷。試舉一例，檢索「翁方綱」，可得如下
著述：1.《易附記》十六卷；2.《周易劄記》五卷；3.《儀禮毛氏汲古閣本正文
考誤》一卷；4.《儀禮蠡測簽注》二卷；5.《禮記目錄表》一卷；6.《禮記毛氏
汲古閣本正文改誤》一卷；7.《春秋附記》□卷；8.《春秋校記》不分卷；9.《孝
經附記》一卷；10.《宋開封石經》不分卷（輯錄本）；11.《爾雅坿記》一卷；
12.《音韻述微》不分卷；13.《藝林彙譜》一卷《續補》一卷；14.《虞文靖公
（集）年譜》一卷；15.《王雅宜（寵）年譜》一卷；16.《蓮洋吳徵君（雯）

年譜》一卷；17.《翁氏家事略記》（一名《翁覃溪年譜》）一卷；18.《癸卯入闈紀》一卷（乾隆四十八年）附《書畫詩夢石研屏歌》一卷；19.《御製熱河考鄂博說灤河濡水源考證》一卷；20.《四庫全書纂校事略》〔註44〕無卷數；21.《金石圖像四種》四卷；22.《覃溪手書要緊碑目》一卷（輯本）；23.《化度寺碑考》一卷（輯本）；24.《婁壽碑考》一卷；25.《劉熊碑考》一卷；26.《石鼓考》六卷附文二卷；27.《岱頂秦篆題跋》不分卷；28.《孔子廟堂碑考》一卷；29.《唐碑選》一卷；30.《題嵩洛訪碑圖》一卷；31.《粵東金石略目》一卷；32.《九曜石考》二卷；33.《海東金石文字記》四卷《瑣記》一卷；34.《鄭氏影園扇冊目》不分卷；35.《樂毅論書勢表》一卷《海字本考》一卷；36.《晉楷偶記殘稿》二卷；37.《蘇齋論碑帖雜文》不分卷；38.《天際烏雲帖考》二卷；39.《樂毅論考》二卷；40.《墨子校記》一卷；41.《蘇齋讀書記》不分卷；42.《經史地理雜記》不分卷；43.《說部雜記》一卷；44.《金剛般若波羅蜜經附注》一卷；45.《杜詩附記》二十卷；46.《復初齋詩集殘稿》三卷；47.《蘇齋雜稿》不分卷；48.《翁蘇齋手刪詩稿》不分卷；49.《翁覃溪詩》不分卷；50.《復初齋詩稿》不分卷；51.《零文雜鈔》不分卷；52.《翁覃溪先生芸窗改筆》不分卷；53.《嵐漪小草》一卷；54.《棲霞小稿》一卷；55.《青原小草》一卷；56.《翁詩錄腴》三卷；57.《復初齋集外詩》二十四卷；58.《復初齋集外文》四卷；59.《復初齋外集》不分卷；60.《復初齋文集補遺》一卷；61.《七言律詩鈔》十八卷（編輯本）；62.《小石帆亭五言詩續鈔》八卷首一卷；63.《小石帆亭著錄》六卷；64.《詠物七言律詩偶記》一卷；65.《五言詩平仄舉隅》一卷《七言詩平仄舉隅》一卷；66.《七言詩三昧舉隅》一卷；67.《漁洋詩話提要》一卷；68.《漁洋杜詩話》一卷；69.《復初齋王漁洋詩評》一卷；70.《元遺山論詩絕句附說》一卷《王文簡戲仿元遺山論詩絕句附說》一卷；71.《韋柳詩話》一卷；72.《石洲詩話補》二卷；73.《帖經舉隅》三卷。叢書部收錄《蘇齋遺稿十一種》十五卷，《蘇齋遺稿九種》二十三卷，《蘇齋遺稿五種》八卷，《蘇齋叢書二十五種》一百七十三卷。檢一名可得所有著述信息，著述後附載錄來源，可據此查書之所在。特別是查詢四庫館臣文集，據此可得藏書之所。研治清代史學、文學，此書不可或缺。

〔註44〕南京圖書館編：南京圖書館藏稀見書目書志叢刊·第九冊，北京：國家圖書館出版社，2017 年版。

清史稿藝文志及補編・附索引

　　《清史稿藝文志》章鈺等編，《清史稿藝文志補編》武作成編，中華書局，1982年。

　　《清史稿藝文志》收書時段「取則《明史》，斷自清代」，所收書限於清人著述，前代群書，一概不錄。但清人輯錄的古佚書因「裒纂功深，無殊撰述」，仍在收錄範圍內，附於《藝文志》相應的門類之下。中華版「出版說明」對《清史稿藝文志》及《補編》進行了較為詳細的說明。下面分幾個方面略作敘述。

（一）《清史稿藝文志》的編纂

　　據金梁《清史稿校刻記》所記，《藝文志》為章鈺、吳士鑒原稿，朱師轍復輯。朱師轍在《清史述聞》卷二《清史稿紀志表撰人詳考表》中記載：「《藝文志》四卷，吳士鑒（長編九本），章鈺（分類），朱師轍（改編整理）。」《藝文志》的形成經過了三個階段，第一階段由吳士鑒搜集書目，編為長編。第二階段是由章鈺在長編的基礎上進行分類排比。第三階段由朱師轍加工定稿。

　　吳士鑒、章鈺編輯《藝文志》，費時十餘年。當朱師轍初次見到此稿時，認為「頗有商榷之處」。於是朱師轍就編纂體例、書目分類、收書範圍、重要著作的遺漏等問題，提出了具體意見和改編辦法。朱氏首先調整了體例。《藝文志》經部初稿分為十一類，最後一類是輯佚之書。朱師轍刪去了這一類，把輯佚書附在有關類目之後。史、子、集部也做了相應的調整。史部原有國史一類，朱師轍取消了這一類目。此外，他又審正了分類，訂正了錯誤，刪削了重複，做了刪削合併，又增補了闕漏。按照《藝文志》編纂體例，《四庫全書總目》收載的清人著作全部收錄，《存目》選其重要者著錄。綜上，章鈺、吳士鑒奠定了《藝文志》的基礎，其創始之功不可泯滅。經過朱師轍的整理，《藝文志》的質量有了一定程度的提高。

　　吳士鑒認為《藝文志》的編纂「宜以隋唐宋明四史志為標準，其有萬不能不酌增門類者，則折衷古今，增加若干類」。但在具體的編纂過程中，《藝文志》的分類主要依據了《四庫全書總目》。

　　《藝文志》的經、史、子、集四部，經部分為十類，著錄二千一百五十五種，一萬四千九百零六卷；史部分為十六類，著錄二千四百七十三種，五萬七千九百九十五卷；子部分為十四類，著錄二千三百七十一種，二萬六千二百一十一卷；集部分為五類，著錄二千六百三十四種，三萬八千九百六十六卷。共著錄四部書九千六百三十三種，十三萬八千零七十八卷。

《藝文志》有四個版本，關外本、關內本、關外重印本、單行排印本。從內容上看，單行排印本與關內本相同，關外本與關外重印本相同，實際上《清史稿藝文志》只有關內本、關外本兩個不同的版本。關內本《藝文志》的序由朱師轍撰寫，關外本的序則由金梁改撰，內容完全不同。此書的《藝文志》係據單行排印本排印。

（二）《清史稿藝文志補編》的編纂及缺失

為了彌補《藝文志》的脫漏，范希曾曾擬議私撰《清經籍志》十二卷，附《存疑》二卷。今人武作成獨力完成了《清史稿藝文志補編》，對《藝文志》進行了大量的增補。據統計，經部著錄一千二百六十七種，七千六百八十七卷；史部著錄三千四百四十二種，五萬四千二百零五卷；子部著錄一千八百三十五種，一萬一千一百二十七卷；集部著錄三千八百九十四種，二萬零七百五十三卷，共增補四部書一萬零四百三十八種，九萬三千七百七十二卷。除去其中重複著錄的書籍，收書種數與《藝文志》大體相等。

缺點主要有三個方面：失載應該著錄的清人著作；重出的現象比較嚴重；書名、卷數、作者名舛誤處也多見。

《清史稿藝文志及補編》一書使用起來較為便捷，目錄清楚明晰，分經、史、子、集四部，經部分易類、書類、詩類、禮類、樂類、春秋類、孝經類、四書類、經總義類、小學類；史部分正史類、編年類、紀事本末類、別史類、雜史類、詔令奏議類、傳記類、史鈔類、載記類、時令類、地理類、職官類、政書類、目錄類、金石類、史評類；子部分儒家類、兵家類、法家類、農家類、醫家類、天文算法類、術數類、藝術類、譜錄類、雜家類、類書類、小說類、釋家類、道家類；集部分楚辭類、別集類、總集類、詩文評類、詞曲類。目錄中每部小類下同時標注《藝文志》頁碼和《補編》頁碼。附錄有四：一《范希曾評清史稿藝文志》，二《蠡舟評朱師轍清史稿藝文志》，三《張尔田與人論清史稿藝文志書》，四《馬太玄清史稿藝文志校勘記》。

有清一代文人著述，除此書外，又可參考《四庫全書總目提要》《續修四庫全書總目》《清史稿藝文志拾遺》《清人詩文集總目提要》《清人別集總目》等目錄書。

紀昀評傳

周積明，南京大學出版社，1994 年。

此書係匡亞明主編《中國思想家評傳叢書》之一。匡亞明撰《中國思想家評傳叢書》序稱：「《叢書》所以用『紅果思想家評傳』命名，主要是考慮到中國傳統思想文化中的核心是生生不息的內在思想活力，而歷史事實也反覆說明，凡是在各個不同時代不同領域和學科中取得成就者，大多是那些在當時歷史條件下自覺或不自覺地認識和掌握了該領域事物發展規律的具有敏銳思想的人。」（第3頁）並提出叢書編撰的指導思想有三點：一、堅持實事求是的原則，二、堅持批判繼承的原則，三、堅持「百花齊放」「百家爭鳴」的原則。

是書柳溪（紀清佚）女士作序，據序後附記云，紀清佚係紀昀六世女孫。

全書共分兩篇，生平篇和思想篇。生平篇共計六章，論及從神童到庶吉士、初入翰林、謫戍烏魯木齊、重返翰林院、修書四庫館、晚年生涯。思想篇分六個方面闡釋紀昀思想，分經世價值觀念、社會思想、理學批判、西學主張、學術論及其學術文化的大總結、批評方法與批評風格。後附人名索引、文獻索引、詞語索引、紀昀研究論文索引。是書思想篇很多內容直接徵引《總目》評論，並將其認定為紀昀思想，這是偏頗所在。隨著稿本《總目》、閣本《總目》、紀昀刪訂《總目》的出現，紀昀思想的真實性恐需要重新探討。

紀昀文學思想研究

楊子彥著，中國社會科學出版社，2015年。

楊子彥，山東定陶縣人，2002年畢業於北京大學中文系，獲博士學位，任職於中國社會科學院文學研究所理論研究室。

此書為「國家社科基金後期資助項目」之一。書前有張少康序，述子彥學緣關係及此博士論文的修改。

全書由導論、五章內容、結語、參考文獻及後記構成。導論十分詳細，分為紀昀研究評述和紀昀的文學思想概說兩個部分。其有價值部分為紀昀研究著作的綜述，如《紀曉嵐文集》（河北教育出版社1991年版），《紀曉嵐年譜》（賀治起、吳慶榮整理，書目文獻出版社1993年版），《紀曉嵐評文心雕龍》（江蘇廣陵古籍刻印社1997年版），《紀昀評傳》（周積明著，南京大學出版社1994年版），《紀昀與乾嘉學術》（張維屏著，國立臺灣大學出版中心1998年版），《閱微草堂筆記研究》（賴芳玲著，國立臺灣大學出版委員會1982年版），《閱微草堂筆記研究》（吳波著，上海古籍出版社2005年版），《乾隆文

治與紀曉嵐志怪創作》（王穎著，中州古籍出版社 2008 年版），《紀昀研究論述——以閱微草堂筆記為中心》（王鵬凱著，臺灣文史哲出版社 2009 年版）。第一章以「俗」概括紀昀的學術和志趣，第二章以「正」分析紀昀的詩學觀，第三章以「老」總括紀昀的詩歌創作理論，第四章以「通」闡述紀昀的詩歌史論，第五章以「理」總結紀昀的小說觀念與創作。「俗」「正」「老」「通」「理」的內涵和外延在此書中並未界定，在具體論述時，也並不直接應對這五個字，所以這「五字」概括法可以取消。此書的研究角度是，紀昀的文學思想，立足紀昀作品，旁及記錄紀昀的相關文獻，立體呈現紀昀總體的文學思想，研究較為深入。全書探討的關鍵詞有詩學觀、詩歌創作理論、詩歌史論、小說觀念與創作，也就是說全篇圍繞的是紀昀的詩歌和小說。在總結紀昀的學術地位時，作者提出這樣幾個觀點，一是「從葉燮到紀昀再到許印芳，這是中國傳統的詩文評逐漸轉入詩歌批評史的一條脈絡」；二是「在中國文學批評史上，紀昀作為首位將考據學的精神和方法運用到文學批評領域的文論家，無論是對具體的作家作品，還是對詩歌發展史，他都提出了自己的見解，同時對當時出現的問題進行了深入的思考和解答」；三是「無論是總纂《四庫全書總目》，還是點評《文心雕龍》等典籍，創作《閱微草堂筆記》，紀昀都代表和體現了乾嘉時期中國文學批評所能取得的最高成就，對後世有著深遠的影響。從這個意義上說，紀昀是中國古代文學批評的總結者，也是中國古代文學批評轉向現代的開拓者」〔註45〕。

乾嘉學術研究論著目錄（1900～1993）

　　林慶彰主編，汪嘉玲、游均晶、侯美珍編輯，臺灣中央研究院中國文哲研究所籌備處，1995 年。

　　林慶彰先生專研經學和圖書文獻學，著述頗豐，代表性著作有《豐坊與姚士粦》《明代考據學研究》《清初的群經辨偽學》《圖書文獻學研究論集》《明代經學研究論集》等，編有《詩經研究論集（一）（二）》《經學研究論著目錄（1912～1987）》《朱子學研究書目》《中國經學史論文選集（上）（下）》《楊慎研究資料彙編》《姚際恒著作集》《經學研究論叢》《經學研究論著目錄續編（1988～1992）》《日本研究經學論著目錄（1900～1992）》等。《乾嘉學術研

〔註45〕楊子彥：《紀昀文學思想研究》，北京：中國社會科學出版社，2015 年，第 258 頁。

究論著目錄》為「中央研究院中國文哲研究所・圖書文獻專刊」第二種。是書 1994 年完成，分別刊於《中國文哲研究通訊》第四卷第一、二期（1994 年 3、6 月）中，收錄論著條目 2130 條。後林慶彰先生進行增補，所增條目又有一千餘條，仍名《乾嘉學術研究論著目錄》。所以，此書所收乾嘉學術論著條目有 3480 條。是書中收錄了國立政治大學中國文學研究所碩士班侯美珍的《四庫學書目》。

　　據書前「編輯說明」所言，《乾嘉目錄》收錄 1900～1993 年間，臺灣、大陸、日本、歐美等地研究乾嘉學術的專著和論文條目。目錄分四編，第一編為清代學術通論，第二編為乾嘉學術通論，第三編為四庫學，第四編為乾嘉學者分論。

　　今依《乾嘉學術研究論著目錄》中「四庫學」研究成果目錄，輯錄研究著作如下：

　　　1. 楊家駱《四庫全書概述》
　　　　南京，1931 年 10 月 10 日初版。
　　　　臺北：中國辭典館復館籌備處，1971 年 10 月第 7 版。
　　　　臺北：中國學典館復館籌備處，1975 年第 8 版。
　　　　《四庫大辭典》中，臺北：中國學典館復館籌備處，1977 年
　　　　　1 月第 7 版。

　　　2. 鄭鶴聲《四庫全書簡說》
　　　　南京：鍾山書局，1933 年（鍾山學術講座，第 2 種）

　　　3. 任松如《四庫全書問答》
　　　　上海：啟智書局，1935 年。
　　　　香港：震旦圖書公司。
　　　　成都：巴蜀書社，234 頁，1988 年 1 月。
　　　　天津：古籍書店，1991 年。
　　　　上海：上海書店，334 頁，1992 年 12 月。

　　　4. 李煜瀛、楊家駱《四庫全書學典》
　　　　上海：世界書局，1946 年 6 月。
　　　　臺北：國立中央圖書館，1980 年（影印世界書局 1946 年刊本）

　　　5. 韓非木《四庫之門》

上海：中華書局，1948 年排印本。

臺北：臺灣中華書局，126 頁，1957 年 5 月。

6. 王樹楷《四庫全書簡論》

臺北：臺灣商務印書館，70 頁，1974 年。

7. 劉漢屏《四庫全書史話》

北京：中華書局，46 頁，1980 年 10 月（中國歷史小叢書）

《古代要籍概述》，219～259 頁，北京：中華書局，1987 年 9 月。

8. 華立《四庫全書縱橫談》

上海：上海古籍出版社，101 頁，1988 年 2 月。

9. 林鶴年《四庫全書表文箋釋四卷》

求恕齋叢書本，吳興，劉承幹刻，1915 年。

叢書集成續編七，求恕齋叢書，第 9 函，臺北：藝文印書館，1970 年 6 月。

四庫全書概述中，臺北：中國辭典館復館籌備處，1971 年 10 月第 7 版。

四庫全書概述中，臺北：中國學典館復館籌備處，1975 年第 8 版。

四庫大辭典中，臺北：中國學典館復館籌備處，1977 年 1 月第 7 版。

叢書集成續編，第 3 冊，1～116 頁，臺北：新文豐出版公司，1989 年 7 月（影印求恕齋叢書本）

10. 涵秋閣鈔《各省進呈書目》

涵芬樓秘籍排印本，1921 年。

書目類編，第 12 冊，4783～5338 頁，臺北：成文出版社，1978 年 7 月（據 1921 年涵芬樓秘籍排印本影印）。

11. 中國第一歷史檔案館編《纂修四庫全書檔案史料》

稿本。

12. 于敏中《于文襄公（敏中）手札》

北平：國立北平圖書館，1933 年 11 月。

近代中國史料叢刊，第 22 輯，1～126 頁，臺北：文海出版社，1966 年 10 月（影印 1933 年刊本）。

13. 王重民《辦理四庫全書檔案》

北平：國立北平圖書館，1934 年 6 月。

四庫全書概述中，臺北：中國辭典館復館籌備處，1971 年 10 月第 7 版。

陳援庵先生全集，第 13 冊，235～652 頁，臺北：新文豐出版公司 1993 年 9 月臺 1 版。

14. 陳垣《四庫全書編纂始末》

梁氏慕真軒稿本。

15. 郭伯恭《四庫全書纂修考》

北平：國立北平研究院史學研究會，1937 年。

上海：商務印書館，1937 年。

臺北：臺灣商務印書館，295 頁，1967 年（人人文庫本）

四庫全書之纂修研究，1～304 頁，香港：大東圖書公司，1990 年 10 月。

上海：上海書店，295 頁，1992 年 12 月。

16. 吳慰祖《四庫採進書目》

北京：商務印書館，460 頁，1960 年 3 月。

四庫全書概述中，臺北：中國辭典館復館籌備處，1971 年 10 月第 7 版。

四庫全書概述中，臺北：中國學典館復館籌備處，1975 年第 8 版。

17. 許文淵《清修四庫全書之目錄學》

臺北：國立政治大學中國文學研究所碩士論文，1975 年 5 月，昌彼得指導。

18. 黃愛平《四庫全書纂修研究》

北京：中國人民大學博士論文，1988 年，戴逸指導。

北京：中國人民大學出版社，436 頁，1989 年 1 月。

19. 吳哲夫《四庫全書纂修之研究》

臺北：國立故宮博物院，321 頁，1990 年 6 月。

20. 周康燮主編《四庫全書之纂修研究》

香港：大東圖書公司，497 頁，1990 年 10 月（《清史論叢》第 7 集）。

21. 盧靖輯《四庫湖北遺書提要四卷》

沔陽盧氏慎始基齋刊本，線裝四冊，1922 年。

臺北：廣文書局，2 冊，530 頁，1972 年 7 月（據沔陽刊本影印）。

22. 王太嶽等奉敕撰《四庫全書考證》

上海：商務印書館，平裝 40 冊，1936 年。

長沙：商務印書館，鉛印本，1941 年（國學基本叢書）。

臺北：鼎文書局，5 冊，4151 頁，1978 年 3 月（近三百年讀書筆記彙編之一）。

叢書集成新編，第 3／4 冊，臺北：新文豐出版公司，1985 年（影印聚珍版叢書）。

景印文淵閣四庫全書，第 1497～1500 冊，臺北：臺灣商務印書館，共 4 冊，1986 年 3 月。

臺北：臺灣商務印書館，4 冊，1986 年 3 月。

23. 計文德《從四庫全書探究明清間輸入之西學》

臺北：私立中國文化大學歷史研究所碩士論文，1985 年，吳哲夫指導。

臺北：中國文化大學史學研究所，1986 年。

臺北：漢美圖書公司，592 頁，1991 年 7 月。

24. 胡思敬輯《四庫著錄江西先哲遺書鈔目四卷》

叢書集成續編，第 3 冊，179～215 頁，臺北：新文豐出版公司，1989 年 7 月。

25. 佚名《四庫全書辨正通俗文字》

叢書集成續編，第 70 冊，281～292 頁，臺北：新文豐出版公司，1989 年 7 月（影印青照堂叢書）。

26. 孫馮翼《四庫全書輯永樂大典本書目》

遼海叢書，第 14 函，線裝 2 冊，遼海叢書編印社。

叢書集成續編之十五，遼海叢書第 8 集，臺北：藝文印書館，1971 年 3 月印行。

叢書集成續編，第 22 冊，729～804 頁，臺北：新文豐出版公司，1989 年 7 月（影印遼海叢書）

27. 田繼宗《四庫全書、永樂大典版本考》
梁氏慕真軒藏稿本。

29. 顧力仁《永樂大典及其輯佚書研究》
臺北：私立中國文化大學史學研究所碩士論文，1987 年 7 月，楊家駱指導。
臺北：文史哲出版社，656 頁，1985 年 7 月。

30. 葉德輝《四庫全書總目版本考二十卷》
江安傅氏雙鑑樓藏鈔本、梁氏慕真軒藏鈔本。

31. 清高宗敕撰《欽定四庫全書提要》
遼海叢書社，線裝 32 冊（據文溯閣本排印）。

32. 偽滿國立奉天圖書館編印《文溯閣四庫全書要略及索引》
瀋陽，該館，1938 年。

33. 錢恂編、章箴補《壬子文瀾閣所存書目（附文瀾閣目補)》
杭州：浙江公立圖書館補刊本，線裝 4 冊，1923 年 6 月。

34. 堵福銑等《補鈔文瀾閣四庫闕簡記錄》
線裝 1 冊，1926 年仲夏。

35. 楊立誠《文瀾閣目索引》
杭州：浙江省立圖書館。線裝 280 冊，1930 年 8 月。

36. 張宗祥《補鈔文瀾閣闕簡書目》
書目類編，第 9 冊，頁 3178～3314，臺北：成文出版社 1978 年 7 月（影印 1926 年刊本）。

37. 中央圖書館籌備處選《影印四庫全書四種——皇祐新樂圖記、紹熙州縣釋奠儀圖、家山圖書、欽定補繪蕭雲從離騷全圖》
上海：商務印書館，1935 年（影印文淵閣本）。

38. 蕭雲從繪、四庫館補繪《四庫館補繪蕭氏離騷圖三卷》
喜詠軒叢書（陶湘刊定），第 12 冊，廣文書局。

叢書集成續編，第 119 冊，157～240 頁，臺北：新文豐出版公司，1989 年 7 月。

39. 四庫善本叢書館編《四庫善本叢書初編》
臺北：藝文印書館，65 種，118 函新裝 508 冊，1960～1963 年。

40. 中醫藥針研究中心編《四庫全書針灸古書》
九龍：中國醫藥出版社，6 冊，不著出版年月。

41. 生生印書館編輯委員會《四庫菁華》
臺北：生生印書館，20 冊，1987 年 3 月。

42. 楊雄等《四庫術數類叢書》
上海：上海古籍出版社，9 冊，1990 年 10 月～1991 年 2 月。

43. 茅坤等《四庫文學總集選刊》
上海：上海古籍出版社，1993 年。

44. 趙希鵠等《四庫筆記小說叢書》
上海：上海古籍出版社，1993 年。

45. 陶秉福主編《四庫釋家集成》
北京：同心出版社，3 冊，1994 年。

46. 商務印書館編《四庫全書珍本初集》
上海：商務印書館，351 函，線裝 1960 冊，1935 年。
臺北：臺灣商務印書館，平裝 1960 冊；精裝 400 冊，1970 年。

47. 臺灣商務印書館編《四庫全書珍本二集》
臺北：臺灣商務印書館，精裝 400 冊，1971 年。

48. 臺灣商務印書館編《四庫全書珍本三集》
臺北：臺灣商務印書館，精裝 400 冊，1972 年。

49. 臺灣商務印書館編《四庫全書珍本四集》
臺北：臺灣商務印書館，精裝 400 冊，1973 年。

50. 臺灣商務印書館編《四庫全書珍本五集》
臺北：臺灣商務印書館，精裝 400 冊，1974 年。

51. 臺灣商務印書館編《四庫全書珍本別輯》（一名：四庫全書輯自永樂大典諸佚書）
臺北：臺灣商務印書館，精裝 400 冊，1975 年。

52. 臺灣商務印書館編《四庫全書珍本六集》
　　臺北：臺灣商務印書館，精裝 400 冊，1976 年。

53. 臺灣商務印書館編《四庫全書珍本七集》
　　臺北：臺灣商務印書館，精裝 400 冊，1977 年。

54. 臺灣商務印書館編《四庫全書珍本八集》
　　臺北：臺灣商務印書館，精裝 400 冊，1978 年。

55. 臺灣商務印書館編《四庫全書珍本九集》
　　臺北：臺灣商務印書館，精裝 400 冊，1979 年。

56. 臺灣商務印書館編《四庫全書珍本十集》
　　臺北：臺灣商務印書館，精裝 400 冊，1980 年。

57. 臺灣商務印書館編《四庫全書珍本十一集》
　　臺北：臺灣商務印書館，精裝 200 冊，1981 年。

58. 臺灣商務印書館編《四庫全書珍本十二集》
　　臺北：臺灣商務印書館，精裝 200 冊，1982 年。

59. 東洋史研究室《四庫全書珍本目錄》
　　日本：東海大學文學部東洋史研究室，1985 年 3 月。

60. 清高宗敕撰《（影印）文淵閣四庫全書》
　　臺北：臺灣商務印書館，1500 冊，1983 年 8 月～1986 年 3
　　月。
　　上海：上海古籍出版社，1987 年～1989 年。
　　漢城：瀠江出版社，1990 年～1992 年。

61. 李滋然《四庫全書書目表四卷（附：清代禁燬書目四種）》
　　上海：大東書局，1930 年。

62. 王重民《四庫抽燬書提要稿》
　　鉛印本，1931 年 9 月。
　　上海：醫學書局，線裝，1940 年。

63. 姚覲元編、孫殿起輯《清代禁燬書目・清代禁書知見錄》
　　上海：商務印書館，1957 年 8 月。

64. 姚覲元《四庫禁燬書目》
　　《四庫全書總目》第 6 冊，臺北：藝文出版社，1989 年 1 月
　　第 6 版。

65. 吳哲夫《清代禁燬書目研究》

臺北：國立政治大學中國文學研究所碩士論文，王夢鷗指導，1968 年 5 月。

臺北：嘉新水泥公司文化基金會，512 頁，1969 年 8 月。

66. 王雲五主持《合印四庫全書總目提要及四庫未收書目禁燬書目》

臺北：臺灣商務印書館，5 冊，1971 年 7 月增訂初版。

67. 丁原基《清代康雍乾三朝禁書原因之研究》

臺北：華正書局，453 頁，1983 年 2 月。

68. 編輯部編《四庫撤燬書提要》

《四庫全書總目》下冊，1839～1844 頁，北京：中華書局，1987 年 7 月。

69. 雷夢辰《清代各省禁書彙考》

北京：書目文獻出版社，263 頁，1989 年 5 月。

70. 蔣復璁等編輯《四庫全書續修目錄初稿一集、二集》

臺北：出版者不詳，共 6 冊（第二集為手寫影印本 5 冊），1986 年。

71. 季羨林主編《四庫全書存目叢書——子部儒家類》

北京：北京大學出版社，178 種 29 冊，1994 年 12 月。

72. 阮元《四庫未收書（目）提要》

《四庫全書總目》，上海：大東書局，1930 年 7 月。

長沙：商務印書館，79 頁，1935 年 3 月（萬有文庫 1／2 集簡編）

臺北：臺灣商務印書館（萬有文庫薈要本）

上海：商務印書館，1955 年 6 月。

《四庫全書總目》第 6 冊，臺北：藝文印書館，1960 年 1 月。

與四庫全書簡明目錄合刊，臺北：世界書局，105 頁，1961 年 2 月。

臺北：臺灣商務印書館，1968 年 3 月（國學基本叢書）

《四庫全書總目》，臺北：臺灣商務印書館，1971 年 7 月。

臺北：臺灣商務印書館，79 頁，1971 年（人人文庫）

書目類編，第 9 冊，3385～3662 頁，臺北：成文出版社，
1978 年 7 月。

叢書集成新編，第 1 冊，345～371 頁，臺北：新文豐出版
公司，1985 年（影印文選樓叢書）。

《四庫全書總目》下冊，1845～1868 頁，北京：中華書局，
1987 年 7 月。

73. 胡玉縉《四庫未收書目提要續編》
梁氏慕真軒藏稿本。

74. 周雲青《四庫未收書目提要補》
梁氏慕真軒藏稿本。

75. 王雲五主持《合印四庫全書總目提要及四庫未收書目禁燬
書目》
臺北：臺灣商務印書館，5 冊，1971 年 7 月增訂初版。

76. 故宮博物院輯《選印宛委別藏》
上海：商務印書館，1935 年。

77. 張允亮《故宮善本書目——宛委別藏書目》
北平：故宮博物院，1934 年。

78. 清高宗敕撰《（影印）宛委別藏》
臺北：臺灣商務印書館，精裝 120 冊，1981 年 10 月。

79. 胡鳴盛《四庫薈要目錄索引》
應城胡氏，1932 年。

80. 佚名《四庫薈要排架圖》
北平：故宮博物院圖書館影印，1933 年 5 月（與天祿琳琅
排架圖合刊）。
摛藻堂四庫全書薈要，第 1 冊，211～249 頁，臺北：世界
書局，1988 年 2 月。

81. 清高宗敕撰《摛藻堂四庫全書薈要目錄》
北平：故宮博物院圖書館鉛印本，線裝 21 頁，1933 年 8 月。
書目類編，第 9 冊，3137～3176 頁，臺北：成文出版社，
1978 年 7 月（影印 1933 年鉛印本）。

82. 吳哲夫《四庫全書薈要纂修考》

臺北：國立故宮博物院，214 頁，1976 年 12 月（故宮叢刊甲種之三）。

83. 清高宗敕撰《摛藻堂四庫全書薈要》

臺北：世界書局，500 冊，1986 年～1988 年 2 月。

84. 清高宗敕撰《四庫全書薈要提要》

《摛藻堂四庫全書薈要》，第 1 冊，251～682 頁，臺北：世界書局，1988 年 2 月。

85. 世界書局編輯部《景印摛藻堂四庫全書薈要目錄》

《摛藻堂四庫全書薈要》，第 1 冊，683～710 頁，臺北：世界書局，1988 年 2 月。

86. 清高宗敕撰《四庫全書薈要總目》

《摛藻堂四庫全書薈要》第 1 冊，865～879 頁，臺北：新文豐出版公司，1989 年 7 月。

87. 金毓黻《四庫全書提要解題》

《欽定四庫全書提要》第 1 冊，1～14 頁，遼海叢書社（據文溯閣本排印）

88. 翁方綱《四庫提要稿》

鈔本，上海：復旦大學圖書館藏。

89. 佚名《文溯閣四庫全書提要與總目異同表》

《欽定四庫全書提要》第 32 冊附錄，1～28 頁，遼海叢書社（據文溯閣本排印）。

90. 佚名《聚珍版本提要與四庫本提要異同表》

《欽定四庫全書提要》第 32 冊附錄，1～6 頁，遼海叢書社（據文溯閣本排印）。

91. 邵晉涵《四庫全書提要分纂稿》

《書目類編》第 10 冊，3663～3778 頁，臺北：成文出版社，1978 年 7 月（影印清光緒 17 年會稽徐氏重刊本）。

《叢書集成續編》第 6 冊，501～532 頁，臺北：新文豐出版公司，1989 年 7 月（影印紹興先正遺書）。

92. 周積明《文化視野下的四庫全書總目》

南寧：廣西人民出版社，319 頁，1991 年 4 月。

93. 近藤光男《四庫全書總目提要唐詩集の研究》

東京：研文社，1984 年。

94. 莊清輝《四庫全書總目經部研究》

臺北：國立政治大學中國文學研究所碩士論文，1988 年 6 月，喬衍琯指導。

臺北：花木蘭文化工作坊，2005 年。

95. 余嘉錫《四庫提要辨證——史部四卷、子部八卷》

讀己見齋所著書，線裝 6 冊，1937 年 7 月。

臺北：藝文印書館，4 冊，978 頁，不著出版年月（影印讀己見齋本）。

96. 余嘉錫《四庫提要辨證廿四卷》

北京：科學出版社，1958 年 10 月。

《四庫全書總目》第 7 ／ 8 冊，臺北：藝文印書館，1960 年 1 月。

香港：中華書局，1974 年。

北京：中華書局，4 冊，1980 年 5 月。

97. 尚鎔《四庫提要補正》

尚宛甫雜著本。

98. 胡玉縉《四庫全書總目提要補正》

北京：中華書局，2 冊，1764 年，1964 年 1 月。

《四庫大辭典》中，臺北：中國辭典館復館籌備處，1764 頁，1967 年 4 月第 5 版。

臺北：木鐸出版社，1764 頁，1981 年 8 月。

100. 崔富章《四庫提要補正》

杭州：杭州大學出版社，476 頁，1984 年 4 月。

101. 李孟晉《四庫著錄唐人別集二十種提要考訂》

香港新亞研究所博士論文（史學組），1987 年 5 月，嚴耕望指導。

102. 李裕民《四庫提要訂誤》

　　北京：書目文獻出版社，293 頁，1990 年 10 月。

103. 清高宗敕撰《（欽定）四庫全書總目》

　　上海：東方圖書館，1926 年（石印本）。

　　上海：大東書局，10 冊，1930 年（石印本再版）。

　　長沙：商務印書館，1931 年 4 月初版，1939 年簡編印行
　　（萬有文庫 1／2 集簡編）。

　　上海：商務印書館，4 冊，1933 年。

　　臺北：藝文印書館，10 冊，1964 年。

　　北京：中華書局，1965 年 6 月。

　　臺北：臺灣商務印書館，40 冊，1965 年。

　　臺北：臺灣商務印書館，1968 年 3 月（國學基本叢書）。

　　臺北：臺灣商務印書館，1971 年增訂初版。

　　景印文淵閣四庫全書，第 1～5 冊，臺北：臺灣商務印書
　　館，5 冊，1983 年 8 月。

　　臺北：臺灣商務印書館，5 冊，1983 年 10 月初版（武英
　　殿版）。

　　北京：中華書局，2 冊，1987 年 7 月（王伯祥斷句）。

　　臺北：藝文印書館，6 冊，1989 年 1 月 6 版（影印清同治
　　七年廣東書局刊本）。

104. 清高宗敕撰《欽定四庫全書提要》

　　遼海叢書社，線裝 32 冊（據文溯閣本排印）。

105. 丁福保輯《四庫全書提要醫學類》

　　上海：醫學書局排印本，1 冊。

106. 江標輯《欽定四庫全書總目提要四部類敘一卷》

　　百部叢書集成之七九，靈鶼閣叢書，第 1 函，臺北：藝文
　　印書館，1966 年。

　　叢書集成新編，第 2 冊，757～763 頁，臺北：新文豐出版
　　公司，1985 年（影印靈鶼閣叢書）。

107. 王雲五主持《合印四庫全書總目提要及四庫未收書目禁燬
　　書目》

臺北：臺灣商務印書館，5 冊，1971 年 7 月增訂初版。

108. 賀龍驤鈔《四庫全書道家類簡明目錄　四庫提要道家類總
目　四庫提要道家類存目總目》

道藏輯要，第 1 冊卷 1，253～303 頁，臺北：考正出版社，
1971 年 7 月。

109. 清高宗敕撰《（欽定）四庫全書薈要提要》

《摛藻堂四庫全書薈要》第 1 冊，251～682 頁，臺北：世
界書局，1988 年 2 月。

110. 周雲青《四庫全書提要敘箋注》

上海：醫學書局，1926 年。

《四庫全書概述》中，臺北：中國辭典館復館籌備處，1971
年 10 月第 7 版。

《四庫全書概述》中，臺北：中國學典館復館籌備處，1975
年第 8 版。

《四庫大辭典》中，臺北：中國學典館復館籌備處，1977
年 1 月第 7 版。

《四庫全書簡明目錄》中，臺北：洪氏出版社，1982 年 1 月。

111. 劉新華《四庫全書總目類敘注》

臺北：注者自刊，366 頁，1975 年 12 月。

112. 清高宗敕撰《四庫全書簡明目錄》

中國營造學社影印 1921 年石印本。

掃葉山房石印本，1925 年。

上海：古典文學出版社，2 冊，1957 年 9 月。

上海：中華書局上海編輯所，1964 年 2 月。

《四庫全書概述》中，臺北：中國辭典館復館籌備處，1971
年 10 月第 7 版。

臺北：河洛圖書公司，1033 頁，1975 年 3 月。

臺北：世界書局，1975 年 11 月第 3 版。

書目類編，第 3～6 冊，895～2326 頁，臺北：成文出版社，
1978 年 7 月（影印清同治間黎永椿等校刊本）。

臺北：洪氏出版社，1982 年 1 月。

景印文淵閣四庫全書，第 6 冊，臺北：臺灣商務印書館，
1983 年 8 月。

臺北：臺灣商務印書館，1 冊，1983 年 10 月初版（影印
文淵閣原鈔本）。

上海：上海古籍出版社，1985 年 1 月。

113. 陳有方編譯《四庫全書簡明目錄指南》

臺北：臺灣商務印書館，2 冊，698 頁，1985 年 12 月。

114. 邵懿辰撰、邵章續錄《增訂四庫簡明目錄標注》

上海：中華書局，1185 頁，1959 年 12 月。

臺北：世界書局，線裝，1961 年。

臺北：世界書局，1038 頁，1961 年 10 月。

上海：上海古籍出版社，1979 年。

115. 四庫全書索引編纂小組主編《欽定遼金元三史國語解索引》

臺北：臺灣商務印書館，149 頁，1986 年 7 月（四庫全書
索引叢刊之一）。

116. 四庫全書索引編纂小組主編《四庫全書文集篇目分類索引
——學術文之部》

臺北：臺灣商務印書館，2390 頁，1989 年 1 月（四庫全
書索引叢刊之二）。

昌彼得總編輯，中華文化復興運動推行委員會四庫全書索
引編纂小組編，臺北市：臺灣商務印書館，1989 年。

117. 四庫全書索引編纂小組主編《四庫全書文集篇目分類索引
——雜文之部》

臺北：臺灣商務印書館，993 頁，1989 年 2 月（四庫全書
索引叢刊之二）。

118. 四庫全書索引編纂小組主編《四庫全書文集篇目分類索引
——傳記文之部》

臺北：臺灣商務印書館，709 頁，1989 年 3 月（四庫全書
索引叢刊之二）。

119. 四庫全書索引編纂小組主編《四庫全書傳記資料索引——
附字號索引》

臺北：臺灣商務印書館，314 頁，1990 年 5 月（四庫全書索引叢刊之三）。

120. 四庫全書索引編纂小組主編《四庫全書傳記資料索引》
臺北：臺灣商務印書館，2 冊，1876 頁，1991 年 6 月（四庫全書索引叢刊之三）。

121. 四庫全書索引編纂小組主編《四庫全書藝術類分類索引》
臺北：臺灣商務印書館，6 冊，4181 頁，1993 年 3 月（四庫全書索引叢刊之四）。

122. 錢恂編、章篯補《壬子文瀾閣所存書目（附文瀾閣目補）》
杭州：浙江公立圖書館補刊本，線裝 4 冊，1923 年 6 月。

123. 陳乃乾《四庫全書總目未收書目索引四卷》
上海：大東書局，線裝，1926 年。

124. 楊立誠《四庫目略》
杭州：浙江省立圖書館，4 冊，1929 年。
臺北：臺灣商務印書館，490 頁，1970 年 6 月。
《書目類編》，第 10／11 冊，3779〜4782 頁，臺北：成文出版社，1978 年 7 月。

125. 倫明《四庫全書目錄續編》
梁氏慕真軒藏稿本。

126. 楊立誠《文瀾閣目索引》
杭州：浙江省立圖書館，280 頁，1930 年 8 月。

127. 楊家駱《四庫大辭典》
南京：中國圖書大辭典編輯館，1931 年 10 月初版。
臺北：中國辭典館復館籌備處，1690 頁，1967 年 4 月第 5 版。
臺北：中國學典館復館籌備處，增附 5 種，1977 年 1 月第 7 版。
北京：中國書店，2 冊，1987 年 1 月。

128. 燕京大學圖書館引得編纂處編《四庫全書總目及未收書目引得》
北平：燕京大學排印本，線裝 2 冊，1932 年。

臺北：成文出版社，1965 年。

臺北：美國亞洲學會中文資料中心，1 冊，1966 年。

129. 商務印書館編《四庫全書總目及未收書目引得》

上海：商務印書館，1933 年 7 月。

130. 清高宗敕撰《摛藻堂四庫全書薈要目錄》

北平：故宮博物院圖書館鉛印本，21 頁，1933 年 8 月。

《書目類編》，第 9 冊，3137～3176 頁，臺北：成文出版
社，1978 年 7 月（影印 1933 年鉛印本）

131. 張允亮《故宮善本書目——宛委別藏書目》

北平：故宮博物院，1934 年。

132. 偽滿國立奉天圖書館編印《文溯閣四庫全書要略及索引》

瀋陽：該館，1938 年。

133. 李煜瀛、楊家駱《四庫全書學典》

上海：世界書局，1946 年 6 月。

臺北：國立中央圖書館，1980 年（影印世界書局 1946 年
刊本）。

134. 吳慰祖《四庫採進書目》

北京：商務印書館，460 頁，1960 年 3 月。

《四庫全書概述》中，臺北：中國辭典館復館籌備處，1971
年 10 月第 7 版。

《四庫全書概述》中，臺北：中國學典館復館籌備處，1975
年第 8 版。

《四庫大辭典》中：臺北：中國學典館復館籌備處，1977
年 1 月第 7 版。

《書目類編》第 13 冊，5339～5804 頁，臺北：成文出版
社，1978 年 7 月。

135. 涵秋閣《各省進呈書目》

《書目類編》第 12 冊，4783～5338 頁，臺北：成文出版
社，1978 年 7 月（據 1921 年涵芬樓秘笈排印本影印）。

136. 胡虔《欽定四庫全書附存目錄》

《書目類編》第 7～8 冊，2327～3134 頁，臺北：成文出版社，1978 年 7 月（影印清乾隆 58 年刊本）。

137. 東洋史研究室《四庫全書珍本書目錄》

日本：東海大學文學部東洋史研究室，1985 年 3 月。

138. 臺灣商務印書館《景印文淵閣四庫全書目錄索引》

臺北：臺灣商務印書館，501 頁，1986 年 7 月。

上海：上海古籍出版社，1989 年 12 月。

139. 世界書局編輯部《景印摛藻堂四庫全書薈要目錄》

《摛藻堂四庫全書薈要》第 1 冊，23～76 頁，臺北：世界書局，1988 年 2 月。

140. 世界書局編輯部《景印摛藻堂四庫全書薈要書名及作者姓名索引》

《摛藻堂四庫全書薈要》第 1 冊，683～710 頁，臺北：世界書局，1988 年 2 月。

141. 清高宗敕撰《（欽定）四庫全書薈要總目》

《摛藻堂四庫全書薈要》第 1 冊，77～209 頁，臺北：世界書局，1988 年 2 月。

142. 陳有方編譯《文淵閣四庫全書指南》

臺北：臺灣商務印書館，491 頁，1988 年 12 月。

143. 清高宗敕撰《四庫全書薈要目》

《叢書集成續編》第 2 冊，865～879 頁，臺北：新文豐出版公司，1989 年 7 月。

144. 陳利媛編《四庫全書總目論文索引》

《文化視野下的四庫全書總目》，312～319 頁，南寧：廣西人民出版社，1991 年 4 月。

145. 國立中央圖書館編《四庫經籍提要索引》

臺北：國立中央圖書館，2 冊，1994 年 6 月。〔註 46〕

〔註 46〕林慶彰主編，汪嘉玲、游均晶、侯美珍編輯：《乾嘉學術研究論著目錄（1900～1993）》，臺北：臺灣中央研究院中國文哲研究所籌備處，1995 年，第 35～117 頁。

此書具有目錄索引之功，分四大主題，一為《四庫全書》，下設概述、纂修研究、著錄研究、輯佚與版本、七閣四庫、影印事宜、禁燬與續修等七個專項；二為《四庫全書薈要》，三為《四庫全書總目》，下設概述、纂修研究、學術思想、分類與各類研究、提要補正、影印與箋注等六個專項；四為目錄與工具書，下設簡明目錄及標注、四庫索引叢刊等專項。此書所收研究成果可以甘肅省圖書館、天津圖書館編《四庫全書研究論文篇目索引（1908～2010）》對參。

《永樂大典》研究資料輯刊

張昇輯，北京圖書館出版社，2005 年。

此書是《永樂大典》研究資料的全面彙總，包括多種前人研究成果，此書是研究《大典》的重要參考資料。茲將主要內容略述如下，部分內容參考張昇另一部書《〈永樂大典〉流傳與輯佚研究》。

1. 郭伯恭《永樂大典考》。郭氏之作詩第一部嚴格意義上的《大典》研究專著，在《大典》研究中具有奠基地位。

2. 繆荃孫《永樂大典考》。此書是繆氏結合自己的親見親聞，對《大典》在清代的流傳做了可靠而詳細的論述，可視為《大典》流散史研究的一部力作。

3. 袁同禮《永樂大典考》。

4. 李正奮《永樂大典考》。

5. 李綺生《永樂大典志略》。3、4、5 三部著作是民國時期對《大典》進行綜合介紹和研究的代表性著作，有史料價值、文獻價值。

6. 孫壯《永樂大典考》。

7. 袁同禮《關於永樂大典之文獻》。

8. 佚名《永樂大典輯聞》。6、7、8 這三部著作是《大典》研究資料集，袁同禮《關於永樂大典之文獻》是對其所著《永樂大典考》的補充。佚名《永樂大典輯聞》與孫氏、袁氏著作多有重複，收入《輯刊》時張昇先生進行了刪節。

9. 袁同禮《四庫全書中永樂大典輯本之缺點》。此書是對四庫館《大典》輯佚書的批判，其主要觀點至今學者還在引用。

10.《永樂大典存目》。這是乾隆時清點《大典》存卷的目錄，極為珍貴。此書目原題《永樂大典點存目錄》，清鈔本，全一冊，國家圖書館善本部藏。張昇《輯刊》收入的是袁同禮整理本。

11.《永樂大典書目（殘本）》。此書是四庫館輯《大典》散片目錄，它對分析《大典》輯本數量及館臣的簽書工作有重要意義。

12. 孫馮翼《四庫全書輯永樂大典本書目》。

13. 郝慶柏《永樂大典書目考》。12、13 二書是對《四庫全書》所收大典本輯佚書的統計。大典本輯佚書的數量一直存在異議，這兩部書可提供重要參考。

14.《永樂大典採輯書》。此書轉引自沈乾一《叢書書目彙編》。張昇先生稱，此書目輾轉鈔自清乾隆間四庫館臣王際華等編的《永樂大典採輯書目》，是最早的《四庫》著錄大典本目錄，也是研究大典本數量的重要資料。

15. 趙萬里《永樂大典內輯出之佚書目》《永樂大典輯出之佚書目補正》。這兩篇文章提出了《四庫全書》所收大典本輯佚書的數量，可與大典本書目進行比較。

16.《現存永樂大典引用書目》。是書據劉承幹所藏四十四冊《永樂大典》摘編而成的引用書目，是研究《大典》流散史及收書情況的重要資料。此書原為民國續修《四庫》採書之用，對研究續修《四庫》工作有參考價值。

此書附錄《〈永樂大典〉現存卷目表》《〈永樂大典〉研究資料及論著索引》。

《永樂大典》流傳與輯佚研究

張昇著，北京師範大學出版社，2010 年。

張昇，北京師範大學歷史學院教授，主要研究方向為「四庫學」、《永樂大典》、明清文獻學。著有《四庫全書館研究》《〈永樂大典〉流傳與輯佚研究》《明清宮廷藏書研究》《王鐸年譜》等，編有《〈四庫全書〉提要稿輯存》《〈永樂大典〉研究資料輯刊》等。

此書為「北京師範大學史學探索叢書」之一。全書由緒論、六章主體內容、餘論、附錄、參考文獻和後記架構而成。緒論部分首先作《永樂大典》概述，從明永樂至清乾隆，使讀者對《永樂大典》的存世情形有較為清楚的瞭解。其次進行學術史回顧並提出今後的研究方向。再次簡述《永樂大典》研究資料，即《〈永樂大典〉研究資料輯刊》所收資料的詳細介紹。第一章研究《永樂大典》正本的流傳，得出的結論有三，一是「張岱在胡敬辰家看到的《大典》是正本」，二是「《大典》正本不可能用來殉葬」，三是「張岱在胡敬辰家看到《大

典》正本的時間應該是在明末或清初」〔註47〕。第二章研究《永樂大典》副本的流傳，研究非常深入，所得結論有五，其一「《大典》副本自翰林院散出，主要是在清咸豐十年（1860）以後」；其二「《大典》殘本，有不少流散到國外多個國家，其中有不少是在私人手裏。這增加了我們搜尋《大典》下落的難度」；其三「《大典》的最後散佚確實是因 1900 年庚子事變翰林院被焚，但當時翰林院中只剩不到十分之一的《大典》，十分之九的《大典》在這之前已被國人盜走了。也就是說，庚子事變中翰林院被焚，並非是《大典》遭受的最嚴重劫難」；其四「民國時期較多《大典》開始流入市場，許多人曾經見過或收藏，從中應該可以找到一些尋找《大典》下落的新線索」。其五「依據陸續有新的《大典》殘本被發現的情況，筆者對找到更多的《大典》殘本充滿希望」〔註48〕。第三章為四庫館開館前大典本輯佚研究。第四、五章是《四庫全書》大典本輯佚，這一部分考證嚴密，是全書最精彩的部分。也是研究《四庫全書》大典本輯佚書必讀的研究成果，特別是關於大典本輯佚書稿本存世的研究，以及現存大典本輯佚書稿本（可稱為四庫底本）的深入探究，幾可成為定論。特別需要注意的是，大典本輯佚書稿本亦是四庫底本，關於四庫底本的論述，張生先生的觀點具有參考性。關於纂修官所撰大典本輯佚書提要稿的研究，也是此章的關鍵點之一。第六章《永樂大典》與方志的研究，是一個較為特殊的切入點。附錄有三，分別是《永樂大典》現存卷目表，現存《永樂大典》零葉，《永樂大典》待訪卷目表。

關於《大典》流傳和輯佚的研究，張昇此著具有重要的學術意義。此書一出，關於《大典》方面的選題恐無法再做。即便有新發現的《大典》本面世，或許對部分觀念有所更新，但似乎無法超越此著作的結構和學術體系。

陳垣學術論文集（第二集）

陳垣撰，中華書局，1982 年。

是書收錄「四庫學」相關論文九篇，即《編纂四庫全書始末》《文津閣四庫全書冊數頁數表》《四庫全書中過萬頁之書》《大唐西域記之四庫底本》《四庫撤出書原委》《書于文襄論四庫全書手札後》《景印四庫全書未刊本草目箋

〔註47〕張昇：《永樂大典流傳與輯佚研究》，北京：北京師範大學出版社，2010 年，第 37 頁。

〔註48〕張昇：《永樂大典流傳與輯佚研究》，北京：北京師範大學出版社，2010 年，第 111 頁。

注》《四庫提要中之周亮工》《再跋于文襄論四庫全書手札》。陳智超在後記中記載，「《陳垣學術論文集》第二集共收文九十篇，其中有二十六篇是作者生前沒有發表過的」，又云「陳垣自十四五歲就開始閱讀《四庫全書總目提要》，辛亥革命後定居北京，更以近十年時間研讀《四庫全書》，為他後來的史學研究和教學，打下了堅實的基礎。在研讀《四庫全書》的同時，他對這部大叢書本身也作了詳細的調查研究，編寫了《四庫書目考異》《四庫撰人錄》《四庫書名錄》等著作。這些著作，大都沒有出版」〔註49〕。《四庫撰人錄》《四庫書名錄》二文，今未見，臺灣新文豐出版股份有限公司 1993 年出版的《陳援庵先生全集》，以及安徽大學出版社 2009 年出版的《陳垣全集》均未收錄。陳智超所編陳垣諸作中，亦未見整理本。但據鞠增鈺在《輔仁學誌》一九二八年第一卷第一期發表的《四庫總目索引與四庫撰人錄》一文知，「陳教授垣著《四庫撰人錄》，以《四庫總目》所載撰人姓氏筆劃為次，同姓以朝代為次，各人繫小傳並所撰書名卷數類屬於其後，以便按人求書。又著《四庫書名錄》，以《四庫總目》所載書名首字筆劃為次，同字以朝代為次，同朝代以類為次，各書系撰人類屬於其下，以便按書求人。二書不名索引，無異索引也」〔註50〕。可見，陳垣確實著有《四庫撰人錄》《四庫書名錄》二書。劉國恩在《陳垣先生〈四庫全書〉研究述論》一文腳注中提及《四庫書目考異》《四庫撰人錄》《四庫書名錄》三篇係未刊稿〔註51〕。

陳垣四庫學論著

　　陳垣著，陳智超編，商務印書館，2012 年。

　　陳垣（援庵）是系統研究《四庫全書》的第一人，是公認的「四庫學」奠基人。陳垣年少時即讀《四庫全書總目》，民國期間主持文津閣《四庫全書》清點工作，撰有若干論文，部分並未公開發表。陳智超係陳垣孫，一生主要從事陳垣研究，編著有關陳垣著作十數種，如《陳垣：生平　學術　教育與交往》（安徽大學出版社 2010 年版），《陳垣史源學雜文》（人民出版社 1980 年版），

〔註49〕陳垣撰，陳智超編：陳垣學術論文集（第二集），北京：中華書局，1982 年，第 489 頁。

〔註50〕鞠增鈺：《四庫總目索引與四庫撰人錄》，《輔仁學誌》一九二八年第一卷第一期，第 119 頁。又見於孫彥，王姿怡，李曉明選編《四庫全書研究》（下冊），北京：國家圖書館出版社，2010 年，第 864 頁。

〔註51〕《紀念陳垣校長誕生 110 週年學術論文集》，北京：北京師範大學出版社，1990 年，第 150 頁。

《陳垣學術論文集（第一集）》（中華書局 1980 年版），《陳垣史學論著選》（陳
樂素、陳智超編校）（上海人民出版社 1981 年版），《陳垣學術論文集（第二
集）》（中華書局 1982 年版），《勵耕書屋問學記：史學家陳垣的治學》（生活·
讀書·新知三聯書店 1982 年版、2006 年版），《陳垣來往書信集》（上海古籍
出版社 1990 年版），《陳垣早年文集》（臺灣中央研究院中國文哲研究所中國文
哲專刊 1992 年版），《陳垣先生往來書札》（中央研究院中國文哲研究所籌備處
1992 年版），《陳垣學術文化隨筆》（陳智超、曾慶瑛編）（中國青年出版社 2000
年版），《陳垣先生遺墨》（陳智超、曾慶瑛編）（嶺南美術出版社 2006 年版），
《陳垣史源學雜文·增訂本》（生活·讀書·新知三聯書店 2007 年版），《陳垣
〈元西域人華化考〉創作歷程——用稿本說話》（北京圖書館出版社 2008 年
版），《陳垣全集》（安徽大學出版社 2009 年版），《陳垣來往書信集》（生活·
讀書·新知三聯書店 2010 年版）等。

　　《陳垣四庫學論著》一書分上、中、下三編，上編收入陳垣自 20 世紀 20
年代初至 40 年代初期有關《四庫全書》研究論文十一種，即《編纂四庫全書
始末》《文津閣四庫全書冊數頁數表》《四庫全書中過萬頁之書》《大唐西域記
之四庫底本》《四庫撤出書原委》《書于文襄論四庫全書手札後》《景印四庫全
書未刊本草目箋注》《四庫提要中之周亮工》《再跋于文襄論四庫全書手札》《檢
查文津閣書頁數簡章》《四庫學論著輯要》，其中前九種見於《陳垣學術論文集
（第二集）》。中編論著三篇，其一《四庫全書考異》四卷，約十二萬字，主要
內容是依據文津閣《四庫全書》清查結果，校正《四庫全書總目》和《四庫全
書簡明目錄》，資料之詳實，檢索之細緻，頗見功力。其二《文淵閣四庫全書
排架圖識語》，清晰描述排架圖，「閣仿明范氏天一閣制，外觀如二層，其下層
內又分一中層，上下各六楹，其西小楹為登樓處。蓋取『天一生水，地六成之』
之義。下層中三楹兩旁儲《圖書集成》十二架，左右二楹儲經部二十架，中層
儲史部三十三架，其第十七架正對閣門。上層中儲子部二十二架，兩旁儲集部
二十八架。經、史架高七尺四寸，廣四尺，深二尺，每格十二函，四格四十八
函。子、集架上增加半截，多二格，高十尺八寸，六格七十二函。全書百有三
架，六千一百四十四函。民國十年四月陳垣識」〔註52〕。其三為《四庫全書紀
事詩》，包括六十三首紀事詩，四篇記文，頗有文獻價值。下編為《〈四庫全書

〔註 52〕陳垣著，陳智超編：《陳垣四庫學論著》，北京：商務印書館，2012 年，第 300
　　　　頁。

編纂小史〉批註》《四庫全書薈要述略》兩文。《四庫全書編纂小史》分九個方面：一、編纂之原因，二、搜集之方法，三、圖書之來源，四、與搜羅禁書之關係，五、四庫館之官制，六、存書之綜述，七、《總目》之編纂，八、全書之貯藏，九、文淵閣之制度。《四庫全書薈要述略》是在《四庫全書薈要考》基礎上改寫的。

毛春翔文集

毛春翔著，浙江圖書館編，國家圖書館出版社，2016 年。

是書上中下三冊，上冊收錄五本著作，《古書版本常談》（中華書局一九六二年鉛印本）、《版本略說（初稿）》（浙江省文藝幹校油印本）、《浙江省金石待訪目錄》（鈔本）、《整理嘉業藏書樓藏書工作總結報告》（稿本）、《浙江省圖書館善本書目甲編四卷》（民國二十五年 1936 浙江圖書館鉛印本）。其中，《浙江省圖書館善本書目甲編四卷》中收錄浙江省圖書館藏部分四庫進呈本、四庫底本。中冊收有稿本《論語類編通義》卷一至卷七。下冊收有《論語類編通義》卷八至卷十，論文十二篇，譯著一部，附錄兩則。其中論文收錄《四庫著錄浙江先哲書目》（《文瀾學報》一九三六年第二卷第一期）、《文瀾閣四庫全書戰時播遷紀略》（《圖書展望》一九四七復刊第三期）兩篇「四庫學」文章。按，沈津先生在《書城風弦錄——沈津學術筆記》（廣西師範大學出版社 2006 年版）提及毛春翔著有《文瀾閣四庫全書目錄》（第 274 頁），文集未收，亦無處可查，蓋沈氏誤記。沈書又提及毛春翔所著《四庫全書著錄浙江先哲遺書目》（第 274 頁），蓋文集中《文瀾學報》所發之文。

冷廬文藪

王重民著，上海古籍出版社，1992 年。

王重民，字有三，號冷廬，1929 年畢業於北京高等師範學校國文系，就職於國立北平圖書館，1933 年赴法國巴黎國家圖書館做文獻研究工作，1939年受聘於美國國會圖書館，整理中國古籍，1947 年返國。著有《老子考》《敦煌古籍敘錄》《中國善本書提要》等。《冷廬文藪》收集作者單篇學術論文 100餘篇，其中有關「四庫學」研究多篇。簡述如下：

1.《李清著述考》，原載《圖書館學季刊》第二卷第三期（1928 年 9 月）。按，李清著述在纂修《四庫全書》時被禁，考李清一生著述，對瞭解明末清初思想有重要意義。王文詳細考其著述，並考述李清著述被禁原因。附有陳垣先

生信件一通,《四庫全書提要》三則(包括《南北史合注》提要、《南唐書合訂》提要、《歷代不知姓名錄》提要)。筆者有《李清著述補考》(《西南交通大學學報(社會科學版)》2010 年第 4 期)一文,可參看。

2.《〈四庫抽燬書提要稿〉目記》,原載 1931 年出版《四庫抽燬書提要稿》卷首。見《四庫抽燬書提要稿》敘錄。

3.《〈辦理四庫全書檔案〉敘例》,原載 1934 年出版《辦理四庫全書檔案》卷首。見《辦理四庫全書檔案》敘錄。

4.《論選印〈四庫全書〉》,原載 1933 年 8 月 14 日《大公報》文學副刊。文中提出四點意見,於今亦有學術意義。其一,文淵、文津二本書互校擇善而從之。其二,四庫殘本宜換足本,輯本有原本者宜用原本也。其三,底本宜據以影印,善本宜據以作校勘記也。其四,序跋宜附,目錄宜補也。按,關於《四庫全書》收書不收序跋,見《纂修四庫全書檔案》乾隆四十一年十月初五日檔。

5.《評〈景印四庫全書未刊本草目〉》,原載《國聞週報》第十卷第三十六期(1933 年 9 月)。文後附錄《景印〈四庫全書〉未刊本草目》。

6.《跋新印本〈四庫全書總目〉》,原載《吉林省圖書館學會會刊》1982 年第 1 期(1981 年 2 月)。此文所涉兩個問題對後來研究有啟發意義,一是關於殿本《四庫全書總目》的出版年月問題,二是《四庫全書總目》的殿本、浙本優劣問題。崔富章後來撰文,對上述兩個問題進行了詳細考索,但王文篳路藍縷之功不可沒,其問題意識以及論述給出的史料都極具價值。

北京大學圖書館藏「大倉文庫」善本圖錄(附書志)

北京大學圖書館編,中華書局,2014 年。

據「善本圖錄」一書回顧,20 世紀初,中國藏書家董康將所藏部分典籍售予了大倉文化財團創始人大倉喜八郎先生。這批古籍在大倉文化財團大倉集古館珍藏近百年。2005 年,大倉文化財團為籌措收購本國民間流散文物的資金,決定以 18 億日元的價格出售「大倉藏書」,其條件是:不得打散拍賣,由中國國有收藏條件的機構永久性整體收藏。自 2005 年至 2012 年之間,國內很多機構、企業、個人均與大倉文化財團接洽收購事宜,皆未果。2012 年,北京大學圖書館決定收購「大倉藏書」。教育部會同財政部撥付 50%的購書款,解決了購書經費問題。一年半後,2013 年 12 月 12 日「大倉藏書」抵達北京大學圖書館,保存於北京大學圖書館地下善本庫。具體購書進程,以時間為序,略作歸納:

2012 年 6 月 30 日，北京大學圖書館館長朱強、古籍部主任李雲，與大倉文化財團大倉集古館指定代表、日本現代中國藝術中心代表取締役當銘藤子女士，上海博古齋拍賣有限公司總經理李東溟先生，就北京大學圖書館擬收購「大倉藏書」進行商談。

2012 年 7 月 27 日，嚴紹璗教授《建言北大整體性收購日本大倉文化財團所藏漢籍文獻》。

2012 年 7 月 28 日，湯一介教授推薦北京大學圖書館對「大倉藏書」實施整體收購。

2012 年 7 月 30 日，白化文教授以《董康舊事》為題，向朱強館長推薦北京大學圖書館收藏「大倉文庫」。

2012 年 10 月，37 位專家學者聯名推薦北京大學圖書館收藏「大倉藏書」。

2013 年 6 月 20 日，北京大學副校長劉偉，北京大學圖書館朱強抵達東京，與大倉文化財團簽署收購協議。參加簽署儀式的代表有：大倉集古館事務局長澀谷文敏、大倉集古館館長大倉喜彥、大倉集古館理事長大崎磐夫、北京大學副校長劉偉、北京大學圖書館館長朱強、北京大學圖書館館員力愷、日方代表當銘藤子。

2013 年 9 月 9 日至 9 月 14 日，朱強帶隊，赴東京對「大倉藏書」進行鑒定、清點。專家組有李致忠、安平秋、陳先行、羅琳。另有參與清點工作的北京大學圖書館部分業務人員。鑒定專家與北京大學圖書館古籍部業務人員一起起草了鑒定書。

2013 年 12 月 12 日，日通公司北京分公司租用九輛郵政運輸車將「大倉藏書」的 58 個大木箱運抵北京大學圖書館。

2013 年 12 月 12 日中午，北京大學黨委書記朱善璐查看「大倉文庫」運抵情況。北京大學校長王恩哥查看「大倉文庫」典籍。

北京大學整體回購日本大倉文化財團集古館所藏珍本典籍，共計九百餘部。在這些回購的典籍中，有一批是珍稀本、稿本、鈔本、明銅活字本、清宮舊藏本，有重要的研究價值。羅琳引專家組《鑒定書》對「大倉文庫」的評價云：「大倉文化財團大倉集古館所藏中文古籍經史子集四部咸備，宋元明清歷朝傳本齊全，刻印、活字排印、鈔寫批校等版本類型皆具，是一批難能可貴的重要典籍……我們一致認為：這批典籍與大倉文化財團大倉集古館提供給北京大學圖書館之最終購書目錄在數量、版本諸方面相符，並且可以確定些典籍

之版本價值、文獻價值和文物價值等方面已超出了大倉文化財團大倉集古館的原有估量。這批典籍質量上乘、印製精良、數量規模大、書品保存完好是一筆巨大的文化財富，而能集中回購中國則是一件空前的文化盛事，將會在中日文化交流史上成為令人稱道的範例。」（羅琳序）2014 年，北京大學圖書館就編纂完成「善本圖錄」，所編圖錄質量之高，速度之快，頗為難得。圖錄展現了「大倉文庫」九百餘部典籍中的部分，包括四部宋刻遞修本、九部元刻及元刻遞修本、六十餘部明清刻本、十四部明銅活字本、三十餘部木活字本、七十餘部明清鈔稿本、近三十部清宮舊藏。全書分為刻本、活字本、鈔稿本、清宮舊藏四部分，整體呈現出「大倉文庫」典籍的概貌。

　　需要指出的是，在「大倉文庫」中，有諸多文獻與「四庫」相關。如文津閣《四庫全書》寫本《南巡盛典》一部。鈐有滿漢合璧「翰林院印」朱文大方印的「四庫進呈本」二十二部，其中「四庫著錄」十二部、「四庫存目」七部、「四庫未著錄」三部。先說一下「四庫進呈本」，十二部書籍完好保存了「朱文長方形印記」，十一部鈐有「乾隆三十八年十一月浙江巡撫三寶送到□□計書□本」。據這些戳記可以推斷，進呈書籍是按照地區和年月順序集中存放於翰林院中。據羅序，「『四庫進呈本』中的十二部『四庫著錄』本，有一部可補《四庫提要著錄叢書》之闕，有三部版本優於《四庫提要著錄叢書》；七部『四庫存目』本，有三部可補《四庫全書存目叢書》之闕，有一部版本優於《四庫全書存目叢書》」。

　　特別值得注意的是，「四庫著錄」的十二部中有三部「四庫底本」，分別是《歐陽修撰集》八卷、《梅巖胡先生文集》十卷、《桂隱詩集》四卷《文集》四卷《附錄》一卷。在《四庫全書》纂修時，《永樂大典》輯佚書是《四庫全書》重要來源之一，四庫館臣從《永樂大典》中輯佚部分書籍，首先鈔錄在印有「欽定四庫全書」的稿紙之上，然後謄錄官根據輯佚本鈔錄進《四庫全書》。這樣看來，「四庫輯本」就成為了「四庫底本」。《永樂大典》本書籍，今十不存一，四庫館臣輯佚本成為研究「四庫本」的重要底本，因此亦可視為「四庫底本」。「四庫底本」之版本價值、文獻價值、文物價值極高，歷來為藏書家重視。

附《北京大學圖書館藏「大倉文庫」書志》

　　此書志收錄北京大學圖書館所藏「大倉文庫」典籍九百有六種，計二萬八千有十冊，其中包括日本典籍一百九十種，計二千五百七十六冊，朝鮮典籍一種，計二冊。是書參照《四庫全書總目》分為經、史、子、集四部，增設叢書、

碑帖二部；部下的設類、屬，經部之下增設群經類；類、屬之下依編著者時代排序，叢編置於各類、屬之首；個人獨撰著述入集部別集類，或依據其主要內容置於相關類屬之下。

歷代文獻學要籍研究論著目錄

陳東輝主編，浙江大學出版社，2014 年。

此書收錄陳俞靜《〈四庫全書總目〉研究論著目錄》，該目錄包括了中國、日本《總目》研究成果，分「著作」「碩博士論文」「著作和碩博士學位論文中的相關部分」「期刊、論文集和會議論文」「網絡文章」五個部分。每個部分以時間為序進行編排，截止到 2013 年 6 月。

中國圖書文獻學論集

王秋桂、王國良編，明文書局，1983 年。

此書分上下兩冊，收錄中國圖書及文獻學論著三十二篇，共分五輯。第一輯為圖書之形制與典藏，收馬衡《中國書籍制度變遷之研究》，余嘉錫《書冊制度補考》，周駿富《中國圖書館簡史》，每篇文章均有較大的學術價值，周駿富《中國圖書館簡史》更可視為專著的「縮減版」。此輯附錄相關學術論著，頗有文獻價值。因與《四庫》相關性不大，不贅述具體內容。第二輯為目錄版本學，收錄收有高路明《古籍目錄及其功用》，郭伯恭《〈四庫全書總目提要〉考》，胡楚生《〈四庫提要補正〉與〈四庫提要辨證〉》，梁容若《評〈續修四庫全書提要〉》等文，郭、胡、梁三文均為「四庫學」重要研究成果。郭伯恭《〈四庫全書總目提要〉考》實際錄自郭氏《四庫全書纂修考》第十一章內容。胡文原載《南洋學報》第八、九期（1975 年），文中考胡玉縉、余嘉錫生平，探究《四庫全書總目提要補正》《四庫提要辨證》兩書的功用、優劣、引用文獻等方面的問題，認為「余氏的《辨證》，甄採的書籍，較胡氏為多，論斷方面，自然也容易較胡氏來得謹嚴和精當」〔註53〕。梁文原發表於《書和人》第 245 期（1974 年 9 月），此文是研究《續修四庫全書提要》的重要文章，涉及文獻史料很多，有很大的參考價值。因此文不易見，今略述內容如下。

〔註53〕王秋桂、王國良編：《中國圖書文獻學論集》，臺北：明文書局，1983 年，第159 頁。

　　1971 年在王雲五主持下，日本東方文化事業委員會編撰的《續修四庫全書提要》出版，裝訂十三冊，八千多頁，涉及書籍一萬餘部。而「關於這書的來源、編輯經過、內容檢討，卻很少人談過」〔註 54〕。在梁容若之前，何朋撰有《續修四庫全書提要簡介》〔註 55〕，王雲五所寫《續修四庫全書提要》卷首序言。兩文中有一些錯誤，梁文開篇即指出。主體內容一「書稿的來源與性質」，先述清代關於續修《四庫全書》的提議。先是阮元進呈《四庫未收書目提要》，之後光緒十五年（1898）翰林院編修王懿榮上疏請續修《四庫全書》，光緒三十四年（1908）翰林院檢討章梫也有續修提議。民國時期，邵瑞彭發表續修《四庫全書》意見書，段祺瑞政府建議執行。當時英美各國庚子賠款已經退還，段祺瑞政府交涉日本，希望日本退還庚子賠款，用於文化建設方面。兩國政府商定，組織東方文化事業總委員會。民國十四年（1925 年）五月，段祺瑞政府發表中國委員十一人，以柯劭忞為委員長，王樹枏、王照、賈恩紱、江庸、湯中、王式通、鄧萃英、梁鴻志、胡敦復、鄧貞文等。日本方面委員主要是服部宇之吉、狩野直喜、新城新藏等人。委員會決定在日本東京、京都設立兩個人文科學研究所，搜羅中國古籍；在北京設立東方文化研究所，搜集《四庫全書》未收書，成立圖書館，續編《四庫提要》；在上海成立自然科學研究所。北京的東方文化事業總委員會，辦公地址設在東城東廠胡同一號，清末係榮祿邸宅，民國為副總統黎元洪住宅。當時「總攬財政人事大權的是日人橋川時雄」。其所做的主要工作，梁氏歸納為三種：一是搜購中國罕見典籍，據說從一九二五年到一九三四年期間就用了四十萬銀元，在美國國會圖書館、哈佛大學等機構大量買中國書，也是北平舊書店的最大主顧。二是調查當代中國文化界人士傳記著作，編寫《中國文化界人物總鑑》，涉及四千多人，民國二十九年（1940）十月由中國法令編印館發行。三是請學人為搜羅的書籍撰寫提要，期望編成一部《續修四庫全書提要》。所撰提要有二萬多篇，有油印稿，臺灣商務印書館排印了一萬零七十部。這是關於續修《四庫全書》的若干史料，歷史脈絡較為清晰，唯考述之時皆未注明史料來源。這段歷史存世史料尚需全面調查，然後才能有限還原續修《四庫提要》事業的歷史。

　　梁文考橋川時雄事蹟，不甚詳。現有今村與志雄編《橋川時雄的詩文與追

〔註 54〕王秋桂、王國良編：《中國圖書文獻學論集》，臺北：明文書局，1983 年，第168 頁。
〔註 55〕按，香港《崇基學報》第五卷第二期，1966 年 5 月，臺北學生書局出版的《書目季刊》創刊號轉載。

憶》（汲古書院 2006 年版），高田時雄編《橋川時雄：民國期的學術界》（臨川書店 2016 年版，係《映日叢書》第三種）兩書可參看。梁文提到的橋川編撰、翻譯的相關著述，包括《文字同盟》《中國文化界人物總鑑》，所譯梁啟超的《清代學術概論》，胡適的《五十年來的中國文學》，所編《餘園叢刊》（收有奉寬《清理紅本記》、柯昌濟《韡華閣集古錄跋》等），所輯《河東君柳如是事輯》等。〔註56〕梁氏云：「王雲五先生序文說，他（橋川）以研究《楚辭》有心得，獲得文學博士學位，我卻全無所聞，也沒有找到線索。」〔註57〕按，橋川確實撰有《楚辭》研究一書，1945 年日本評論社出版，收入「東洋思想叢書」中。另者，今村與志雄所編橋川時雄詩文集，尚有多篇佚文未收入，有待補輯〔註58〕。

　　梁文考《續修四庫全書提要》參與編輯人員八十七人，主要介紹了柯劭忞、江瀚、江庸、張壽林、班書閣、楊鍾羲、陳鼇、柯昌泗、孫人和、夏孫桐、商鴻逵、劉澤民、余紹宋、羅繼祖、胡玉縉等人在編撰《續修四庫全書提要》所做的工作，皆有部分介紹，但依舊未有史料出處。梁文稱：「參與撰稿的人，從二十多歲的新進，到七十多歲的耆宿都有，思想學派，更是非常複雜。有的書，兩篇提要並存，各抒所見。通盤整理，似並未著手，只是搜集了許多初步資料。」〔註59〕這是基本合乎史實的。

　　關於原稿的錯誤粗疏，梁文指出十一條，很有學術價值，文繁不錄。梁文又指出校印錯誤，時代錯位、標題與提要內容倒置、體例混亂。尤其是「排字錯誤，幾乎每頁都有」。因此，臺灣商務印書館版《續修四庫全書總目提要》需要精細校勘，吳格先生似正從事此項工作。

〔註56〕按，梁容若所參文獻包括：1.《大眾人事錄》第十三版中國部，昭和十六年東京帝國秘密探偵社出版，第 30 頁；2.《中國文化界人物總鑑》，中華法令編印館 1940 年版，第 815 頁；3. 實藤惠秀著《日本譯中國書錄》，1956 年 6 月早稻田大學印本。

〔註57〕王秋桂、王國良編：《中國圖書文獻學論集》，臺北：明文書局，1983 年，第 174 頁。

〔註58〕按，余所見佚文有：一、濱岡仙藏編有《支那名畫集》，支那畫大觀刊行會 1927 年發行，橋川時雄作序一篇。二、民國間，橋川時雄於北京翻印宋刊珍本《宋嘉泰重修三謝詩》一冊（1935 年），收有黃丕烈跋文二則，後附胡玉縉《附識》一文，印本後又有《宋嘉泰重修三謝詩書後》一文，兩文書寫紙箋均為「提要鈞元之室」專用紙。三、橋川時雄撰有《京山李維楨傳考》一文，收入《北平近代科學圖書館館刊》創刊號 1937 年，第 38～40 頁。四、橋川時雄題吳濁流所著《濁流詩草》，臺灣文藝雜誌社 1973 年版。

〔註59〕王秋桂、王國良編：《中國圖書文獻學論集》，臺北：明文書局，1983 年，第 181 頁。

　　有意思的是，梁文批評《續修四庫提要》，並未建立在書籍鈔校的基礎上，因此不能算作提要，最多只是解題，因此梁氏認為此書應該更名為《東廠所收書目錄解題》。實事求是地說，梁氏所言不虛。但從當時的客觀條件來看，對每一部書進行鈔校是不可能完成的事業，這近乎於苛責。在評論橋川時，梁氏云「橋川對日本漢學，無素養無淵源，對中國學術，無識解無研究，有錢買書買稿子，而不具有鑒別能力」〔註60〕，這一評價也過分了些。橋川時雄對中國書籍的版本是有研究的，如《陶集版本源流考》，係《雕龍叢鈔》之一，文字同盟社 1931 年出版。此書討論六個問題，分別為陶集自定本的有無，齊梁隋唐閣本的編次，北宋刊本紀要，南宋刊本紀要，傳宋刊本與元刊本紀要，明清各版本紀要，書後附有三則考論。從這一點看，橋川時雄並非對版本一無所知，甚至可以說是頗有研究。

　　此書下冊第四輯收錄王伯祥《〈四庫全書〉述略》一文，吳哲夫《摛藻堂〈四庫全書薈要〉》一文。王文原刊於《小說月報》第十六卷第十二期，民國十四年（1925 年）十二月，從《四庫全書》纂修的起因，《四庫全書》的內容，《四庫全書》編纂的得失三個方面進行論述。吳文原刊於《幼獅月刊》第四十七卷第三期，民國六十七年（1978 年）三月，主要論述了摛藻堂《四庫全書》修纂始末、庋藏概況、摛藻堂的陳設，並比較了《四庫全書薈要》與《四庫全書》的差異。

　　其他各輯有文獻學、竹簡和木牘、敦煌學、歷代會要、方志史、中國族譜、中國年譜、清內閣大庫明清檔案的歷史與整理，內容極為豐富，讀此書可瞭解文學、史學、文獻學、方志學、敦煌學、年譜學、族譜學等各方面的知識。書中所收之文，很大一部分來自臺灣，從此書可瞭解臺灣「四庫學」「文獻學」研究之一隅。

書林叢考

　　鄭偉章著，廣東人民出版社，1995 年。嶽麓書社，2008 年增補本。

　　據書前「小記」，是書書名來自葉德輝《書林清話》、趙翼《陔餘叢考》兩書。內容共兩部分。

　　第一部分為「古文獻叢考」，收文《唐集賢院考》《鄭氏二老閣刻書考》《鮑

〔註60〕王秋桂、王國良編：《中國圖書文獻學論集》，臺北：明文書局，1983 年，第189 頁。

廷博知不足齋刻書考》《搜奇攬勝到東瀛的〈知不足齋叢書〉》《張海鵬、張金吾叔侄刻書藏書考》《常熟南張文獻世家世系考》《稿本〈香雪草堂書目〉〈西圃藏書目〉的著者及其世系考》《金山錢氏刻書考》《莫友芝的藏書和目錄學》《方功惠碧琳琅館藏書刻書考》《徐友蘭鑄學齋刻書考》《「得一書必為之刻，刻一書必求其精」——劉世珩聚學軒刻書考》《陶湘涉園藏書刻書考》《論讀書與書目》《葉菊裳先生年譜》等 15 篇。

　　這些考述有很大的學術價值，如《唐集賢院考》，從集賢院的建立經過及其校書、寫書活動，集賢院學士、職官及其地點，集賢院的藏書三個部分進行考證。文中開頭說「唐玄宗時的韋述曾寫過《集賢注記》，這是一部最早記載集賢院歷史的書，可惜此書已佚於宋」（第 5 頁），其實關於《集賢注記》一書所述並不完全正確。《集賢注記》原書三卷，南宋時有三卷本和二卷本兩種流傳，二卷本至明代尚有著錄，其後亡佚。關於《集賢注記》，曾出現兩種輯錄佚文的成果：一，民國時期朱偰所著《集賢注記輯校》《集賢注記集釋》；二，為二十世紀七十年代，日人池田溫所著《盛唐之集賢院》。朱偰所著分集賢院址、置院始末、學士名氏、寫藏書籍、編纂目錄、修撰書史、院中故事七項輯錄佚文，但主要依據《玉海》，未收《職官分紀》大量佚文。池田溫所著，雖搜輯較為全面，但是所引史料不限《集賢注記》，亦不限玄宗一朝，已非輯佚之作。因此，《集賢注記》始終未有忠於原貌的本子流傳。今人陶敏先生輯有《景龍文館記　集賢注記》一書，陶敏先生此著，鉤沉索隱，查考原書體例，力求恢復原貌。依據《直齋書錄解題》《郡齋讀書志》《歷代名畫記》的有關表述，確定原書編次，為卷上記置院始末，卷中記院中故事，卷下記學士名氏官爵，按原書之舊分為三卷。據上述材料，或可對《唐集賢院考》進行補考。又如《莫友芝的藏書和目錄學》中，對莫友芝的家世及生平的考證較為薄弱。2017 年中華書局出版張劍、張燕嬰點校本《莫友芝全集》一套，共計十二冊，第三冊收錄《宋元舊本書經眼錄》《郘亭書畫經眼錄》《金石影目錄》《郘亭江南收書記》，第四、五冊為《郘亭知見傳本書目》，第六冊收《郘亭日記》《郘亭書信》。第十二冊《影山草堂書目》係《郘亭行篋書目》草稿本，前者著錄書籍約 2600 種，後者著錄之數有 3000 餘種。以上材料，加之莫友芝詩文集，可續補莫友芝相關事蹟。值得注意的是，莫氏其人亦與《四庫全書》有過淵源。莫氏曾於同治四年（1865）承命到揚州、鎮江搜訪文匯閣、文宗閣散逸的《四庫全書》，無果。後來，同治十年（1871），莫氏再次到揚州、鎮江等地搜訪《四

庫全書》，卒於從揚州至興化的路上。再如《葉菊裳先生年譜》一文係為葉昌
熾所撰年譜，頗有學術價值和參考價值。來新夏先生撰《近三百人物年譜知見
錄（增訂本）》（2010）未收錄此文。葉昌熾交友廣泛，且均為國之通人，包括
馮桂芬、潘祖蔭、黃彭年、繆荃孫、柯逢時、汪鳴鑾、吳大澂、梁鼎芬、江標、
黎庶昌、王懿榮、李盛鐸、徐乃昌、陳田、劉世珩、傅增湘、章鈺、葉德輝、
王雪澄等。葉氏一生著述豐富，著有《邠州石室錄》《寒山寺志》《奇觚廎詩文
集》《藏書紀事詩》《語石》《緣裻（督）廬日記》等，其中《緣裻（督）廬日
記》稿本 43 冊，記載 48 年史實，史料價值、文獻價值、學術價值極高。

　　第二部分為「《四庫全書》獻書人叢考」。所考《四庫全書》獻書人共計 90
人，爬梳史料，遍檢史書，頗具考據之功。

　　據鄭偉章所作「前言」總結，其功用有五：一、可補葉昌熾《藏書紀事
詩》，如熊志契、吳昌壽、彭紹觀等藏書家，《藏書紀事詩》中並未載錄。二、
可當館臣傳。所考獻書人中，有 47 人係四庫館臣，包括于敏中、英廉、程景
伊、蔡新、王際華、曹秀先、王杰、金簡、德保、倪承寬、紀昀、陸錫熊、陸
費墀、祝德麟、劉錫嘏、張燾、肖際韶、彭紹觀、韋謙恒、汪如藻、程晉芳、
李潢、劉權之、梁上國、任大椿、勵守謙、張羲年、莊承篯、吳壽昌、吳典、
陳昌齊、鄒炳泰、邵晉涵、周永年、戴震、祝堃、鄭際唐、翁方綱、朱筠、嚴
福、閔惇大、盧遂、王汝嘉、張慎和、方維甸、熊志契等。這些館臣雖然是《四
庫全書》纂修中很少的一部分，但這些人的實際作用不容忽視，本人的後續研
究涉及到四庫館臣事蹟考，成書形式或與此相同，只是研究對象是將纂修《四
庫全書》的全部人員進行統計，相關事蹟進行考證。三、為研究《四庫全書》
史提供了新線索、新資料。從獻書人進行分析發現，江浙地區的藏書家最多，
且多係皖籍商人。獻書人有特殊優勢，即有機會將自己先祖的著述進呈，並能
夠順利進入《四庫全書》，而且有的情況下是其他獻書人代為轉呈，以為避嫌。
諸如此類細節的發現是頗為有趣的，對深入瞭解《四庫全書》纂修有特殊意義。
獻書人進呈書籍，一旦收錄《四庫全書》之中，則會在人名前署銜，而且有的
人進呈書籍有先後，署銜也會有所變化，這對於判斷提要撰寫時間有重要作
用。《總目》中不注獻書人姓名而注其先人姓名有「浙江朱彝尊家曝書亭藏本」
一例（朱彝尊早已離世），這一特例可作《四庫全書》史之掌故。程氏發現的
諸問題，均是《四庫全書》與《總目》研究忽略的微觀層面的問題，這些問題
的發現或許對研究《四庫全書》有不可忽視的價值。四、可輯錄各家書目。藏

書家的藏書書目是學術津梁，在 30 位藏書家中，有書目流傳的僅有 7 家，其餘諸家書目散佚或不存，而《總目》中所著錄的書目，加之《纂修四庫全書檔案》等史料所錄書目，或可管窺獻書家藏書之一隅。五、可作《總目》之注釋。《總目》書名之後的「某某藏本」，接續此本《叢考》，可瞭解獻書人之大致情形。但程氏所考《四庫全書》獻書人事蹟較為簡單，並非傳統意義上的事蹟考，對獻書人行跡僅是依據相關史料進行簡述，考的成分不多。如「大學士于敏中家藏本」，對于敏中事蹟僅進行簡略陳述，並未進行人物全面事蹟的考察，對涉及《四庫全書》纂修史料亦所涉較少，于敏中實際促成《四庫全書》的編纂完成，《于文襄手札》《纂修四庫全書檔案》等史料並未運用。即便是紀昀，作者在考相關問題是，也忽略了紀昀刪定《四庫全書總目》稿本、《紀曉嵐文集》等文獻，對《清史稿》《清史列傳》《碑傳集》《國朝先正事略》所記齟齬之處，也未進行深入考辨。總體來看，此書尚需進行進一步補充。從「叢考」中可以看出，鄭氏將記載獻書人事蹟的文獻進行了羅列，讀者可按圖索驥，進一步查找相關史料。每一篇考證後皆附有《總目》著錄獻書者藏書之頁碼，方便讀者直接對照總目》。從論題上看，「《四庫全書》獻書人叢考」的選題非常具有啟發意義。《〈四庫全書獻書人叢考〉前言》又載於《中國圖書館學報》1996 年第 4 期。

文獻家通考（清—現代）

鄭偉章著，中華書局，1999 年。

是書三冊，書前有薄一波、顧廷龍、滕文生題辭。鄭氏前言稱，「予撰《文獻家通考》（清—現代），網羅清初以來文獻家一千五百餘人，比葉《詩》清代部分三百二十九人約多一千二百人」〔註61〕。鄭氏總結此書特點較為到位，簡述如下：其一，補葉昌熾《藏書紀事詩》內容之不足。其二，增葉《詩》所遺漏。其三，續葉《詩》之後出者。其四，考證潛逸人員，其中《四庫全書總目》幾乎頁頁皆著錄獻書人名氏，統計得九十人，成《四庫全書獻書人叢考》，約十萬字，已收入《書林叢考》（廣東人民出版社 1993 年版），見此書敘錄。其五，詳書目、題識等目錄學資料。其六，對傳主的刻書敘述較詳。其七，詳文獻家印記。其八，詳文獻散佚傳遞源流。其九，撰寫具有條理，自清初錢謙益始，迄現代潘景鄭，按時間順序排列，釐為三十卷，每一傳略遵時代先後順序，

〔註61〕鄭偉章：《文獻家通考（清—現代）·前言》，北京：中華書局，1999 年，第 3 頁。

內容方面則先傳主小傳，次文獻活動，次文獻特點及精華，次藏、讀、校、刻書處及藏印，次書目、題識，次刻書、輯書，次文獻散佚傳遞源流，最後注出史料來源，方便讀者引用、查檢。

此書文獻來源有葉昌熾《藏書紀事詩》及《緣督廬日記》，鄭元慶《吳興藏書錄》、丁申《武林藏書錄》、王欣夫補正葉《詩》、倫明《辛亥以來藏書紀事詩》印本及手稿、王謇《續補藏書紀事詩》、徐紹棨《廣東藏書紀事詩》、李少微《近世藏書家概略》、《鄞縣通志・文獻志・歷代本縣藏書紀事》、瞿冕良《常熟先哲藏書考略》、吳則虞《續藏書紀事詩》四川部分、蔣鏡寰《吳中先哲藏書考略》、徐雁《續補藏書紀事詩傳》、袁行雲及李新乾補倫明《詩》手稿、宋路霞《上海近代藏書紀事詩》等，另有書目、題識等。

這些文獻家有很多是四庫館臣，對研究四庫館臣事蹟有一定的借鑒意義。如周永年、張若淮、汪汝瑮、周厚堉、汪如藻、蔣曾瑩、鮑士恭、孫仰曾、沈叔埏、桂馥、余集、馮應榴、鄒炳泰、邵晉涵、吳省蘭等，所考之文頗有助益暸解四庫館臣相關事蹟。總體來看，書中涉及文獻較多，且能夠有條理性呈現人物事蹟。又者，隨著清代文獻的影印出版，清代文獻家數量恐數倍於此。如周駿富輯《清代傳記叢刊》（臺灣明文書局 1985 版），彙集富有史料價值的清人傳記圖書 150 部，涉及人物 46955 位〔註62〕。清人事蹟考是一個龐大的工程，後續研究有待進一步跟進。

清代康雍乾三朝禁書原因之研究

丁原基著，臺北華正書局，1983 年。

是書以「禁書」為研究視角，跨越康雍乾三朝，深入分析禁書之所以被禁的原因。全書七章內容，第一章緒論，追溯明代學者的民族意識以及明代移民對清廷的態度。第二章從放任政策、籠絡政策、限制政策、壓抑政策四個方面歸納清代初期對待漢族學者的策略。第三章康熙朝禁書原因，主要是禁燬載述明代史料之作。第四章雍正朝禁書原因，主要禁燬年羹堯、隆科多門下士著作，禁燬闡揚民族意識之作，禁燬違背帝王意旨之作。第五章乾隆朝禁書原因，共分七個方面，一為禁燬未避廟諱、謗議國君之作，二為禁燬涉及清代前期史事之作，三為禁燬反清志士之作，四為禁燬眷懷故國、語涉怨望之作，五為禁燬有虧臣節者之作，六為禁燬倖進大臣之作，七為禁燬議論聖賢之作。第六章分

〔註62〕周駿富：《清代傳記叢刊索引・前言》，臺北：臺灣明文書局，1975 年，第 4 頁。

析清代禁書對後世學術的影響，造成圖書亡佚，《四庫全書》所載有所疏漏，部分歷史文獻失真，也促使清代學風發生了改變。第七章為小結，重申禁書造成圖書殘佚不完，清代學術風氣的丕變。

　　清代屢興文字獄，禁燬書籍甚夥。據丁原基自序統計，「就乾隆一朝所頒禁燬書目而言，從乾隆三十八年（一七七三）至四十六年（一七八一）間，各省巡撫所繳進之應燬板片達十萬片以上；各省開單進呈之挖改數目，十八省合計，多達二千零五十四部；軍機處所奏進應燬書目，全燬者七百四十九種，抽燬者四十種，另有應燬個人著作書目一百三十種；四庫館所奏進應燬書目，全燬者一百四十六種，抽燬者一百八十一種；紅本處所查辦之應燬明人書目七十六種；各省所查繳應燬書目共計千餘種」。歷來研究清代文字獄與禁書原因之作有賈逸君《清代文字獄考略》、彭國棟《清史文讞志》、梁啟超《中國近三百年學術史》、蕭一山《清代通史》、趙錄綽《清高宗之禁燬書籍》、陳登原《古今典籍集散考》、吳哲夫《清代禁燬書目研究》等，今人更是有談蓓芳《中國禁書簡史》、寧俠《四庫禁書研究》等著作。

　　此書附錄有二，一為清人禁燬書籍書影，二為臺灣公藏清人禁燬明清別集善本及普通本舊籍聯合目錄。附錄二《臺灣公藏清人禁燬明清別集善本及普通本舊籍聯合目錄》可視為一部專書，有很重要的文獻價值和目錄價值。臺灣公藏清人禁燬明清別集的典藏之所主要有「國立中央圖書館」、「故宮博物院」、「中央研究院」歷史語言研究所、國防研究院、臺灣大學、臺灣師範大學、東海大學、「中央圖書館」臺灣分館。丁著將上述藏書機構所藏清人禁燬明清別集，按照書名筆劃索引進行排列，研究明清禁書者，臺灣所藏文獻可由此獲得。

沈津著作集

　　沈津，宏燁齋主人，師從顧廷龍、潘景鄭、瞿鳳起研習目錄學、版本學，在「四庫學」領域亦有造詣。曾任職於香港中文大學、哈佛大學哈佛燕京圖書館，著述頗豐。主要專（編）著如下：1.《書城挹翠錄》，上海社會科學院出版社，1996年；2.《美國哈佛大學哈佛燕京圖書館中文善本書志》（哈佛燕京圖書館學術叢刊第七種），上海辭書出版社，1999年；3.《翁方綱年譜》（中央研究院中央研究院中國文哲研究所中國文哲專刊），中央研究院中國文哲研究所，2002年；4.《顧廷龍年譜》，上海古籍出版社，2004年；5.《中國珍稀古籍善本書錄》（哈佛燕京圖書館學術叢刊第六種），廣西師範大學出版社，2006

年；6.《書韻悠悠一脈香：沈津書目文獻論集》，廣西師範大學出版社，2006年；7.《書海揚舲錄》，廣西師範大學出版社，2016年；8.《伏櫪集》，廣西師範大學出版社，2019年；9.《開卷書坊・書林物語》，上海辭書出版社，2011年；10.《老蠹魚讀書隨筆》，廣西師範大學出版社，2009年；11.《書叢老蠹魚》，中華書局，2011年；12.《書城風弦錄：沈津學術筆記》，廣西師範大學出版社，2006年；13.《中國大陸古籍存藏概況》（潘美月、沈津編著「人文社會科學叢書」之一），國立編譯館編，臺灣學生書局出版，1979年；14.《翁方綱題跋手札集錄》，廣西師範大學出版社，2002年；15.（顧誦芬、沈津、高橋智輯）《顧廷龍書題留影》，上海古籍出版社，2004年；16.《美國哈佛大學哈佛燕京圖書館藏中文善本書志》，廣西師範大學出版社，2011年；17.《美國哈佛大學哈佛燕京圖書館藏中文善本彙刊》，商務印書館、廣西師範大學出版社，2003年；18.《〈廣州大典〉海外珍稀文獻書志》（王蕾主編、沈津審訂，中山大學圖書館學叢書第五種），廣西師範大學出版社，2016年；19.《中文古籍整理與版本目錄學國際學術研討會論文集》（倪莉、王蕾、沈津編，中山大學圖書館學叢書第三種），廣西師範大學出版社，2013年；20.《日本漢籍圖錄》（沈津、卞東波編著），廣西師範大學出版社，2014年。

（一）《書城挹翠錄》，上海社會科學院出版社，1996年

《書城挹翠錄》共收書志三百篇，著錄之書主要來自上海圖書館、香港中文大學圖書館以及美國的部分圖書館。這些文章是沈津先生 1987 至 1992 年所寫，有部分發表於《文獻》《圖書館雜誌》《國立中央圖書館館刊》《書目季刊》《九州學刊》等。書志選錄稿本、鈔本近百種，約占總數的三分之一。其中《炮錄》《趙烈文函牘稿》《梯山汪氏家譜》《南阜山人詩集類稿》《蓬廬文鈔》《適園詩集》《沅湘耆舊集續編》等，皆為海外孤本。書名「書城」，意為圖書館藏書之多，挹，汲取；翠，寶石。是書收錄部分「四庫底本」「四庫進呈本」，與《中國珍稀古籍善本書錄》有所重複。是書發行量僅 1000 冊，定價 18 元，今網絡價格五六百元。

（二）《美國哈佛大學哈佛燕京圖書館中文善本書志》，上海辭書出版社，1999年

1928 年哈佛燕京學社成立，在哈佛大學設立「漢和圖書館」。1965 年改稱「哈佛燕京圖書館」。1976 年由哈佛燕京學社轉屬哈佛大學圖書館系統。據書前吳文津序稱「翌年（1992）沈君抵館，孜孜不倦，廢寢忘食，兩年內撰就館

藏自南宋至明末之刻本書志，凡一千四百三十三種，計百萬餘字。舉凡書名卷冊、版式行款、全書要旨、著者生平、特點源流、題跋牌記、刻工書鋪、遞藏鈐印以及海內外收藏館名，均有載記。以經史子集叢五部排列，並附分類書名目錄及書名、著者、刻工、出版者（刻書鋪）之索引，其精細前所未見……」〔註63〕是書南宋至明末書志定為上編，哈佛館藏清初善本二千餘種，並稿本、鈔本數百種之書志將為下編。書前凡例十一則，涉及以下內容：書志收書為哈佛燕京學社所藏宋、元、明、清善本中刻本之全部，共計 1433 條。敦煌寫經、輿圖、碑帖、拓片、誥命、文告、契約等，日本刻本、朝鮮刻本不在書志之中。書志內容包括一書書名、卷數、撰著者、版本、冊數、行格字數、板框之高寬、序跋、書之大體內容、版本源流、刻工姓名、收藏情況、鈐印等。一書中有年代可據，或其他序跋等資料可考者，皆詳著其刊刻年代、刻書處或刻書人姓名。

　　是書將哈佛燕京學社的善本與《四庫全書總目》《中國古籍善本書目》進行了比較，收與未收皆予以注明。各書版刻特徵清晰，同版書還指出其他入藏地點，便於進行書籍查找。

（三）《翁方綱年譜》，中央研究院中國文哲研究所，2002 年

　　翁方綱是一位重要的四庫館臣。「沈津先生的《翁方綱年譜》收羅資料宏富，對研究乾嘉學術甚有助益」〔註64〕，不僅如此翁方綱是《四庫全書》纂修的重要人員，對翁氏的研究有助於從個案的角度進一步深入探究「四庫學」相關問題。據凡例知，翁譜的纂寫材料包括《翁氏家事略記》《復初齋集》《復初齋文集》《復初齋詩集》《復初齋集外文》《復初齋集外詩》，又有翁氏手札、題跋、雜記，往來師友詩文集及筆記。沈津先生有《翁方綱題跋手札集錄》，亦是 2002 年出版。年譜按年、月、日排布。年譜每條均注明出處及史料來源，詳及卷數、頁碼。翁氏跋文僅錄年月日及標題，原文見《翁方綱題跋手札集錄》一書。翁氏手札能夠考其年月日者，錄其文字入譜，頗有著於全面瞭解翁氏事蹟。譜中涉及人物，用名不用字號，不能確定者，仍用字號。翁氏早年行事，全部依據《翁氏家事略記》。年譜後附錄參考書目，對研究翁氏亦有助益。

〔註63〕沈津：《美國哈佛大學哈佛燕京圖書館中文善本書志·序言》，上海：上海辭書出版社，1999 年。

〔註64〕沈津：《翁方綱年譜·出版說明》，臺北市：中央研究院中國文哲研究所，2002 年，第 2 頁。

是譜前有沈序，頗有發覆。其一，概括翁方綱一生的主要貢獻，及其在清代文壇、學壇的地位。其二，翁方綱的詩文集存世情形簡介、詩文特徵、理論觀點等。其三，翁方綱在《四庫全書》纂修中的貢獻，特別是《四庫全書總目》的撰寫。如上海圖書館藏稿本《欽定四庫全書總目》，澳門何東圖書館藏翁氏手稿《四庫全書總目提要稿》，南京圖書館藏《蘇齋纂校四庫全書事略》。其四，翁氏的金石學成就。舉其金石著述《兩漢金石記》《焦山鼎銘記》《孔子廟堂碑唐本存字考》《化度寺碑考》《漢劉熊碑考釋》《題嵩洛訪碑圖記》《蘇米齋蘭亭考》《瘞鶴銘考補》《九曜石考》《漢石經殘字考》《粵東金石略》《海東金石文字記》等。其五，翁方綱的書法地位。沈津先生談及翁譜的寫作說此書前後長達四十年之久，回憶其恩師顧廷龍先生在學術之路的指導，感激之情溢於言表。沈回憶顧氏言「有一個人很值得研究，那就是翁方綱。翁方綱，是乾隆、嘉慶時期很重要的一個學者，又是書法家，很多有名的碑帖都經過他的鑒定，他的題跋在《文集》裏有一些，但大多數都沒有收入。你可以細查館藏的各種善本、普通古籍以及金石拓本、尺牘，將有關翁方綱的題跋和尺牘鈔錄下來，數量一定很可觀，將來有條件，再寫一本《翁方綱年譜》。為翁方綱作譜是值得的，而且有關翁氏的背景、時代、他所涉及的上司、同僚、友朋等等你都可以瞭解，這對你的工作也有幫助」〔註65〕。顧先生對學生學術之路的指導，很值得敬重。學生繼恩師教誨，未曾忘記學術問題的研究，同樣值得敬佩。乾嘉學術學人年譜不多，來新夏《近三百年人物年譜知見錄》、謝巍《中國歷代人物年譜考錄》、黃秀文《中國年譜辭典》等著錄的信息較少，沈津《翁方綱年譜》填補了一重要空白。沈氏《翁譜》的寫作參考資料甚為豐富，剪裁也得當，通過此譜翁氏一生事蹟盡可睹矣。需要指出的是，翁方綱還值得繼續研究，至今為止《翁方綱全集》尚未整理。沈氏《翁譜》後有翁方綱傳記資料，翁方綱著作諸種版本，給研究者提供頗多參考。只是翁方綱資料十分複雜，若無十數年時間積累，恐難有所成績。

（四）《中國珍稀古籍善本書錄》（哈佛燕京圖書館學術叢刊第六種），廣西師範大學出版社，2006 年

《中國珍稀古籍善本書錄》收錄世上罕見秘笈 465 種，其中有四庫底本、四庫進呈本、文瀾閣《四庫全書》寫本等版本信息。茲錄相關信息如下：1.

〔註65〕沈津：《翁方綱年譜·序》，臺北市：中央研究院中國文哲研究所，2002 年，第 10 頁。

清初鈔本《硯北易鈔》，藏浙江圖書館。此本為勵守謙交出本，內有「復初齋」「此亭」小印，有浮簽扯去的痕跡，是「四庫底本」無疑。封面木戳「乾隆三十八年六月翰林院編修勵守謙交出硯北易鈔壹部計書拾冊」。2. 明崇禎刻本《古今宗藩懿行考》，藏臺北中研院歷史語言研究所傅斯年圖書館，鈐「翰林院印」滿漢文大方印，是本為「四庫進呈本」。3. 明黑格鈔本《南城召對》，藏哈佛大學哈佛燕京圖書館。此本即《總目》著錄的「浙江范懋柱家天一閣藏本」，書衣封面題「乾隆三十八年十一月浙江巡撫三寶送到范懋柱家藏南城召對壹部計書壹本」，卷一第一頁鈐「翰林院印」滿漢文大方印。4. 清初鈔本《爛柯山洞志》，藏臺北「國家圖書館」，《「國家圖書館」善本書志初稿》有著錄，題「舊鈔本」。封面題「乾隆三十八年四月兩淮鹽政李送到馬裕家藏徐日昊爛柯山洞志壹部計書壹本」，鈐「翰林院印」滿漢文大方印。《總目》地理類予以存目，此本係「四庫進呈本」。5. 明嘉靖刻本《針灸問對》，美國普林斯頓大學葛思德東方圖書館藏。鈐「翰林院印」滿漢文大方印，沈津先生判定此本為「四庫底本」。6. 明萬曆刻本《墨池編》，美國普林斯頓大學葛思德東方圖書館藏。此書鈐「翰林院印」滿漢文大方印，但沈津先生考證，印為偽印。此書原視為「四庫底本」，但此本是否為底本有待進一步考證。7. 明鈔本《觀象玩占》，哈佛大學哈佛燕京圖書館藏。鈐「翰林院印」滿漢文大方印，係「四庫進呈本」。8. 明成化刻本《事物紀原集類》，美國普林斯頓大學葛思德東方圖書館藏。鈐「翰林院印」滿漢文大方印，封面題「乾隆三十八年十一月浙江巡撫三寶送到鮑士恭家藏事物紀原壹部計書肆本」，沈津先生不認定此書為「四庫底本」，而認為此本為發還本，認定為「四庫進呈本」為宜。9. 清鮑氏知不足齋鈔本《孫明復小集》，上海圖書館藏。此本封面題「乾隆三十八年十一月浙江巡撫三寶送到鮑士恭家藏孫明復小集壹部計書壹本」。鈐「翰林院印」滿漢文大方印，此本係「四庫進呈本」。需要指出的是，《四庫全書》著錄的《孫明復小集》為紀昀家藏本，為清鈔本，藏於南京圖書館。10. 宋刻本《古靈先生集》，上海圖書館藏。封面木記「乾隆三十八年十一月浙江巡撫三寶送到孫仰曾進呈陳古靈集壹部計書拾本」，鈐「翰林院印」滿漢文大方印。此本為「四庫進呈本」。11. 清鮑氏知不足齋鈔本《劉給事文集》，上海圖書館藏。此本封面木記已模糊不清，據沈津先生判斷其依然可知為乾隆三十八年浙江巡撫三寶送到鮑士恭家藏本。鈐「翰林院印」滿漢文大方印，此本係「四庫進呈本」。12. 明萬曆刻本《重刻雙溪類稿》，上海

圖書館藏。書中有纂修官校改痕跡，又有「翰林院印」，此本係「四庫底本」。
13. 元刻本《金華黃先生文集》，上海圖書館藏。是書封面木戳為「乾隆三十
八年江蘇巡撫薩載送到金華黃先生文集計書□本」，鈐印「翰林院印」，是本
為「四庫進呈本」。14. 清文瀾閣《四庫全書》寫本《中丞集》，藏於香港中
文大學圖書館。鈐「古稀天子之寶」「乾隆御鑒之寶」等。15. 明嘉靖刻本《杭
雙溪先生詩集》，藏美國芝加哥大學遠東圖書館。此本卷中有四庫館臣校改的
痕跡，鈐有「翰林院印」滿漢文大方印。此本係「四庫底本」。另者，《書錄》
中還考察了部分四庫館臣的事蹟。

（五）《書韻悠悠一脈香：沈津書目文獻論集》，廣西師範大學出版社，2006 年

是書自序提及沈氏恩師顧廷龍先生對學術研究的看法，錄兩句以告所授
諸生：「1961 年時顧廷龍先生對我說過的話，他告誡我說：你不能老是去看
古籍善本，也不能鑽進去就不出來了，你以後要跳出來，要找幾個題目去做，
你將來要做研究，那樣才可以成為一個學者。所以那時，顧先生給我出的題目
是收集清代乾嘉間重要學者翁方綱的資料，他要求我將來寫一本《翁方綱年
譜》、編一本《翁方綱題跋手札集錄》。70 年代初，我和顧先生談起我想寫一
篇論證繆荃孫的文章。他又對我說，不要著急寫文章，還是要打基礎，要多讀
點書，多收集資料，這對你將來有好處，你要大器晚成。」現在的學生在選題、
研究方面常常走捷徑，而不去積累資料，不去讀書，這是極不可取的。當然，
由於時間的限制，學生要取得學位需要老師給予指導。

是書所寫文章皆為單篇，有九篇寫於國內，其餘寫於美國，由於大部分發
表於臺灣的學術刊物上，大陸學者不易見到，遂輯錄成冊。內容分為三部分：
其一為古籍版本的考證，其二對國家圖書館、上海圖書館以及美國各大圖書館
善本書的介紹，其三是為自己的書和影印古籍所寫的序言、後記及敘論。是書
收錄與「四庫學」相關論文有：《校理〈四庫全書總目提要〉殘稿的一點新發
現》（題目是顧廷龍先生起的，原發表於《中華文史論叢》1982 年第 1 期，第
133～177 頁），《翁方綱與〈四庫全書總目提要〉》。

（六）《書海揚舲錄》，廣西師範大學出版社，2016 年

是書為短劄（沈津稱書話體）的彙編。「書海」指的是書的海洋，「揚舲」
指的是揚帆。書中涉及「四庫學」文章有《在澳門何東圖書館看書的備忘錄》。

（七）《伏櫪集》，廣西師範大學出版社，2019 年

　　書中有《〈天祿琳琅知見書錄〉序》。次序為劉薔著《天祿琳琅知見書錄》（北京大學出版社 2017 年版）所作序。乾隆間所編《天祿琳琅書目》為清代宮中藏書書志，此書目與《四庫全書總目》不同，注重書籍版本來源。另外，需要指出書中有哈佛燕京圖書館所藏日本所刊中國典籍三十種敘錄，很有價值。

（八）《開卷書坊‧書林物語》，上海辭書出版社，2011 年

　　書中有《四庫退還本〈遵巖先生文集〉》《屈大均著作遭禁燬》。《遵巖先生文集》是《四庫全書》纂修時的退還本，亦是四庫底本，此本有再深入研究的可能。

（九）《老蠹魚讀書隨筆》，廣西師範大學出版社，2009 年

　　是書「四庫學」文章有《〈浙江解進書目〉——兼說書估譚篤生》。《浙江解進書目》另見《乾隆代呈進書目》敘錄。

（一〇）《書叢老蠹魚》，中華書局，2011 年

　　是書《錢謙益的〈初學集〉〈有學集〉》涉及乾隆朝禁書問題。

（一一）中山大學圖書館學叢書第三種《中文古籍整理與版本目錄
　　　　學國際學術研討會論文集》，廣西師範大學出版社，2013 年

　　是書收錄司馬朝軍《四庫學研究的戰略思考》，劉薔《輯今弄古非同事，天祿文淵故別藏——論〈天祿琳琅書目〉的編纂體例及特點》兩篇「四庫學」論文。

主要參考文獻

1. 紀昀等總纂：《景印文淵閣四庫全書》，臺灣商務印書館，1986 年版。

2. 楊訥、李曉明：《文淵閣四庫全書補遺》，北京圖書館出版社，1997 年版。

3. 續修四庫全書編委會：《續修四庫全書》，上海古籍出版社，2002 年版。

4. 四庫全書存目叢書編委會：《四庫全書存目叢書》，齊魯書社，1997 年版。

5. 四庫全書存目叢書編委會：《四庫全書存目叢書補編》，齊魯書社，2001 年版。

6. 四庫禁燬書叢刊編委會：《四庫禁燬書叢刊》，北京出版社，2000 年版。

7. 四庫禁燬書叢刊編委會：《四庫禁燬書叢刊補編》，北京出版社，2005 年版。

8. 四庫未收書輯刊編纂委員會：《四庫未收書輯刊》，北京出版社，2000 年版。

9. 紀昀等：《四庫全書總目》，中華書局，1983 年版。

10. 紀昀等：《欽定四庫全書總目》（整理本），中華書局，1997 年版。

11. 永瑢：《四庫全書簡明目錄》，上海古籍出版社，1985 年版。

12. 邵懿辰撰，邵章續錄：《增訂四庫簡明目錄標注》，上海古籍出版社，2000 年版。

13. 朱學勤：《朱修伯批本四庫簡明目錄》，北京圖書館出版社，2001 年版。

14. 杜澤遜：《四庫存目標注》，上海古籍出版社，2007 年版。

15. 臺灣「國家圖書館」：《四庫全書初次進呈存目》，臺灣商務印書館，2012 年版。

16. 金毓黻：《金毓黻手定本文溯閣四庫全書提要》，中華全國圖書館文獻縮微複製中心，1999 年版。

17. 翁方綱：《翁方綱纂四庫提要稿》，上海社會科學技術文獻出版社，2000 年版。

18. 翁方綱撰，吳格整理：《翁方綱纂四庫提要稿》，上海社會科學技術文獻出版社，2005 年版。

19. 翁方綱等著，吳格、樂怡標校：《四庫提要分纂稿》，上海書店出版社，2006 年版。

20. 四庫全書出版工作委員會編：《文津閣四庫全書提要彙編》，商務印書館，2006 年版。

21. 紀曉嵐：《紀曉嵐刪定〈四庫全書總目〉稿本》，國家圖書館出版社，2011 年版。

22. 江慶柏等：《四庫全書薈要總目提要》，人民文學出版社，2011 年版。

23. （董眾）、金毓黻：《文溯閣四庫全書提要》，中華書局，2014 年版。

24. 阮元：《四庫未收書目提要》，商務印書館，民國二十四年（1935）版。

25. 姚覲元編，孫殿起輯：《清代禁燬書目（補遺）·清代禁書知見錄》，商務印書館，1957 年版。

26. 余嘉錫：《余嘉錫論學雜著》，中華書局，1963 年版。

27. 胡玉縉撰，王欣夫輯：《四庫全書總目提要補正》，中華書局，1964 年版。

28. 孫殿起：《販書偶記續編》，上海古籍出版社，1980 年版。

29. 孫殿起：《販書偶記》，上海古籍出版社，1959 年版。

30. 欒貴明：《四庫輯本別集拾遺》，中華書局，1983 年版。

31. 楊家駱主編，孫殿起著：《四庫書目續編》，臺灣世界書局，1984 年版。

32. 余嘉錫：《四庫提要辨證》，中華書局，1985 年版。

33. 任松如：《四庫全書答問》，巴蜀書社，1988 年版。

34. 李裕民：《四庫提要訂誤》，書目文獻出版社，1990 年版。

35. 崔富章：《四庫提要補正》，杭州大學出版社，1990 年版。

36. 王太嶽、王燕緒等：《欽定四庫全書考證》，書目文獻出版社，1991 年版。

37. 李學勤、呂文郁：《四庫大辭典》，吉林大學出版社，1996 年版。

38. 雷夢辰：《清代各省禁書彙考》，北京圖書館出版社，1997 年版。

39. 楊武泉：《四庫全書總目辨誤》，上海古籍出版社，2001 年版。

40. 周積明：《文化視野下的〈四庫全書總目〉》，中國青年出版社，2001 年版。

41. 黃愛平：《四庫全書纂修研究》，中國人民大學出版社，2001 年版。

42. 胡玉縉撰，吳格整理：《續四庫提要三種》，上海書店出版社，2002 年版。

43. 顧志興：《文瀾閣與四庫全書》，杭州出版社，2004 年版。

44. 司馬朝軍：《〈四庫全書總目〉研究》，社會科學文獻出版社，2004 年版。

45. 司馬朝軍：《〈四庫全書總目〉編纂考》，武漢大學出版社，2005 年版。

46. 李裕民：《四庫提要訂誤》（增訂本），中華書局，2005 年版。

47. 張舜徽：《四庫提要敘講疏》，雲南人民出版社，2005 年版。

48. 張昇：《〈四庫全書〉提要稿輯存》，北京圖書館出版社，2006 年版。

49. 張傳峰：《〈四庫全書總目〉學術思想研究》，學林出版社，2007 年版。

50. 陳曉華：《〈四庫全書〉與十八世紀的中國知識分子》，社會科學文獻出版社，2009 年版。

51. 劉玉珺：《四庫唐人文集研究》，巴蜀書社，2010 年版。

52. 孫彥、王姿怡、李曉明選編：《四庫全書研究》，國家圖書館出版社，2010 年版。

53. 徐蘇著，鎮江金山風景區編：《文宗書韻：文宗閣與〈四庫全書〉》，江蘇大學出版社，2011 年版。

54. 陳垣著，陳智超編：《陳垣四庫學論著》，商務印書館，2012 年版。

55. 張昇：《四庫全書館研究》，北京師範大學出版社，2012 年版。

56. 魏小虎：《四庫全書總目彙訂》，上海古籍出版社，2012 年版。

57. 故宮博物院掌故部：《掌故叢編》，故宮博物院，1928 年版。

58. 故宮明清檔案部，中國第一歷史檔案館：《清代檔案史料叢編》，中華書局，1984 年版。

59. 中國第一歷史檔案館：《纂修四庫全書檔案》，上海古籍出版社，1997 年版。

60. 中國第一歷史檔案館：《乾隆朝上諭檔》，中國檔案出版社，1998 年版。

61. 于敏中：《于文襄手札》，國立北平圖書館影印本，民國二十二年（1933）版。

62. 故宮博物院：《文獻叢編》，北京圖書館出版社，2008 年版。

63. 上海書店編：《清代文字獄檔》（增訂本），上海書店出版社，2011 年版。

64. 吳慰祖：《四庫採進書目》，商務印書館，1960 年版。

65. 章鈺等編，武作成補編：《清史稿藝文志及補編·附索引》，中華書局，1982 年版。

66. 施廷鏞主編：《中國叢書目錄及子目索引彙編》，南京大學圖書館，歷史系資料室編印，1982 年版。

67. 王重民：《中國善本書提要》，上海古籍出版社，1983 年版。

68. 傅增湘：《藏園群書經眼錄》，中華書局，1983 年版。

69. 馬端臨：《文獻通考·經籍考》，華東師範大學出版社，1985 年版。

70. 北京圖書館編：《北京圖書館古籍善本書目》，書目文獻出版社，1987 年版。

71. 丁丙：《善本書室藏書志》，臺灣廣文書局，1988 年版。

72. 沈津：《書城挹翠錄》，上海社會科學院出版社，1996 年版。

73. 王重民：《中國善本書提要補編》，北京圖書館出版社，1997 年版。

74. 繆荃孫、吳昌綬、董康撰，吳格整理：《嘉業堂藏書志》，復旦大學出版社，1997 年版。

75. 中國古籍善本書目編輯委員會：《中國古籍善本書目》，上海古籍出版社，1998 年版。

76. 李靈年、楊忠：《清人別集總目》，安徽教育出版社，2000 年版。

77. 柯愈春：《清人詩文集總目提要》，北京古籍出版社，2001 年版。

78. 黃虞稷撰，瞿鳳起、潘景鄭整理：《千頃堂書目》，上海古籍出版社，2001 年版。

79. 上海古籍出版社編：《四庫全書目錄索引》，上海古籍出版社，2003 年版。

80. 黃仁生：《日本現藏稀見元明文集考證與提要》，嶽麓書社，2004 年版。

81. 翁連溪：《中國古籍善本總目》，線裝書局，2005 年版。

82. 復旦大學古籍部：《四庫系列叢書目錄索引》，上海古籍出版社，2007 年版。

83. 于敏中，彭元瑞等著，徐德明標點：《天祿琳琅書目 天祿琳琅書目後編》，上海古籍出版社，2007 年版。

84. 南京圖書館：《中國古籍善本書目索引》，上海古籍出版社，2009 年版。

85. 沈初等撰，杜澤遜，何燦標校：《浙江採集遺書總錄》，上海古籍出版社，2010 年版。

86. 〔日〕倉石武四郎，趙萬里：《舊京書影 1933 年北平圖書館善本書目》，人民文學出版社，2011 年版。

87. 中國古籍總目編纂委員會編：《中國古籍總目》，上海古籍出版社，2012年版。

88. 國家圖書館特藏組：《四庫飄緗萬卷書——國家圖書館館藏與〈四庫全書〉相關善本敘錄》，臺灣國家圖書館，2012 年版。

89. 郭伯恭：《四庫全書纂修考》，臺灣商務印書館，1967 年版。

90. 吳哲夫：《清代禁燬書目研究》，臺灣嘉新水泥公司文化基金會，1969 年版。

91. 吳哲夫：《四庫全書薈要纂修考》，臺灣故宮博物院，1976 年版。

92. 劉兆祐：《四庫著錄元人別集提要補正》，臺灣私立東吳大學中國學術著作獎助委員會，1978 年版。

93. 存萃學社編集：《〈四庫全書〉之纂修研究》，香港大東圖書公司，1980 年版。

94. 孫樹禮，孫峻：《文瀾閣志》，新文豐圖書公司，1989 年版。

95. 吳哲夫：《四庫全書纂修之研究》，臺灣國立故宮博物院，1990 年版。

96. 淡江大學中國文學系：《兩岸四庫學——第一屆中國文獻學學術研討會論文集》，學生書局，1998 年版。

97. 吳麗珠：《〈四庫全書〉收錄臺灣文史資料之研究》，臺灣秀威信息科技，2004 年版。

98. 莊清輝：《〈四庫全書總目經部〉研究》，花木蘭文化工作坊，2005 年版。

99. 曾紀剛：《〈四庫全書〉之纂修與清初崇實思潮之關係研究——以經史二部為主的觀察》，花木蘭文化工作坊，2005 年版。

100. 喬衍琯講述，曾聖益記錄整理：《中國歷代藝文志考評稿》，臺灣文史哲出版社，2008 年版。

101. 曾守正：《權力、知識與批評史圖像：〈四庫全書總目〉「詩文評類」的文學思想》，學生書局，2008 年版。

102. 昌彼得：《蟫菴論著全集》，臺灣國立故宮博物院，2009 年版。

103. 黃瓊誼：《紀昀綜論》，臺灣文史哲出版社，2011 年版。

104. 林慶彰：《乾嘉學術研究論著目錄（1900～1993）》，臺灣漢學研究中心，1995 年版。

105.〔日〕近藤光男:《四庫全書總目提要唐詩集研究》,東京研文出版社,
    1984 年版。

106.〔日〕筧文生,野村鮎子:《四庫提要北宋五十家研究》,汲古書院,2000
    年版。

107.〔日〕筧文生,野村鮎子:《四庫提要南宋五十家研究》,汲古書院,2006
    年版。

108.〔日〕筧文生,野村鮎子:《四庫提要宋代總集研究》,汲古書院,2013 年
    版。